播音主持专业教程系列
BOYIN ZHUCHI ZHUANYE JIAOCHENG XILIE

播音文体基础教程

BOYIN WENTI JICHU JIAOCHENG

沈鹏飞 沈健 著

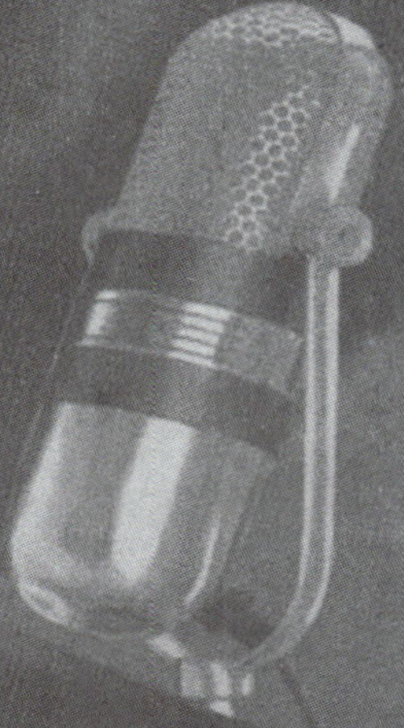

中国传媒大学出版社
·北京·

目录 CONTENTS

本书数字资源

目录 CONTENTS

CONTENTS 目录

目录 CONTENTS

前　言

《播音文体基础教程》是专为播音主持专业教学提供的教材，本书分新闻播音、评论播音、通讯播音、知识性服务性节目播音、节目主持等部分，从文体写作的特点及语言表达的不同要求出发，结合例稿分析阐述各种文体播音表达的基本规律。为了帮助学生理解掌握各种文体播音的基本规律，本书在实践练习例稿后边还配加了训练提示和部分稿件的示范录音。

近些年来，广播电视发展很快，出现了许多新的节目样式，但究其内涵，其构成节目的基础并没有质的改变，因此，对院校来讲，文体播音部分的教学显得十分重要，因为它既是对前期普通话语音发声、播音创作基础部分教学的一种延续和提升，也是对学生进行语言综合训练的重要阶段。

本书在编写过程中得到了同行及朋友们的关心和帮助，确实，播音学的教学理论是我们要用毕生精力为之探索的领域，但由于我们经验和水平有限，难免有疏漏和不当之处，还望同行和朋友们给予批评指正。

编者

2008 年 2 月

第一章

新闻播音

第一节 理论概述

新闻是新近发生的事实的报道，是新闻体裁与新闻报道的总称，其中包括消息、通讯、特写、调查报告、述评等。按内容分，有政治新闻、经济新闻、文教新闻、体育新闻、军事新闻、法律新闻等；按地区分，有国际新闻、国内新闻、本地新闻等；按性质分，则有动态新闻、综合新闻、突发新闻、连续新闻等。本章所提的新闻是指狭义的新闻，即新闻体裁中的消息。

发布新闻历来是传播媒体的首要任务，广播电视作为党的重要宣传工具，担负着信息传播和促进两个文明建设的任务。因此，在电台、电视台的节目中，新闻节目无论是在分量上和安排的时间段上都是最优越的，大部分省级电台、电视台都安排了定点新闻，地市级台也在不断加大新闻节目的比重，所以，作为一名播音员或节目主持人，掌握新闻播音的基本规律和表达方法，努力提高新闻播音的质量显得尤为重要。

一、新闻稿件的基本特点

1. 新闻是用事实说话的

新闻的真实性是新闻的生命，新闻不是主要用议论和抒情的方式来进行宣传，而是用充分的事实来体现党的政策思想，用发生在人们身边的真真切切的事实来影响、教育听众、观众，这是新闻的特殊价值和独特作用所在。新闻的真实性主要体现在以下三个方面：(1)构成新闻要素的时间、地点、人物、事件必须真实可靠；(2)新闻中所用的资料、数据等必须准确无误；(3)对新闻的解释要合乎事实本身逻辑。由于新闻是新近发生的事实的报道，因此，播音员在创作时必须把注意力集中到新闻事实的分析传达上，新闻播音创作的基本原则在新闻事实准确无误的传达上，这一点是不容忽视的。

2. 新闻贵在一个“新”字

由于新闻是新近发生的事实的报道，所以鲜明、醒目是其一大特点，新闻的“新”，能让受众清晰地听到时代列车的轰鸣声，强烈地感受到时代脉搏的跳动，从而增强信心，跟上时代的步伐。这对播音员的创作活动来讲，就应该全力以赴地去捕捉每一条新闻稿件的新鲜之处，并对之进行深入的理解、感受，然后通过有声语言把这种感受传达给听众、观众。

3. “快”是新闻的一大特色

“快”主要是指时效，“快”就是最迅速地反映现实，最迅速地反映形势。新闻报道不仅反映刚刚发生的事情，甚至反映正在发生的事情，具有很强的时效性。新闻报道所表现出来的这种快速的节奏感，既反映了新闻事件发展的过程，又适应了当今社会快速生活节奏的节拍。因此，播音员在创作活动中应该感受到新闻报道鲜明的节奏感，具有最短时间内驾驭稿件的能力，使新闻播音语言鲜明、快捷、紧凑。

4. 短小精练是新闻的重要标准

新闻一般都写得短小精练，用尽可能少的文字写清楚最重要的事实，在有限的文字中包含一切必须而又重要的东西。对于播音创作来说，就要求语言干净利索、不拖泥带水。

5. 要注意新闻的时宜性

新闻并不是有闻必录，而只是写重要的事情，新鲜的事情，告诉人家一点想知道而不知道的东西。新闻报道的内容有有关全局的问题，以及重大的经济建设成就、重要的措施、重要的经验；但也有一些内容并不是大的问题，但小事情也往往能够说明大问题。无论是大问题还是小事情应该说都与当时当地形势、党的方针政策、工作关注的热点问题分不开。对播音创作来说，应该注意新闻的时宜性，做到心中有数，以提高新闻播音的针对性。

二、新闻语言的特点

对新闻播音创作者来说，了解和掌握新闻语言的特点是十分重要的。

语言是人们交流思想感情的工具。新闻是一种时代的科学，它担负着传播新近发生的事实的任务，对广播电视这种现代化传播手段来说，这种使命显得更加重要。新闻报道的客观性决定了新闻语言应该具备的各种特点和优点，第一是明快、简洁；第二是准确、具体；第三是鲜明、形象。新闻语言说一是一，说二是二，有话则长，无话则短，忌讳晦涩、模糊。由于新闻报道的内容极其丰富，所以新闻的语汇也应该多姿多彩。由于新闻注重写事实，所以新闻语言避虚就实，贴近生活，贴近社会，恰如其分地去表现事物。

例1-1

本台消息：眼下，不少南宁市民都喜欢去“批发点”购买商品，从香皂、牙膏、卫生纸等日常用品，到水果、烟酒、饮料等副食品。批发，已悄悄走入邕城的千家万户。

以前逢年过节或走亲访友才买点水果，想批发，商店也不会干，可现在水果成了人们平时少不了的消费品，一次批个一两箱，既便宜也省得天天买。一些较高档的消费品，如八宝粥、健力宝等，也已走进批发的行列。与此相适应，南宁已开设多家大型仓储式商场，并形成数条商品批发一条街。

据了解，灵活的市场机制使很多经营者实行批零结合，批发数量没有硬性规定，购物越多越便宜，一般批发比零售低10%以上，有的甚至达30%～40%。

这条新闻以小见大，从南宁市百姓消费形式的变化来反映一个大的主题，即改革开放以来人们消费观念的转变及消费水平的提高。全篇文字简练、朴素、生动，事情实在，说也说得实在，实谓真实信息。

例1-2

本台消息：千万游人为青岛宜人的风景所倾倒。如今，该市又增添了一道美丽的风景——四方区嘉禾路上的施美化妆品商店。这个个体小店，以“文明经商”名动青岛。

“施美”店主叫陆桂珍，今年58岁，青岛开展“百城万店无假货”后，陆桂珍一家立即闻风而动，认真进行自查。结果，在自查中发现有价值3000元的化妆品已经或即将超过保质期。有好心的邻居劝她：“保质期哪有那么绝对的？超过一天半天没关系。”陆桂珍说：“既有保质期一说，就不能有半点马虎，化妆品关系到消费者的健康。不能为了赚钱骗人，丧良心。有经济损失不要紧，只要人勤快，店有信誉，就不愁没生意。”

这件事在青岛市引起很大反响，人民群众对陆桂珍一家表示钦佩，许多个体工商户表示要向她学习。

青岛是座美丽的城市，而在“百城万店无假货”活动中，“文明经商”的时尚又成了一道新的美丽的风景线。导语抓住青岛的特色，简洁明了地点出了主题，主体部分更是集中鲜明地报道了“施美”店主陆桂珍如何处理超过保质期的化妆品一事，点出小店新风。全篇没有说教，只是用具有鲜明形象的语言来点出主题。

例1-3

本台消息:近段时间,每逢双休日,苍南县农民便携妻带子到当地风景点去游玩,或到县城电影院看上一场电影。

过去在农村流传这样一句话:"职工有休假,教师有礼拜,农民天天风吹日晒。"近年来,随着农民生活水平的提高,农民的生活方式也开始发生变化,苍南县一些地方逐渐兴起了农民度双休日的习惯。

在这个县燕窝洞风景区,记者遇到一位骑着摩托车带上老婆、孩子的一位农民,记者问他为何要选择双休日来游玩,他说:"现在我们农民生活比以前好多了,劳动和休息也应该有规律,双休日全家人出来开开眼界,对于读书的孩子也可增长一些知识。"大部分农民利用双休日到县城棋馆下下象棋,看看电影,丰富了业余生活。每逢双休日,外出工作的家庭成员、在校读书的成员纷纷回来,全家团聚就像过年一样,活跃了家庭气氛,融洽了家庭关系。

农民在双休日全家外出度假,这在我国大部分农村还是件新鲜事,记者抓住这一生活中的镜头,展示了改革开放以来农村从生活水平、生活质量到生活观念的巨大变化。全篇语言真实、生动、形象感人,让人如同见到当今农民幸福的生活情景。

三、新闻稿件的结构

1. 导语

导语是新闻的第一句话或第一个自然段。它以简洁的文字写出新闻中最主要、最新鲜的事实,揭示出全文的主题、写作目的,给人以醒目的印象。简明新闻没有导语。

导语的写法很多,常见的有以下几种:

(1)叙述式。用朴素的文笔,把新闻中最新鲜、最主要的事实简明扼要地写出来。例如,在一条《欢度新春,出境入境流量剧增》的消息中,导语是这样写的:"市民节日出国出境旅游、探亲已成时尚。连日来,市公安局出入境管理处办证照爆满,达到了历史最高峰。"

(2)提问式。这种导语的写法是先把问题提出来,再做简要回答,以引起关注和深思。例如,在一条报道有关长江发源地的消息中,导语是这样写的:"长江究竟有多长?源头在哪里?经长江流域规划办公室组织查勘的结果表明:长江的源头不在巴彦喀拉山南麓,而是在唐古拉山脉主峰各拉丹冬雪山西南侧的沱沱河;长江全长不止五千八百公里,而是六千三百公里,比美国的密西西比河还要长,仅次于南美洲的亚马逊河和非洲的尼罗河。"

(3)结论式。这种导语的写法是把结论写在前面,让人一目了然。例如,一条《实施管理培训工程是当务之急》的消息中,导语是这样写的:"在实现'两个根本性转变'

的历史关键时期，经济效益的提高越来越依赖于劳动者素质的提高。国家经贸委与‘中国经济效益纵深行’组委会为此联合组织并推出‘管理培训工程’。党中央、国务院领导同志和老一辈无产阶级革命家对实施‘管理培训工程’给予了高度重视和支持。”

（4）评论式。对所报道的事实进行评论，以引起听众的重视。例如，在一条《“杭钢”居安思危加大改革力度》的消息中，导语是这样写的：“运转32年的老车间正式关闭停产，400多名职工中有392人下岗分流。在经济效益颇佳的杭州钢铁集团公司，如此大力度的内部结构调整未引起很大波动，应归功于企业形势任务教育落到实处、深入人心。”

（5）描写式。这种导语的写法是对新闻事实的某一个侧面进行简洁朴素的描写，给人以形象真切的感受。例如，一条《建德投资七亿改建境内320国道》的消息中，导语是这样写的：“尽管时值隆冬，但踏上320国道建德路段，却能感受到一种热火朝天的氛围。铲车轰轰，汽车奔忙；路面不断加宽，弯道逐渐取直，长达55公里的一级公路标准施工段正在向前延伸……这是建德市采用股份制加速公路建设所出现的新气象。”

2. 主体

主体是新闻的主干。它在导语之后，用事实来展开主题。主体担负着用具体、充实的新闻事实说明、表现主题的任务。在写法上多数采用按事件发生的先后顺序结构的方式，也有的是根据事件的内在联系来安排主体的层次结构。

（1）按时间顺序写。

所谓按时间顺序写，就是按事件发展的实际过程写，把事件发展过程中最主要的阶段、细节勾勒出来，给人以形象完整的感受。

例1–4

本台消息：29日晚，中共中央政治局常委、国务院总理温家宝结束了在湖南的考察工作，当即乘飞机于午夜抵达广州，并于30日晨冒雨考察广东省春运及市场供应工作。

8时15分，温家宝在中共中央政治局委员、广东省委书记汪洋，广东省省长黄华华陪同下，来到了广州火车站，看望广大旅客。作为我国南方最大的铁路枢纽，广州火车站是全国春运任务最为繁重的车站之一，几十万旅客滞留。他们的吃住、御寒、防病等问题让总理十分牵挂。

火车站内，一辆即将开往武昌的火车停靠在站台旁。这是从南昌紧急调来支援广州车站的列车。温家宝登上了11号车厢，看到总理来了，车厢里响起了热烈的掌声。温家宝与乘客们亲切握手，详细地询问大家在火车站等几天了？要去哪里？吃喝有没有问题？

一位乘客高兴地说，前天晚上总理到了湖北，昨天在湖南，没想到今天又冒雨来到广州，我们心里很温暖。

温家宝说，你们能够回家过年，我很高兴。

8时25分，汽笛声响，火车缓缓启动，温家宝在站台上向车内的乘客挥手致意，目送列车离去。

在火车站广场临时搭建的大棚下，聚集着大批滞留的旅客。温家宝手拿扩音器对大家说，我来看望大家，你们吃苦了。最近，南方地区遭遇了几十年不遇的冰雪灾害，电路中断，铁路停运，又赶上春运，滞留旅客非常多。你们回家心切，我非常理解。我们正在全力恢复电网，疏通道路，争取让大家早点和家人团聚。

在广州长途汽车站，温家宝坐在候车室的长椅上，与候车的乘客们攀谈起来。老家在湖北的华国红，当天带着母亲要搭乘客车前往他工作地珠海。母亲乘坐的从湖北到广州的火车，在路上走了五天五夜。总理说，我也担心你们回不了家。

华国红说，前两天很着急，天天来火车站问消息。后来，听说总理要来广州，我就不着急了，知道有希望了。

随后，温家宝来到售票室，详细了解了发售车票的情况，并登上了一辆即将开行的客车，向大家拜早年。

在广州火车站的会议室，温家宝听取了广东省委、省政府和铁道部负责人的工作汇报。他指出，这场雪灾，发生在南方经济发达地区，发生在电网交通的枢纽地区，覆盖范围、持续时间，历史罕见。解决这个问题关系经济全局，关系人民生活。

温家宝说，经过三十年的改革开放，我们积累了雄厚的物质基础，只要组织有力，完全能够战胜当前的困难。各级领导干部要到一线去，到群众中间去，了解实情，解决问题。

这条消息主体共11个自然段，报道了温家宝总理风尘仆仆地从湖南重灾区赶到广州冒雨考察广东省春运及市场供应工作。这条消息从2008年1月30日早8点15分温总理赶到南方最大的铁路枢纽广州火车站看望广大旅客写起，先后报道了温总理到站台为乘客送行，到候车大棚、广州长途汽车站、车站售票室看望群众及工作人员，同时在车站会议室听取了广东省委、省政府、铁道部负责人的工作汇报，并对抗灾保畅通做了部署。

这条消息是按事件发展的时间顺序写的，脉络十分清晰，再加上材料的选择、剪裁也比较恰当，以及文笔也十分流畅、自然，因此，生动地勾勒出大灾之年人民的总理爱人民的动人情景，这对表现和深化主题是十分有利的。

（2）按逻辑顺序写。

按照事件的内在联系，多角度、多侧面地切入，围绕主题思想，不停留于表面的阐述，而是步步向纵深发展，从而使主题鲜明、真切地反映出事物的内在规律，提高新闻的说服力、感染力。

例1-5

本台消息：今年，石家庄铁道学院毕业生出现“抢手”局面，到3月底，708名本科毕业生全部确定去向，许多晚来的用人单位只好空手而归。

近年来，石家庄铁道学院在专业设置、师资队伍调整、办学模式、思想政治工作等方面进行了一系列改革，逐步形成了自己的办学特色。为适应社会主义市场经济体制下人才的需求，学校多渠道加强与企业的联系。去年10月，该学院和铁道部系统及系统外30家企事业单位组成办学董事会，让这些企事业单位对学院的建设和发展规划、人才培养规格、重大教学改革方案进行指导，并参与学院决策。学院还大胆改革传统的办学思路，试行了3+1+1的人才培养模式，即学生在校3年学完计划设置的基础课、专业基础课和部分到企业参加技术工作所需的专业课之后，经双向选择预分到企业工作一年作为实习，实习期满后再返回学校，用一年的时间学完专业课和选修课，并完成毕业设计。这种培养模式，用人单位可以预先了解学生，学生实践能力也得到提高。

该学院还根据用人单位反馈的情况，不惜投巨资更新老专业，增设新专业。近年来，他们投入数千万元，新增管理工程、投资经济、会计电算化、市场营销等10个新专业，更新了一批老专业，使学校培养的人才更加“适销对路”。

这所学院的教师队伍也别具特色，学院的中老年教师大多来自铁路施工生产第一线，他们有深刻的理论与实践相结合的体会和经验。对青年教师，学院不仅派他们深造进修，而且还组织他们到铁路生产第一线去解决现实问题，参与施工生产中的攻关。如今，青年教师已成为该院教学科研的一支主力军。

正是这一批与经济建设主战场紧密联系在一起的教师队伍，培养出了一批又一批主动投身建设第一线的学生。据统计，近10年来，学校已毕业的7000多名学生中，有5000多名曾奋战在京九、南昆、兰新、浙赣等铁路建设第一线。石家庄铁道学院的毕业生以“政治强、业务精、作风硬”赢得了用人单位的普遍欢迎。

这条消息的主体是全篇的2、3、4自然段。这三个自然段构成的主体，从不同角度、不同侧面回答了一个问题，即为什么在很多高校毕业生找出路困难的情况下，而石家庄铁道学院的毕业生却出现了“抢手”的局面，从而深化了一个主题，即高等教育必须改革，必须办出自己的特色，这是高校发展的出路所在。

主体的第1自然段主要讲石家庄铁道学院面对市场经济对人才新的需求，及时调整办学模式、办学思路，以提高对市场的适应能力。

主体的第2自然段主要讲石家庄铁道学院面对市场及时调整专业设置，使培养的人才适销对路，以增强竞争能力。

主体的第3自然段主要讲石家庄铁道学院注重教师队伍的构成和深造，养好内功，以稳定和提高师资队伍的教学和科研能力。

这三个自然段从不同角度切入，这几个角度既是事物的不同侧面，又是密不可分的，从而得出一个结论，石家庄铁道学院毕业生出现“抢手”局面是事物发展的必然结果。

3. 背景

背景材料是新闻的一个部分，通常在主体中间，有时独立成段。它的作用主要是交代新闻的背景材料，以帮助听众、观众更清晰地了解新闻事实，感受到新闻本身价值，从而丰富和完善新闻主体。

新闻背景虽然不是全篇的重点，但是它与表现新闻主题是密切相关的。新闻是否需要交代背景材料，是由新闻报道的内容和表达新闻主题的需要而定的。一般来讲，有三种情况新闻需要交代背景材料，第一种是报道的新闻事实比较重大，对全地区或全国有一定的影响，受到众多人关注的新闻。第二种情况是新闻本身就要求向听众、观众交代背景材料，否则就无法弄清新闻事件的始末。

例1-6

本台记者报道：一位沉睡长达11年之久的“植物人”谢小丽，经空军石家庄脑外科医护人员精心治疗，苏醒获得了新生。8月10号，患儿父母高高兴兴地把她接回家。这是医学史上罕见的一个沉睡复苏病例。

患儿谢小丽，女，12岁。她1岁的时候从床上摔下将头部摔伤，由于症状不太明显，没能引起家长重视，日后逐渐出现全身性抽搐、癫痫，进而神志丧失，四肢痉挛，并呈现畸形状态。十多年来体温一直在38摄氏度以上，除尚有心跳和呼吸外，其他功能全都丧失，变成了一个沉睡的“植物人”。

为了给孩子治病，患儿家长十多年来，先后跑了全国十几家大医院，都因为误诊为脑积水、脑萎缩和癫痫等而未得到有效治疗。家长濒于绝望之时，经人介绍来到空军石家庄医院脑外科就诊。科副主任张蕴增热情地接待了她们。经过仔细检查和强化CT扫描，发现患者颅内额、颞和顶部硬膜下有巨大血肿。张蕴增和军医田立等经过认真讨论，决定施行开颅手术。7月21号，他们经过3个多小时的仔细手术，将患儿颅内的巨大血肿全部清除。手术后第二天，患儿抽搐、癫痫症状即行消失，体温逐渐恢复正常，并重现意识反映，痉挛的肢体变软，已能进食，沉睡了11年的“植物人”谢小丽苏醒了。

这条消息主体部分的第一段，也就是全篇的第二自然段，如果没有这一段背景材料的交代，就无法清楚地了解“植物人”谢小丽的病因，也就无法清楚地了解到这医学史上罕见的复苏病例的价值。第三种情况是对新闻报道的新事物必须做必要的背景介绍。例如，在《国际空间站计划将正式启动》的新闻报道中就有这样一段背景材料的介绍："国际空间站是目前人类在太空领域的最大规模的科技合作项目，是美宇航局在80年代初期为抗衡苏联的和平号空间站而提出来的。随着冷战的结束，继承了苏联航天科学成果的俄罗斯转而成为这个大的科学项目的重要伙伴。这项耗资高达400多亿美元的空间站计划由于资金短缺曾一再推迟实施。"这段背景材料十分清楚地说明，随着和平成为国际间的主旋律，对太空的探索不再是某一个国家的事情，而是整个人类的使命。如果没有这一段背景材料的交代，就无法理解15个国家的代表于1998年1月29日在华盛顿签署关于建设国际空间站的协定。

4. 结尾

为了把新闻事实讲得清楚、完整，一些篇幅相对比较长的新闻有结尾，但有些新闻在主体部分已经把内容讲完了，就不必再有结尾了。

从新闻的四个组成部分来看，无论篇幅长短，主体部分总是存在的，但导语、背景、结尾则要根据内容、篇幅长短的不同而定。

四、新闻稿件的表达

1. 播好新闻导语

导语是新闻中最主要、最新鲜的事实，它揭示了全文的主题、写作目的。它选用极简要的文句开门见山地说明全文的目的或结论，以引起听众、观众的注意。作为播音创作来讲，应该准确地捕捉到导语中最核心的事实或者是紧扣受众心弦的内容，这可能是关键的一两句话或者是几个关键的词语，力求播得鲜明、醒目、引人入胜。

例如，在一条《沈阳中医研究所研制成功一种新型火罐》的消息中，导语是这样写的："今年9月，中国女排在沈阳集训期间，曹慧英患坐骨神经痛，一连几天没上场。沈阳中医研究所的同志们知道以后，用一种新型火罐为她治疗了一次，就解除了疼痛，并且当时就能弯腰，双手可以触到地面。曹慧英高兴地跳起来。"大家都知道，曹慧英当时是中国女排的主力队员，颇受人们关注。她的身体好坏可以说对于女排参加重大比赛是胜是负起了关键性的作用，而这种火罐只治疗了一次就解除了曹慧英的坐骨神经痛。并且，在简短的导语中还出现了一个细节，写曹慧英治愈后的高兴劲儿，极为生动。仅这事实就使受众对这种新的医疗科研成果产生了接受的心理。

在播音创作过程中，对导语中的几个关键词句"一种新型火罐"、"一次"、"高兴地跳起来"应该给予格外的注意，因为正是这几个关键性词语勾勒出了这种新的医疗科研成果的神奇疗效，这正是紧扣受众心弦的地方。

捕捉到了重心所在并不等于就能把导语播得准确、鲜明、引人入胜，只能说是为语言创作提供了基础。对播音员来讲，自身对新闻内容的理解、感悟是极其重要的。理解是指对新闻事实的分析思考进而把握其内涵，感悟是指在新闻事实的激励下引发的情感进而升华为强烈的播讲愿望。播音创作最忌把自己置于所表达的内容之外，最忌冷淡，最忌无感而发。以上面提到的那条消息为例，中国女排的胜负关系到国家的荣誉，曹慧英作为一个主力队员因伤痛不能上场势必影响整个队的战斗力，一种新型火罐为她解除了病痛，使她能够重新投入战斗，作为一个播音员首先是应与国人一样感到高兴，进而应对这项新的科研成果产生浓烈的兴趣，愿意并希望把它介绍给广大患者。

在这条消息里，曹慧英接受治疗只是一个新闻由头，而真正的主题是介绍这项科研成果，但是这条新闻的作者十分注重“情感挖掘”，在开篇导语上下了不少工夫，使导语活泼、新颖、有动感，缩小了与受众的距离。

一个播音员只有产生了创作欲望才能有饱满的创作情绪，只有产生了饱满的创作情绪才能给有声语言注入活力。具有活力的语言与理智清醒的分析融合在一起，就会产生流畅、鲜明、引人入胜的语流，这是播好新闻导语的关键所在。

2. 理清脉络，把握主体，讲清事实

新闻主体是新闻的核心，是展开新闻事实的重点部分。

所谓理清脉络是指对新闻主体进行深入细致的分析，划清层次，弄清层次间的关系，找出重点段落和语句，明了主题与各层次段落间的内在联系。

例1–7　福建省鼓励私人经济发展

本台消息：福建省鼓励私人经济发展近年来，数以百亿计的民间闲散资金正成为福建省的一支强大的投资力量，私营经济随之迅速崛起，成为继国有、乡镇、三资之后的“第四经济力量”。

据省工商局统计，福建省现有个体工商户43.76万户，个人合伙9840户，私营企业9.96万户，私营经济总注册资金49.9亿元，从业人员92.3万人，今年上半年总产值和营业额共计101亿元。

不满足于消费和储蓄，通过投资获取利润，这种社会心态对福建省私营经济的发展产生了巨大的推动力。特别是今年3月，福建省出台《关于加快个体经济发展的暂行条例》后，在政策上对私营经济进行了引导和鼓励，取消了原有的一些不利于私营经济发展的限制，使私营经济的发展获得了一个宽松、稳定的外部环境。

从上半年的情况看，福建省私营企业呈现出三个发展趋势。一是上规模、上档次。全省私营企业户均注册资金：城镇25.65万元，农村17万元。厦门市达到38.95万元，全省最高。全省还出现了近十家注册资金上千万的私营企业集团、总公司或大型企业。二是发展外向型。私营企业办合资、合作企业，发展“三来一补”明显增多，产品出口创汇迅速增长，今年上半年创汇2.5亿元人民币，超过去年全年的15.2%。三是有限责任公司增多，所占比例由两年前的5%提高到现在的23%。

我们可将《福建省鼓励私营经济发展》一文做个分析图：

主题：贯彻党的改革、开放政策，允许多种经济形式存在，特别是允许、鼓励私营经济发展，把私营经济作为社会主义市场经济的有机组成部分，这对推动我国国民经济的发展是极其重要的。

1．导语：私营经济在福建省蓬勃发展。

2．背景：福建省私营经济发展的现状。

3．主体：回答两个问题：

(1)福建省私营经济为什么会发展这么快？

(2)私营经济发展趋势怎样？

①(“不满足于……到巨大的推动力”)商业意识的提高是私营经济发展的内在推动力。

②(“特别是今年3月……稳定的外部环境”)政策出台是私营经济发展的保证。

③(“从上半年的情况看……提高到现在的23%”)福建省私营经济发展的三个趋势，即上规模、上档次、发展外向型有限责任公司增多。

从以上这条消息可以理出一条清晰的脉络，即福建省私营经济为什么发展这么快，有两条原因：一是由于国家的改革开放，福建又是沿海省份，群众的商业意识相对比较浓，这是私营经济发展的思想基础；二是福建省对私营经济发展有明确的政策，这是私营经济得以发展的根本保证。正是在这两条原因的驱动下福建省私营经济的发展呈强劲势头。

所谓把握主体包含两个含义：一是主体的结构及内在的联系，做到心中有数；二是要清楚地领悟到新闻中所提出的问题与主题的关系。应该看到主题与问题、主题与题材是紧密相关但是又有区别的。主题是一篇新闻的中心思想，并不是新闻所提出的主要问题，而题材则是用来表现主题的新闻事实。福建省私营经济发展的强劲势头，绝不仅仅是为了说明这一个省的问题，而是为了表现更深刻的主题，即随着我国市场经济体制的建立，私营经济的发展不再是受到限制，而已成为市场经济的有机组成部分，这是一个从理论到实践上的重大突破。对于播音创作来讲，如果不能理解到这一深度，就无法弄清一条新闻的价值，就谈不上对稿件的把握。

所谓讲清事实，就是事实要清楚、语意要准确、分寸要适度、情绪要饱满。新闻播报进入主体以后，要有条不紊地把问题向受众交代清楚，把结论形成的过程向受众说明白，依照心中的脉络侃侃而谈。

“播”不是“播读”而是“播讲”，播讲就要求有浓郁的讲述感。既然是讲述，就要有对象感，要有交流，要有强烈的播讲愿望，要把握好政策分寸，把新闻素材如同自己熟知的内容那样介绍给受众。要做到这一切，必须解决几个问题：

（1）新闻播音创作必须有时代感，播音员要善于捕捉一篇消息中的新鲜事实及新闻本身所具有的价值，感悟到新闻本身所包含的深刻内涵，从而激发自己的创作欲望，调动创作情绪，给语言注入活力。

（2）要讲内容，不要摆句子，特别要处理好长句子。新闻是用事实说话的，一个事实可能是由一个句子或几个句子来陈述的，每个长句子，要播出它的整体含义。几个意思相连的长句子，要播得“抱团”，不要摆句子。

（3）要力求准确把握新闻的感情色彩，新闻的感情色彩体现在态度上，是对所报道的新闻事实的总体态度，而且这种态度是作为一个党的宣传员，对祖国、对人民、对现代化建设中所取得的成就的一种关心和颂扬。

（4）在语言表达上切忌平均用力，根据语句与主题关系的紧密程度给予恰当的处理。新闻播音以叙述性语言为主，不同于播文艺作品需要渲染、夸张，新闻播音语言相对比较朴实。由于新闻的时效性比较强，从而又决定了新闻播音语言节奏要明快，语句要干净、利索，语言要流畅、自然。要想准确地传达好新闻内容，体现出新闻播音的风格，在具体处理语句时，就要运用重音、停顿等手段对重点句子、重点词给予恰当的处理，而对于与主题相对距离较远的过渡句则一带而过。如果字字、句句、段段都想抓住，其结果会什么也抓不住，最终会影响新闻事实的传达。

以上面提到的《福建省鼓励私营经济发展》这条消息为例，主体部分有两个自然段，这两段是与主题密切相关的，但里边每一个句子、每一个词并不是处于等同的位置。如主体中第一自然段第一句话是重点句，即“不满足于消费和储蓄，通过投资获取利润，这种社会心态对福建省私营经济的发展产生了巨大的推动力”。对这句话在表达时应该给予应有的重视，因为它表述了福建省私营经济发展迅速的原因之一，就是商业意识的提高是私营经济发展的内在推动力。但就这句话而言，每个词也不是处于相等的位置，相对而言，“通过投资获取利润”、“这种社会心态”、“巨大的推动力”显得更为重要，应该运用音强、音长、停顿、节奏的变化来突出中心词，使语言更加清晰，主题更加鲜明。

（5）新闻播音语言的明快，流畅对语言表达提出了独特的要求，要做到快而不乱、快而不混就要提高吐字的清晰度，增强吐字的弹性。咬字过死，吐字笨拙显然是不能适应新闻播音语言表达的需要的。因此加强吐字基本功的训练，是使表达得心应手的重要方面。

3. 背景要交代清楚

背景材料主要是交代新闻事件的历史环境和客观条件，正确地使用背景材料，能烘托、深化主题，正确地说明和解决问题，同时能使主体部分更加实在，增加文采，更具吸引力。在具体表达时应该非常清醒地处理好背景与主体的关系，背景应该是对主体的一种补充、说明、介绍，主要是让受众了解新闻事实发生的历史、环境、条件，了解事情的来龙去脉，绝不能主次颠倒，因此，在介绍背景时无需过于突出，要与主体介绍形成鲜明对比。

4. 结尾要严密、完整

作为一条消息来讲，为了使事实完整，逻辑严密，许多新闻有结尾。新闻结尾是为了总结全文，也是为了让受众对新闻事实有个完整的概念。

新闻结尾的写法很多，如小结式，主要是对新闻事实进行小结，使人更加明确报道这一内容的目的。启发式则是不把话说完，给人留下思索回味的余地，启发人们进一步思考问题。号召式就是用新闻中所阐述的事实，在结尾发出号召。对播音创作来说，应该依照不同的写法给予不同的处理，但是新闻结尾必须完整、严密，注意语气要有全篇的结束感。

五、要研究受众心理

1. 受众的对等心理

随着时代的发展，受众的政治素养、文化水平、鉴赏能力在不断提高。改革开放，使人们的社会观念形态也在发生变化，受众正用新的眼光、新的思想、新的感情、新的需求去对待新闻播音。他们既把新闻播音看做是获取信息的重要途径，又把广播电视看做是他们的朋友。朋友就要平等相处，以诚相待。

一是，我们要尊重受众的这种“对等心理”，以平等的态度对待受众，以同志、朋友的方式相见。

那种所谓追求客观而以冷漠的、刻板的语调与受众相见，会让受众感到不可亲近；那种端架子、拿腔拿调的语气会让受众感到高高在上；那种故作亲切、轻柔、随意的播音会让受众感到讨好媚气。

以上种种自然是新闻播音的失误，是不受受众欢迎的。这与没有摆正播音员与受众之间的位置是有直接关系的。

我们说播音员要当好党的喉舌，做好党的宣传员，这是对播音员政治上思想上的要求，并非是以党的喉舌、宣传员自居，以一种特殊的身份来对待受众，高高在上；我们说播音员要为受众服务，这是对播音员职业道德上的要求，也并非是唯受众为“上帝”，卑己尊人，居下仰视。

播音员，作为新闻的直接传播者——他既能自觉地与党中央保持一致，又时刻把受众放在心上。在话筒前，要以朋友的身份，热情地向受众宣传党的路线、方针、政策，传播新人、新事、新风尚，使我们的新闻播音既不失庄重性，又有亲切感。

二是，在语言表达上要平易近人，质朴自然，重于达意。

受众通过广播电视收听、收看新闻节目，大多出于对政治、经济形势的关心，或获取与切身利益有关的信息，或满足先闻为快的心理。一般来讲，受众最关注的是新闻内容，他们会以自己习惯的思维方式去分析判断眼前发生的诸多事实。新闻播音中，脱离内容过分地展现自己，是不利于新闻事实的传达的。

从受众的这种接受心理出发，新闻播音应在准确表述事实上多下工夫。播音员的态度、感情应寓于达意之中，它体现在对新闻稿件总体基调的把握上，体现在积极、主动的播讲愿望里。在新闻事实的表述上则要“感而不人”，过分地渲染易形成夸大其词，在语言表达上失真，给受众虚假的感觉；过分地拘谨则造成平淡呆板，在语言表达上涩拙，给受众做作的感觉。准确地表述新闻事实要在稿件内容上更清楚些，感情色彩上则平易些，语言表达上再质朴些，给受众以回味、思索的余地，让受众感到真实可信，亲近自然。

2. 受众的求新心理

新闻的核心在于新。这个新包括时间新、内容新、角度新。新则为受众所爱听。受众总是想从新闻中获得新的信息、新人、新事、新问题、新经验、新风貌。新闻播音则要突出“新”来牵动受众的心。

这就要求播音员具有较强的新闻敏感，能从新闻稿件中敏锐地感受到它的新鲜之处，准确地捕捉到新闻的“核心”，理解它、感受它、展现它。如果播音员抓不住稿件的新鲜感，势必激发不起播音的热情和兴趣。表现在播音中便会平平淡淡、单调乏味。受众也就获得不了（或不能清晰地感受）新闻稿件的新意，而失去对新闻的关注。

为使新闻播音活起来，适应受众求新心理，播音员就要努力锻炼和培养自己的新闻敏感。要知上情、明下情，把握宣传中心，了解社会动态。要做到对新闻稿件新鲜之处“一目了然”；对新闻价值“心中有数”；对新闻事实“兴趣盎然”。

抓住了这种新鲜感，播音员在话筒前就会产生一吐为快的感觉，受众对新闻播音的期待与需要从而也得到满足。

3. 受众的求快心理

快——是新闻的一大优势。正是由于新闻的快，迎合了受众“先闻为快”的心理，才使新闻节目成为广播电视收视率、收听率最高的节目。为了更好地发挥新闻快的优势，就要不断增强新闻的时效性，改进新闻的传播手段，于是在新闻节目中有了新闻直播、插播、快讯、刚刚收到的消息等等。新闻播音也要适应新闻快这一特点，迅速、及时地把新闻播报给受众。这不仅要求播音员要有雷厉风行的工作作风，还得具备直播、现场转播、播录急稿的能力。这就要求：

（1）面对急稿，应付自如。

播音员的基本功训练绝不是一蹴而就的，它需要经历一个较长的实践过程。作为一个播音员，他应该具备快速备稿的能力，面对急稿，应该具备边看边想边播的能力，播着上句看下句，思维不断前进，语流不断调节、一气呵成，迅速及时地完成好播音任务。

（2）直播新闻，镇定自若。

当播音员一迈进直播室，必然承受着时间紧迫、安全播音的心理压力。这要求播音员既要具备扎实的新闻功底，又要具备良好的心理素质。既要全身心地投入稿件的准备和播读，又要调整好心理状态，保持理智的适度紧张——既兴奋又从容，以引发和保持敏锐的反应、活跃的思维、流畅的语言、松弛的用声。

（3）现场转播（报道），出口成章。

对这种即兴播音，在尽可能的情况下要事前多做准备，做到心中有数。来到现场还要随机应变。现场报道有它的不确定性，播音员的认识、反应必须跟上新闻事实的变化，不忙、不慌、不乱，眼睛盯着新闻现场，思维指挥着有声语言，使受众与你一起随着新闻事实走。这种快捷的思维能力、出口成章的语言表达能力只有通过实践才能获得。

从受众的求快心理中，我们还看到社会的发展改变着人们的观念、生活节奏以及个人对社会的认知程度。由于受众政治文化素质的提高、生活节奏的加快、时间观念的增强，他们更乐意接受那种富有时代感的清新明快的语调。这在新闻播音的节奏速度上就要加快，必然会对新闻播音的总体把握上提出要求，这就要求：

（1）主题明确，重点突出。播得浑然一体、紧凑抱团，避免散乱，散乱必然会给受众以“松”、“慢”的感觉；

（2）层次分明，播读清楚。分明、清楚使受众听得明白，虽播的速度加快，但有听着不快的感觉。

（3）句子连贯，自然流畅。在准确、清楚表情达意的基础上，更多地注重语意，而不是停滞在语句关系的处理上。

（4）用气发声，轻快自如。由于新闻播音是以“播讲”为主，主要在自然声区，松弛、自然、灵活、多变是实现平等交流的重要前提。

第二节　实践练习例稿及训练提示

以下各章选用例稿，均选自公开发表的报刊、杂志，由于收集的量大、面广、时间较长，其出处已难以准确无误地一一注明，敬请见谅。

例1-8

本台消息：中共中央总书记、国家主席、中央军委主席胡锦涛高度关注当前电煤供应的严峻形势，1月31日在有关部门和地方负责同志陪同下，深入大同煤矿、大秦铁路、秦皇岛港实地考察煤炭生产和电煤供应情况。

地处晋北的大同集团是一家年产量过亿吨的特大型煤炭企业，胡锦涛总书记乘坐井下矿工专用车通过8公里长的矿道，来到400多米深的矿井下。他走到正在紧张作业的工人中间，同大家亲切握手。

总书记对大家说，当前我们国家南部的大多数地区，发生了严重的雨雪灾害。对这些地区的生产和人民群众的生活，带来了严重的影响。现在灾区需要煤，电厂需要煤。有了煤，才能够发电，有了电，灾区的人民群众才能够尽早地恢复生产工作。同时，中央希望我们煤炭战线的广大职工，要发扬特别能战斗的精神和"一方有难，八方支援"的好传统。希望同志们在保证安全的前提下，多产煤，多供煤，缓解当前煤炭供应的紧张局面，为保证国家经济社会的正常运行，为广大人民群众能过一个欢乐祥和的春节，作出重大的贡献。大家春节期间也不能休息，在这我给大家提前拜个早年。祝你们身体健康，工作顺利，家庭幸福。

训练提示：这不是一条简单的动态消息，大灾之年，又临近春节，总书记亲自来到400多米深的矿井下，看望工人，并语重心长地希望他们为了灾区人民早日恢复生活，为了让广大人民群众过上一个欢乐祥和的春节，多产煤，多供煤，其情其景感人至深，稿件深刻的内涵不言而喻。

例1-9

本台消息：中共中央政治局昨天召开会议，研究当前雨雪冰冻灾情，部署做好保障群众生产生活工作。胡锦涛主持会议。

会议认为，近期我国部分地区出现罕见的低温、雨雪冰冻极端天气，持续时间长，影响范围大，给受灾地区生产生活秩序带来严重影响。党中央、国务院对此高度重视，及时作出部署，各有关地区和部门紧急行动，团结协作，顽强奋战，克服困难，积极抗灾救灾，为保障群众生产生活和煤电油运工作作出了重大贡献。

会议强调，未来几天，我国南方大部分地区仍将有雨雪天气。各有关地区和部门要把抗灾救灾作为当前最紧迫的任务，以对人民群众高度负责的精神，进一步做好思想准备和工作准备，坚决打好这场抗灾救灾的硬仗。

会议指出，当务之急是要千方百计保证交通运输通畅和电力供应。要克服一切困难，增加煤炭生产，优先保证电煤供应。要切实把群众利益放在第一位，帮助受灾群众排忧解难，急群众之所急，办群众之所需，解群众之所难，保障生活必需品供给，保障油气正常生产和调运，尤其是要安排好受灾地区群众的生产和调运，尤其是要安排好受灾地区群众的生产生活，确保广大人民群众过一个欢乐祥和的春节。

训练提示：这不是一条简单的会议消息。百年不遇的大雪灾，给南方各省广大群众的生产生活带来极大的困难，在这非常时期，中共中央政治局召开会议，部署做好保障群众生产生活的工作，全篇的重点在主体最后一个自然段。

例1–10

本台消息：2月5日至6日，中共中央总书记、国家主席、中央军委主席胡锦涛，专程来到广西壮族自治区受灾最严重的桂林，深入到灾情严重的山区农村和担负抗灾救灾重任的基层单位，实地了解保交通、保供电、保民生的落实情况，慰问灾区各族干部群众，给大家带来党中央、国务院的深切关怀和新春祝福。

2月5日上午，温家宝在出席春节团拜会之后就奔赴贵州，直接到灾区了解灾情。这次已经是9天之内温家宝第三次亲临灾区指导抗灾救灾工作。

在飞机上，温家宝对随行的有关部门负责人说，贵州灾情最重，现在还是抗灾救灾的关键时期。春节前夕，我们一方面是慰问，但更主要的是去解决问题。

一出机场，温家宝就乘车前往黔南布依族苗族自治州龙里县观音村。进村后，温家宝首先赶往输电线路抢修现场。

据中央人民广播电台报道，昨天下午，正在江西考察抗灾工作的温家宝，乘车约一个半小时前往江西受灾最重的抚州市，深入到已经断电20多天的临川区云山镇，看望那里受灾的群众。

温总理说，我们这次受灾虽然损失了很多东西，比如说柑橘死了，树倒了，但是我们也得到了很多东西，就是克服困难的勇气、信心和能力，人心更齐了，干群关系更好了，人与人之间更团结了。

训练提示：这条消息的重点应放在主体的最后一个自然段，即温总理说的一段话，他辩证地告诉我们得与失的关系，这是全篇重点所在。

例1–11

据中央气象台消息，25日至28日我国自西向东将出现一次大范围持续性雨雪天气过程，西北地区东部及南方地区将出现持续性雨雪天气。其中云南北部、广西、湖南、江西、浙江、福建北部等地的部分地区有大雨（雪），将给春运带来极大不便。

1月10日以来，我国自西向东连续出现两次大范围雨雪天气。

1月13日以来，贵州省遭遇持续大范围的雪凝天气，电力线路受损严重，电网减供负荷已达事故前的33%，24日正式宣布全省进入大面积二级停电事件应急状态。

截至24日12时，贵州全省共有4833个移动通信基站因停电而中断服务，中断服务的基站占全省移动通信基站总数的27.9%。固定电信通信基本能够保障。

因道路阻断，贵州大部分县的成品油供应出现紧张。中石化贵州公司有300多个加油站供应不正常，约占全部710个加油站的一半。

近期四川省大部地区气温持续偏低，部分地区持续低温天数突破历史极值。地处"天府之国"核心地带的成都市，自24日凌晨开始雪花飘飘，一幅北国城市冬季景象。

湖南省大部分地区出现了长达10余天的雨雪、低温冷冻天气，气温之低，持续时间之长是近50年以来最严重的一次。至24日上午，灾害造成湖南省1359万多人次受灾，因灾死亡3人。

训练提示：这条消息的重心应该放在数字上，包括省份，因为只有数字才最有说服力，最能说明灾情究竟有多重。

例1-12

最近，著名主持人杨澜在接受采访时透露她在工作中的一些失误：我经常被问及，作为电视台主持人，是否在镜头前有过失误和尴尬？岂止是有过，还不少呢。

记得1991年，去广州主持一个大型晚会，地点在体育馆。晚会进行了一半，轮到我上台报幕。不知怎的，我的一只高跟鞋的鞋跟卡在了舞台地板的夹缝里。没等我反应过来，人已应声扑倒，我懵了，第一个念头就是，"赶快起来，多丢人哪！"我爬起来，幸好话筒还在手里，定了定神自嘲道："我刚才这个动作可不怎么优美，可是在接下来的杂技表演中，您将欣赏到精彩的动作表演《狮子滚绣球》。"说完，我提着裙摆，小心翼翼地走下台去。背后传来热烈的掌声。一开始，我以为那是欢迎杂技节目的掌声，直到观众席中有人喊道："杨澜，你真棒。欢迎你再到广州来。"

另一次失误就没有这么容易过关了。那是1997年的服装节，正式演出那天突然断电了。大约20分钟以后，供电恢复。我刚开口："女士们，先生们，晚上好！"但是我突然愣住了。我的耳边传来四面八方的回音。我懵了，语言完全失去了应有的节奏，甚至有些音开始走调。

我不知道自己是怎么走下舞台的。我已经完全不在状态了，精神也无法集中。那一刻是我职业生活的噩梦，后来我了解到了，断电以后，音响设备重新启动，以前的设置不起作用了，所以才会出现这么大的回声。但我无法不自责："如果我的词背得再熟一点，情绪控制得再稳一点……"这件事让我几个星期都处于抑郁之中。有人说："杨澜从美国回来，连中国话都说不利索了。"我甚至写了封信给当时的市长薄熙来为此事道歉。

后来怎么样了？生活还在继续。如果你在失败中停下脚步，那么所有的人只会记住这次失败。只有更加努力地去做下一件事，才有希望超越阴影。成功的喜悦让人振奋，失误的伤痛让人成长。当然，失误还是少一点为好。

训练提示：名人总是被关注的，名人的趣闻轶事更是众人感兴趣的。杨澜作为一个著名节目主持人大胆披露一些不甚体面的"隐私"是需要一点勇气的，但披露"隐私"不是这条消息的目的，目的是要告诉人们如何去面对失败和失误，因此，这条消息的重心在最后一个自然段，这是播音表达的重点。

例1–13

本台消息：尽管离高考报名还有相当时日，今年北京两大顶尖高校均已开始使出各种手段吸引最优秀的人才加盟。

清华大学借助90年校庆之际连出重拳，在历史博物馆进行的90年校庆展，首先成了招生宣传的最好阵地。每到周末，总有中学生专场咨询，由招生老师负责介绍今年的招生情况。昨天他们更是借助中学校长论坛的举办，将直接影响学生填报志愿的各重点中学的校长们请到学校，将清华近年来的发展变化展示给他们，进而游说学生报考清华。此外，清华今年增加了150人左右的名额。

北京大学的招生宣传工作也已经全面展开，据介绍，北大今年招生工作推出三项新举措：增设新闻学和影视编导两个新专业，前者计划招收30至40人，后者计划招收30人；增加信息学科的招生人数，信息与计算机科学、电子信息科学与技术两个专业计划比去年增设15%；文科部分学科招收理科考生。今年光华管理学院将有一半生源来自理科。新闻、国政、外交、法学等专业也将在北京招收理科考生。北大学校招生办公室遴选教师筹建的招生组将于4月中旬直赴各地开展招生宣传工作。有消息说，今年北大招生工作还专门引入了策划公司，准备进行整体包装。

训练提示：生源质量是高校生存发展的根本，透过这条消息可以看到，我国高等教育已经发展到了一个新的层面，已经由精英教育发展到大众教育。重专业轻院校的趋势已经逐步形成，名牌大学坐等学生上门的局面正在发生微妙的变化。北大、清华的做法是认识人才市场，适应人才市场变化的聪明之举。这条消息的表达重点应放在新闻导语，特别是一些重点词句"还有相当时日"、"使出各种手段"要着力强调。

例1–14

本台消息：广东省珠海市政府近日下发《关于进一步做好社会保险覆盖全社会工作的通知》，具体明确了外来工享受社会保险待遇的条件：凡在珠海市参加了养老保险且累计缴费年限满15年以上、达到国家法定退休年龄的参保人员，不论其户籍是否在珠海，都可以与珠海市户籍的参保者同样享受按月领取养老金的待遇。

训练提示：让外来工享受与当地参保人员同样的待遇，“同样”两字既包涵物质文明，更包涵精神文明，意义重大。

例1-15

本台消息：龙井茶如何防假，一直是令人头疼的问题。杭州市西湖区政府近日郑重宣布：自今年起，凡西湖区168平方公里龙井茶产区出产的龙井茶，将一律采用防伪保真标识，同时还将开设一定数量的龙井专卖店。

据西湖区副区长王炬介绍，龙井茶防伪保真标识分茶农用产地标识和销售用产地标识两种，前者根据每户茶农的核定春茶产量，每250克核发1张，后者主要供龙井销售企业使用，一律加贴在产品包装上。由于标识采用了目前先进的计算机二维条码技术，只要对标识进行扫描，真假立辨。为此，西湖区还专门配备了防伪扫描检验机。

至于消费者所关心的龙井茶专卖店，今年将在杭州市区范围内先开出5家，同时在北京、上海和广州开设龙井茶专卖店。这些专卖店全部由杭州市质量技术监督局统一授牌，使用统一的专卖店牌匾，并且具有十分严格的考核、管理、监督制度。

训练提示：如何对待打假，不仅关系到一个名牌产品的生存发展，更关系到一个国家在国际市场的信誉。杭州市西湖区政府在大力发展龙井茶的同时，采取切实措施来保护龙井茶的品牌。应该看到，其意义在于这既是举措，更是一种态度。

例1-16

本台消息：昨日，杭州市各重点高中对今年的初中保送生进行了测试。试卷明明白白地向初中教学指明：重点高中欢迎综合素质强的学生。

昨日的试卷由学校自己出，不少学校只出了一张综合卷，而卷中包括了初中所学的所有学科。老师们戏称要求学生“上知天文地理，下知鸡毛蒜皮”。试卷除了课本知识外，更多的是课外知识。学校要求学生有广泛的求知欲和丰富的知识面。如杭州高级中学的试卷中出现了音体美的题目，要求学生说出什么是有氧运动，说出西湖周围山的名称等；杭州学军中学在面试中要求学生谈谈对网络黑客的看法，要求学生谈谈对“减负”的看法。

与众不同的是，今年学军中学特别注重对学生行为规范和道德水准的考核。学校有意设计了一些情景题，如在学生进门处零乱地放着一些拖把、扫把，结果有70%的学生能主动拾起放好，而30%的学生却熟视无睹地跨了进来；11点半后，学校给学生发袋装点心，吃完后，有80%的学生能扔进垃圾箱，而20%的学生则乱扔；70%的学生离开教室时能将椅子摆好，30%则不行。校长任继长说，就是要在学生的不经意中观察他们的文明素养，对学生德的考核很重要。杭二中校长叶翠微说，我们欢迎具有可持续发展素质的人才。杭高校长葛锦发说，学校并不想通过考试筛选人员，而是想告诉家长：靠家教、靠题海战术培养不出人才。

与往年不同的是，现在学校对学生及家长的服务意识增强了。如杭州高级中学在学生考完后，发给他们每人一套研究性学习材料和一套参考题目；杭州学军中学利用学生考试的时间给闲着的家长开了家长会，介绍学校的情况，并带领家长参观校园。

训练提示：这条消息表明，杭州市各重点高中已经开始从应试教育向素质教育迈进。他们的目光已不光停留在分数上，而是更多地关注学生的知识面和道德水准。这条消息有相当的针对性和普遍意义，在表述时，对重点语句要给予一定的分量，如"学校要求学生有广泛的求知欲和丰富的知识面"，"对学生德的考核很重要"，"我们欢迎具有可持续发展素质的人才"。

例1–17

本台消息：伴随着春茶上市，上海价格最贵的茶叶也将来沪，这是日前从食品一店获得的信息。据悉，这批新茶四两的价格为5888元。

出乎预料的是，这批极品茶成为春日里上海人送礼的"抢手货"。

据介绍，这批新茶是从杭州西湖乡翁家山采摘而来的，据说这是狮峰龙井最正宗的产地。经过西湖乡的2名专业高级炒工近两个星期的精拣和炒制后，将被运到上海，再经过上海茶叶公司的专业人员挑出老片、散片后装瓶而成。最后，这批茶叶还将回到设在杭州的国家茶叶监制中心，经过最后的审核、编号。据悉，本周三这批茶叶被装成30盒礼盒极品茶运到上海。

这批极品茶会有市场吗？出乎预料的是，前来登记者还不少。某企业的汪先生说："送礼送极品茶，又实用又体面。"

据悉，持这种想法的消费者占据了大多数。而一位个体从业者的想法更有趣："购买后再去拍卖，说不定还能赚上一笔呢！"

训练提示：这条消息虽短但有丰富的背景。杭州龙井是驰名中外的名茶，但近年来假货充斥市场使名茶备受摧残。这条消息说明一个道理，货真才能价实，物以稀为贵。这条消息的导语必须给予充分重视，对导语中的重点词要加强分量，如"上海价格最贵的茶叶也将来沪"，"这批新茶四两的价格为5888元"。重点突出了，语意就清晰了，新闻的价值就体现出来了。

例1–18

本台消息：一场因医改而引发的降价战悄然升级。间隔不到一周，杭城的大中型药店和浙江省建工医院先后宣布药品降价10%。面对迫在眉睫的竞争，一些中小医院已经坐不住了，开始动起了脑筋。最近，他们已悄悄降起了各种治疗费和服务费，以抢占市场份额。

中小医院在高难疾病的治疗方面与大医院竞争，有一定难度。于是，他们很容易想到了自己技术比较过关的普通手术的服务和收费。江干区的笕桥医院近期把普通手术费降到其他医院的一半左右，主动参与竞争。现在该院外科的急性阑尾炎治疗费用只需1500元到1800元，而大医院则需3000元左右。接生，各家医院技术都比较过关。西湖区中西医结合医院近日规定，产妇自然分娩，手术费不能超过1500元；剖腹产，手术费不能超过2500元。这样，自然与大医院平产要花个三四千元的情况形成竞争。笕桥医院的杨院长说，普通手术，患者并不一定非找大医院不可，区级医院可以抓住这个做文章。

除了普通手术费用，一些中小医院把护理费也纳入降价考虑范围。省级医院的特级护理费一般一天要900元左右，市级医院也要600～700元。拱墅区中医院把这项费用降至450元，以吸引老年病、慢性病患者来院就诊。

一方面要吸引更多的病人，一方面中小医院也在想办法留住“定点”病人。上城区中医院规定，凡是在大病保险定点在本医院的病人，做尿常规、血常规等检查时，检查费减免10%，住院时，床位费减免10%。

不少中小医院的负责人说，医院规模小，成本低，所以有很多降价的空间，而降价则会给医院带来新的发展。

训练提示：这是一条令人关注又是令人深思的消息，长期以来医药费居高不下成为一个社会顽症，群众叫苦不迭。现在这个顽症遇到了克星，医疗改革把各家医院推上了竞争的舞台，病人可以选医院，选医生。医院不改变形象就会失去病人，失去生存发展的空间。我们赞扬医院积极参与改革的行动，更赞扬医疗改革带来的福音，这是这条新闻的基调。重点应放在新闻最后一个自然段。

例1-19

本台消息：来自宁波市公安局车管所的最新统计表明，目前全市私家车总数已达22967辆。今年以来发展势头更加迅猛，仅头两个月就新增私家车2504辆，平均每月以1200余辆的速度增加。

按照国际惯例，当一个地区人均GDP达到800美元时，就进入家庭轿车的导入期。宁波市去年人均可支配收入也达到了10921元人民币，已经跨越了轿车进入家庭的基准线。同时，近年来宁波城区面积比20年前扩大了近5倍，道路条件改善，部分居民上下班距离拉长，加上节假日外出旅游成为时尚，更增加了市民对家庭轿车的需求。

大量经济型轿车进入车市，也为市民购车提供了更多选择。定价10万元左右的

"赛欧"、"夏利2000",以及"奥拓"、"英格尔"、"长安之星"、"美日"等经济型家庭轿车的上市,激起了宁波市民的购车欲。

宁波私家车市场日趋火爆,也带动了汽车销售经营服务等衍生产业的兴旺。目前,宁波市区环城西路、环城北路已初步形成包括汽车整车市场、汽车专卖店、维修中心、配件中心等专业"汽车大道"。全国各地几十家汽车生产商也在宁波争相占领宁波私家车市场。最近,宁波市还出现了专门为私家车拥有者提供维修、维护、车辆年检年审等一条龙服务的"汽车俱乐部"。

训练提示:这条消息从一个视角即宁波私家车发展迅猛来揭示改革开放以来人民生活水平快步拉升的事实。买私家车对中国人来讲是多少代人的梦想,但是改革开放以来,汽车与彩电、冰箱一样逐步走进百姓家,这一事实无可辩驳地说明党的政策英明正确。但消息本身并没有任何议论,只是报道了这一事实,但事实胜于雄辩,演播者应透过这条消息感悟到国家前进的步伐。新闻播音同样需要态度,需要感情,这种态度、感情是通过对新闻事实的肯定来实现的,因此,抓准、抓住"新闻核心"十分重要。这条消息要重点关注新闻导语,如导语中提到的"私家车总数已达到22967辆"、"今年以来平均每月以1200余辆的速度增加",这两个数字反映了宁波私家车的现状及发展势头。

例1-20

本台消息:父母是无私的,宁可自己缩衣节食也要给孩子创造一个较好的生活、学习条件。据国家统计局所属美兰德信息公司的调查表明:儿童消费数额惊人,全国0至12岁孩子每月的消费总额超过35亿元,在众多家庭中,一个孩子的月平均消费超过了一个大人。

好多家长为了让孩子穿得漂亮,不惜花钱添置衣装。在银行工作的张女士告诉记者,这些年,每逢换季总要给女儿买新衣,再加上六一、元旦、春节、生日等喜庆日子,一年少说也要买七八次新衣,总金额近2000元。据了解,仅杭州大厦购物中心去年的销售额就增长了70%以上,有不少商场的名牌童装已超过总品牌的1/2。从价格上看,说是童装,三四百元一件很平常,七八百元一套不足怪。有的家长坦言,孩子的衣服比自己穿的还贵。

儿童的穿着消费往往变成一种攀比,使儿童服装消费水涨船高。这种状况不仅仅发生在杭州。国家统计局曾对北京市两所重点中小学、两所普通中小学进行过名牌服装调查,至少有一套名牌服装的孩子占半数以上,其中30%的孩子有2~3套,10%的孩子有4套以上。

与此同时,大人在满足儿童的吃上毫不吝啬。有关部门在调查中发现,12岁以下的孩子经常买零食的占92.3%,只有8%的孩子不吃零食。在杭城,还有相当多的孩子喜欢选择进口食品。

在一些家庭里，与吃穿相比，在孩子学习上的投入更是惊人。某校的六年级班，有1/4的学生每月光花在家教上的费用就达300多元。据调查，现在三口之家中，孩子的消费基本上决定了一个家庭的消费方向。工薪阶层80%的家庭中，每月除去必要的积蓄外，一个孩子的月平均消费远超过一个大人，一个孩子的花费占家庭收入的一半并不在少数。

训练提示：这条消息揭示了我国一种新的社会现象，即儿童消费数额惊人。消息从穿着、饮食、智力投资几个方面，以数字清楚地表明现在家庭中儿童的消费状况，正如导语中讲的，在众多家庭中，一个孩子的月平均消费超过了一个大人。这条消息并没有对此现象作出评议，但是作为播音创作来讲，应该透过现象看到本质，这样才能准确把握好新闻的基调。儿童消费在家庭中所占比例日趋增加，其本身并不是一件坏事情，在家庭总收入增加的前提下，给孩子多投入一些资金，给他成长创造更优越的条件，这是好事。但是透过这件事再看看由此带来的负面影响也不能不引起警惕，一是攀比风盛行，二是助长孩子好逸恶劳、贪图享受的坏习气滋长，因此，对这种现象基本上持否定态度。

例1-21

本台消息：学生自己选题、找导师、找合作伙伴、查询资料，利用课余时间完成论文，正在上海各中学积极推广的研究型课程，以轻负担、高质量、独立性强的特色，赢得了师生的认同和喜爱。

位育中学高三（6）班的洪乐没有想到，自己的那篇《关于水泥28天抗压强度值的预测》竟然获得了第九届全国青少年发明创造比赛的一等奖。他说："研究型课程是一种挑战，在写论文的过程中，我开拓了阅读面，懂得了如何去收集、运用信息，更重要的是锻炼了自己独立实践的能力。"

目前，位育中学的学生们已经完成了300多篇论文。有的学生从写论文着手，开始了文学创作，有的论文还引起了企业的兴趣，打算来投资。

训练提示：这条消息虽短，但揭示了教育战线开展教学改革的新趋势。长期以来，我国的教育是记忆教育，学生靠死记硬背取得高分数，培养了一批高分低能的学生。现在教育战线的改革力度逐渐加大，从根本上来讲是从记忆教育向素质教育跨越，既注意知识的传授，更注意能力的培养。从这一高度来看这条消息才能感觉其分量和价值，这是播音创作所不能忽视的。

例1-22

本台消息：如今，在中科院，“研究员”不再是一种技术职称，而是一种岗位：也就是说，不管你现在是初级还是中级技术职称，你都可能通过公开竞聘成为“研究员”岗位上的一员……记者从今天开幕的中国科学院人事工作会议获悉，中科院将在全院范围内停止专业技术职务任职资格的评审，同时停止传统意义上的职员职级晋升，取而代之的将是全面推行的岗位聘任制。

“专业技术职务任职资格就是我们经常说的技术职称。”中科院新闻发言人李云玲说，“进入中科院创新试点序列岗位的聘任人员，包括专业技术人员和管理人员等，都将实行按需设岗，公开招聘，择优聘任，契约管理”。

实施这一制度，旨在改变专业技术人员任职资格评审和因人设岗的传统做法，各单位根据凝练的科技目标和工作需要，全面合理地设置各类专业技术岗位和其他岗位，在单位内公开招聘，竞争上岗。

据悉，中科院将同时撤销院一级各系列的专业技术职务任职资格评审委员会，下属单位同级的评审委员会和职员职级晋升的评审机构也将予以撤销，并根据不同岗位要求，组建相应的聘任委员会，建立完善的聘任程序和考核标准与办法。

训练提示：这条消息不算长，但在知识界引起的反响不亚于一颗重磅炸弹。长期以来，学术界都是通过职称评审取得相应的职称，并享受相应的待遇。但是职称评审制度造成的职称终身制度，使知识分子队伍缺乏激励机制，另一方面，职称评审中的人为因素又使职称评审缺乏公正性。这次中科院把职称评审制度改为岗位聘任制，给每一个专业技术人员提供平等竞争的机会，应该说这是一个巨大的进步，是一次勇敢的突破。对中科院的这一举措应该给予充分的肯定。这条消息重点放在主体第二自然段，即实施这一制度的目的。

例1-23

本台消息：越来越多的上海市民今年将享受更为凉爽的夏夜，因为夜间的上海电价不足白天的一半。

来自上海电力部门的消息说，今年将有40万户上海家庭安装“分时电表”。从5月起，上海电价6时至22时为每千瓦时0.61元，22时至次日6时为每千瓦时0.30元。

电力部门的专家说，安装“分时电表”后受益最大的是那些经常在夜间使用空调、电热水器的居民。根据家电使用特性分析，在居民使用习惯不改变的情况下，装“分时电表”后每天可省1/4的电量。按今后夜间每度电0.30元计算，居民每月可节省12.7%的电费。

据悉，上海是我国第一个大规模实施分时电价的大城市。已经正式启动的年内40万户居民分时电表安装工程，被列为今年上海市政府的实事工程之一。

尽管启动“分时电表”工程受到住户普遍欢迎,但仍有一部分市民因为要收取100元的“初装费”而迟疑。对此,上海市电力公司有关人员表示,安装“分时电表”的目的在于便民利民,是否安装完全尊重市民的个人选择,暂时不想安装的可以延迟安装或者不装。

训练提示:节约用电和合理用电历来没有得到协调统一,一提节约用电便是拉闸、提高电费。而上海市用电分时收费为二者统一找到了一种新的途径。对这样一种利民顺民的措施当然是举双手拥护。但在播音创作中,不能仅仅停留在给予肯定、支持,而更要看到电力部门服务意识的增强和人民生活质量的提高,从而感悟到社会在发展、在进步。

例1–24

本台消息:宁波市民营企业近年来纷纷到西部投资,收到了良好的经济效益和社会效益。据市工商联不完全统计,至今宁波已有百家民营企业参与西部大开发,项目投资额超过20亿元。

抓住西部地区国企改革的机遇,通过兼并、承包、租赁等多种形式进行低成本扩张,在西部建立生产基地,变产品“产地销”为“销地产”,是宁波民营企业进军西部的主要形式。据了解,目前仅宁波慈溪在中西部地区创办、租赁的企业就有近100家,为当地提供了1万多个就业岗位。宁海一休集团于1997年在四川投资2000多万元,建立了童装和学生校服生产基地,经过几年市场拓销,在西南地区的产值、利润持续大幅上升,去年销售额达到6000万元,占集团总部销售额的1/4。最近,“一休”又决定投资2000万元,在广西贵港成立服装市场。

宁波还有不少施工企业通过招投标的形式,在西部承接了基础设施及相关领域的工程项目。前不久,在浙江省与西部地区进行的一次经贸洽谈会上,宁波民营企业与新疆、甘肃签订了27个合作项目,总投资达10多亿元,目前,这些项目进展顺利。

训练提示:开发大西北是党中央的战略决策,宁波市民营企业家以其敏锐的目光把资金投向西部地区,参与开发西北的战略,对这一举措应给予肯定。因为先进地区带去的绝不仅仅是资金,更重要的是观念、管理模式、经营模式,这是西部地区与东南沿海地区最大差距所在。对一个播音创作者来讲,你对稿件的认识与表达是成正比的,有了深刻的认识才会有到位的表达。

例1-25 新闻分析:瑞士缘何近期不入欧盟

为什么绝大多数瑞士人不赞成瑞士在近期内加入欧盟呢?这主要是因为对于普通瑞士百姓来说,瑞士现在加入欧盟,他们不论在政治还是经济上都得不到现实的利益。

享受主权独立

从政治上分析,尽管瑞士被包围在法国、德国、意大利和奥地利等欧盟成员国之中,但瑞士一直奉行中立政策,长期游离在欧洲主体之外。瑞士人对自己的中立政策引以为荣,对欧盟那一系列超国家机构不仅没有任何兴趣,反而担心使瑞士受到约束,担心加入后瑞士自己的政治和社会便置于欧盟的干预之下。

许多瑞士人并不看好欧盟的前景。前南斯拉夫内战的爆发、难民潮的涌现、民族主义势力的抬头、欧盟内部的政治斗争,都令瑞士感到茫然。他们生怕参加欧洲一体化进程会使瑞士这样的小国失去中立特性和部分国家主权,一旦形势有变,瑞士便失去回旋余地。

享受繁荣经济

从经济方面分析,瑞士同样找不到充足的理由马上加入欧盟。目前,瑞士经济正处于空前繁荣时期:去年瑞士的财政预算盈余创纪录地高达46亿瑞士法郎(合26亿美元);其消费信心指数达到12年来的最高点;瑞士货币单位瑞士法郎异常坚挺,与欧元的疲软形成鲜明对比;同时,通货膨胀率和失业率只有2%,今年2月份的物价上涨率更是只有微不足道的0.8%。

此外,瑞士的经济环境极佳,其收入税是欧洲所有国家中最低的,其增值税只有欧盟成员国最低水平的一半,多语种的文化特色还提供了能说多种外语的职员。如今,许多国外大公司正争先恐后地将总部迁往瑞士。强烈反对瑞士加入欧盟的人民党警告说,一旦瑞士成为欧盟成员国,仅每年的欧盟会费就得缴纳50至70亿瑞士法郎(合30至40亿美元),瑞士的消费税也会翻番,从而造成事实上的工资下降及失业率上升,并进而影响瑞士人的生活水平。

享受银行保密制

瑞士享誉世界的银行业也强烈反对瑞士加入欧盟。近年来,欧盟一直批评瑞士银行保密制度为逃税行为、非法团体和个人藏匿赃款和洗黑钱行为提供了庇护,欧盟一些成员国已经放言,将要求瑞士提高其银行服务业的透明度。面对欧盟咄咄逼人的气势,瑞士财政部和瑞士银行家协会明确表示,他们反对瑞士加入欧盟,并决不放弃本国法律保护的银行保密制度。

由此可见,欧盟对瑞士人不仅没有什么吸引力,反而还在瑞士人心目中成为“具有威胁性”的机构。在这样的情况下,瑞士人投票反对立即开始加入欧盟的谈判,也就成了顺理成章的事情了。

训练提示：新闻分析是新闻体裁中的一种形式，它主要是针对公众关心的问题进行客观真实的分析，为其排疑解惑。瑞士是欧洲一个小国，但多数瑞士人并不赞成加入强大的欧盟，其原因何在呢？文章从三个方面回答了这个问题。编者选择的三个切入点是颇具说服力的。瑞士虽是小国，但是奉行中立政策，不希望受到别国的约束；瑞士是个富国，不希望因加入欧盟而背上沉重的负担；瑞士银行在世界上享有盛誉，不希望因为加入欧盟而失去原有的地位。对这样的稿件既要注意表述的客观真实，又要注意语言的条理性，以增强说服力。

例1-26　新闻选评　令人忧虑的“都市小文盲”现象

自改革开放以来，大批农村剩余劳动力涌入城市，增进了城市的繁荣进程。就在这些数以万计的都市打工者中，夹杂着一大群随父母而来的农村孩子，他们随父母漂泊，不要说接受学前幼儿教育，就连早已过了上学年龄的孩子也是上学无门，他们正向文盲的深渊一步步迈进！

不能忽视这些孩子

成都市草堂村一组有一家四合院，6间屋子里住着来蓉打工的4户人家。其中有一个8岁的男孩和一个7岁的女孩，这两个孩子的父母分别来自金堂和万县，一对做皮鞋，一对拉三轮车。两个孩子都不会写自己的名字，甚至连阿拉伯数字也不认识。男孩的父母对记者说：这孩子从2岁开始就随我们一起闯荡上海、广州、福州，去年又随我们来到了成都。我们俩辛苦干一年，除了吃、住、用开支，剩余不到3000元。而在这里上学，条件次一点的小学，一年也要上万元，这笔款子，我们无论如何也无法承担。记者问：“为什么不把孩子放在家里上学？”孩子的母亲说：“孩子两岁前是他奶奶带，可是他奶奶已在6年前去世了，家里又没有其他可靠的人，他不跟我们走，又能跟谁呢？”

前不久，记者在重庆一服装店遇见了一个很精灵的男孩牛牛。他那来自云山的母亲告诉记者，牛牛今年7岁，没有上过学，现在可以数到100，但除能认识人民币的大小，其余汉字和字母均不识一个。笔者问：“孩子这么聪明，为什么不让他上学呢？”这位母亲顿时悲从中来：“前几年，我们都没有挣到钱，今年刚有点起色，但是孩子要在这儿上学，除非我们一年不吃不喝！”据了解，这种由于随父母在城市打工而上学无门的学龄儿童，在上海、广州、厦门、河南等地均有相当数量。这些孩子由于种种原因，不能在家乡学校上学读书，而在父母打工的城市，又由于户口和经济的原因，更是不可能，他们正笼罩在失学的阴影中。

都有一本难念的经

我国目前的教育管理体系规定，小学实行行政区划的分级管理制，也就是说按照学龄儿童户籍所在地就近入学的原则，特别是在大中城市，户口不属于这里的儿童要入学必须交纳一笔昂贵的转学费，即使是本城市户口，要转入其他学校的人，也不例外。据悉,在一些大城市,小学收一名不属于本区的孩子入学,少则上千元,多达数万元。不要说一般的打工者,就是一般的城市工薪族也难以支付。

那么,收一名小学生入学,价格为什么如此昂贵?成都市教委有几个数据很是惊人:今年,成都市小学升初中的学生数和现在学校相应的班次数之差竟高达360多个班。在教委的协调下,费尽了九牛二虎之力,才得以安顿好这批学生。

成都市教委的一位负责人讲:按国家分级管理的政策,我们要解决政策范围内的人完全入学,尚且困难重重,外来民工子女,我们实难照顾。他说,如果要增设10所学校的话,每所学校的校舍、基建、师资等费用,少于百万是难以办成的。这些费用又从何而来?

一位小学校长也谈了自己的难处:“不是我们不愿意接受外来民工的子女,而是学校现有的师资、人员、校舍经费要保证目前的正常运转都困难,怎么承担更重的压力呢?”目前大城市的每个小学生所需的教育经费大约在1500元左右,但是国家政策规定的拒收费不过四五百元,这就意味着学校多收一个不属于自己片区的小学生,就要自己补贴1000元以上。

一位姓杨的小学教师说,他曾教过几个外来人员子女,客观地说,他们无法赶上其他学生,几次考试成绩均低于班平均成绩。究其原因,这些孩子没有受到学前教育,加之其家庭环境、父母的影响不良。杨老师说:“一个班有上几个这样的学生,我们的教育质量(统考成绩)如何能上去?”因此,学校、教师均不想收这些儿童。

据了解,在都市打工能让孩子就地上学的人并不多,但是就是这些不多的儿童,成绩偏差的现象也较普遍。

打工者,要勇于承担责任

就在都市人把关切的目光投向这群无法上学的打工族子女时,却有相当一部分打工者没有意识到,他们的孩子将成为“新文盲”而对社会产生的危害,更无法认识到,他们本身应负的责任。

成都市教委的一位同志说:“其实有许多打工者家乡的学校相当不错,并且,他们也并不是完全不能让自己孩子在家读书。但是他们根本不认为这样把娃娃带在自己身边而无法入学是对孩子的不负责任。”

一位教师感叹地说:“你急他不急呀?”他曾经几次劝一位打工的熟人快点解决娃娃读书的问题,但是这位包工头却不以为然,因为,他目前挣的钱是这位教师的几十倍。

一位有能力却不解决孩子入学的父亲讲:“我们做父母的责任,就是要孩子生活得好,而我现在已经为他存了几万元了,等他长大后,这些钱就是他做生意的本钱!”

社会办学是出路

要解决好都市打工者孩子就近入学的问题,仅靠政府单方面的力量是不够的。

有资料表明，在总数已超过600万的都市外地打工者队伍中，大约有180万“随军”民工子女，而这180万儿童中，能在都市上学的绝不会超过10%。

今年4月，国家教委在天津召开会议专门讨论外来民工子女入学的问题。目前国家已正式在北京、上海、天津、广州、浙江、深圳等地区的一些区县进行试点。

一位社会学研究者指出：都市民工子女无法入学已成为一种令人担忧的社会问题！不处理好这一问题，必将产生在城市人支持“希望工程”、救助山区失学儿童的同时，另一批文盲却在城市产生的恶性轮回。

那么，如何更有效地解决这一社会问题呢？

现在社会上，确切地说城市里散失的师资不少，如果教委出政策和管理，出面收集这些闲散师资，由打工者自出资金办学，那么即使孩子几年以后随父母再转移“阵地”也还是可以入学受教育的。也许这只是一个过渡，目前政府难以解决问题之一的一时之计，但是，却行之有效。

还有人认为：目前，许多城市社会力量办学都只把目光投向中专和大学，却较少有人兴办小学。如果他们顺应当前民工子女需要入学的形势，出资兴办一批高质量的小学，那将是解决这一问题的大好途径。”

许多人士感叹：中央电视台透露，全国一年用于桑拿浴的费用有上亿元，而每人每次至少得300元。如果把这笔费用用于教育，这不是利于千秋万代的大好事么？可是现在许多都市人一包烟几十元、一顿饭上千元，他们没想到许多为城市繁荣作出贡献的打工者的子女却因为无力承担上万元的转学费而徘徊于小学校门之外！

“国家兴亡，匹夫有责！”但愿我们每一个都市人都勇于担当起振兴中华民族的重担，献出一片爱心，救救身边这些孩子！

训练提示：这篇新闻分析提到了一个公众十分关注的社会现象，即大批城市打工仔的子女得不到教育，正向文盲深渊迈进。不解决这个问题既延误了这批孩子受教育的机会，又给社会造成新的不安定因素。文章首先把打工仔子女失学的严重状况揭示出来，使人感到这个问题非解决不可。接着又分析了城市教育部门为什么不能接纳这些孩子入学。最后提出了解决这一问题的办法，一是打工者要认识教育子女的责任，二是要动员全社会力量共同关心这些孩子受教育的问题。

一个社会问题出现了，人们总是会持各种各样的看法，作为新闻媒体坚持正确的舆论导向是十分重要的，分析存在的问题，寻找解决的办法是基本思路。因此，积极热情的态度是必不可少的，求实、中肯的分析才是解决问题的良方。

第二章

评论播音

第一节　理论概述

评论是新闻中一种主要和常见的文体，评论所涉及的问题极其广泛，国际、国内的重大事件历来是人们议论的焦点。评论借助于广播电视这一优越的传播媒介，使它的影响越来越广、越来越深，在这块宣传阵地中占有重要地位。因此，播好评论性稿件是播音员、节目主持人必须掌握的技能。

一、什么是评论

评论属于议论文，是以议论的形式对重大新闻事件或问题进行不同角度的评述。“议”就是要发表意见，进行议论，“论”就是要通过讨论、辩论，把论点立起来。

二、评论的种类

1. 社论

主要是评述当前社会上的重大事件或问题，通过对重大事件或问题的评论来阐述党的路线、方针、政策及工作方法，以宣传和组织群众。

2. 思想评论

有关思想和工作问题的评论文章，主要是评述思想问题，分清思想是非，扫除思想障碍，这种评论文章通过充分说理，以分清矛盾、澄清思想、团结同志。

3. 短评

内容单一，分析扼要，篇幅较短的议论文章。短评有时是针对某一问题或事件，发表简短的评论;或者是针对某一篇报道予以分析评论;或者是以编后形式出现,对某一个问题发表评论。

4. 按语

编者对新闻或文章所加的说明或批注,针对其中的观点或材料,直接提出编者的看法。按语的文字极为简洁,起画龙点睛的作用。

三、评论的结构及特点

论说文是以说明和议论作为主要表现方法的一种文章体裁。它不同于消息和通讯是通过新闻事实或通过人物形象的描绘和事件情节的叙述来表现主题的。由于评论所评述的问题多数是针对当前的重大问题、事件或思想倾向,因此具有很强的时代特征。

论说文是直接表达作者逻辑思维的文章,因此都直接沿用逻辑学所研究的思维方式,即概念、判断和推理,也就是运用概念,组成判断,进而达到推理。概念、判断、推理,都是客观事物及其规律性在人们头脑中的反映。一般评论文章或提出自己的主张,并采取摆事实、讲道理的方法来证明自己的主张的正确;或针对某一错误主张,采取一定的反驳方法来证明这个主张的错误。这样一个证明的过程,就叫做论证。

论证的组成,包括论点、论据和论证方法。所谓论点也就是评论的观点和主张。论点分中心论点和分论点。中心论点只有一个,它是全文结构总的枢纽,像一根红线贯穿于全文,成为使全文各个部分保持密切联系、形成有机整体的思想线索。分论点是围绕着中心论点而在文章各个部分中所提出并予以证明的论点。逐一证明了这些分论点后,总括起来,也就证明了中心论点。中心论点是纲,分论点是目,中心论点统帅分论点,分论点则为阐明和论证中心论点服务。

论点的确立需要论据来证明。论据大体有两种:一种是事实论据,一种是理论论据。事实论据是以事实作论据,一般选取最有典型意义、最能反映事物本质的典型事例。理论论据包括自然科学理论和社会科学理论两大部分,此外,各种专业科学公认的理论原则,也可以作为理论论据。

评论有以阐述正面论点为主的,叫立论;有以反驳错误论点为主的,叫驳论。立论着重于立,驳论着重于破。立论的任务在于证明自己的论点正确。驳论的目的则是驳斥错误的东西,最终目的还是为了树立正面的东西。

从评论的结构可以清楚地归纳出这种文体的几个特点:

(1)评论文章中心论点鲜明,态度明朗,是非曲直毫不含糊。

(2)评论文章具有高度的科学性,既能正确地分析现实矛盾,又能如实地反映客观事物的内在联系,使文章具有严密的逻辑性。

(3)评论文章的语言生动、鲜明、尖锐，毫不吞吞吐吐，具有很强的感染力和说服力。

四、评论文章的准备

1. 学习、理解党的方针政策是播好评论的前提

论说文反映作者的思想观点，较之其他体裁的文章，更为直接。作者或在评论中直接阐述党的方针政策，或运用辩证唯物主义和历史唯物主义的观点和方法去分析问题，解决矛盾。作者笔锋所触及的问题都是当前带倾向性的问题，比如：国有企业改革问题；下岗职工再就业问题；引导个私经济发展问题；扶贫问题；高等教育办学方向问题；等等。这些问题都是政策性很强又备受关注的问题，如果你不了解党的方针政策，你就无法站在一个正确的立场上去分析阐述这些问题，你的播音创作就会陷入一种茫然无措的境地。因此，“吃透两头”对评论播音显得尤其重要，对上要了解党的方针政策，对下要了解社会实际，这样的宣传针对性加强了，才能做到有的放矢。具体来讲，应该注意两点：

(1)结合实际寻找播讲目的，增强播讲愿望，做到有感而发。

评论是以议论的形式反映客观事物，通过对事物发展变化的论述，讲出令人信服的道理。党的方针政策来源于实践，反过来又指导实践，二者密不可分，理解二者相辅相成的关系，对评论播音创作至关重要。

例2-1 一定要消除腐败现象

漳州市委书记张文良任职4年，盖了3幢“书记楼”，挥霍公款20多万元。这一事实披露以后，引起了强烈的反响。

为政要清廉，腐败要消除，这是党和政府的要求，也是人民群众的呼声。确实，在住房、出国、请客送礼以及孩子老婆的安排等方面，都可以看出一个领导干部是廉洁奉公还是以权谋私的。中央一再强调党政干部要廉洁，既有精神，又有具体规定。如住房面积多大，规格多高，规定都是明确的。所有这些，张文良作为市委书记不会不知道，可是，他不听中央的精神，不执行国务院的规定，在市委、市政府和全市人民的眼皮底下，先后盖了一幢又一幢的“书记楼”。不管他有多少“政绩”，仅凭这一点，人们有理由怀疑，他在漳州市号召党员和群众去“艰苦奋斗”，去“过几年紧日子”能有什么实际效果。

对权力必须要有监督，有制约，不受监督的权力必然产生腐败。作为一个领导干部，不管地位多高，权力多大，都不能不受监督。既要受上级、中央的监督，还要受下级、群众的监督，受舆论的监督。要保证廉洁，光靠领导个人的觉悟是不够的，也是靠不住的。还必须实行有效的监督，张文良的违纪行为再次说明了这一点。

> 中共福建省委领导机关已经表示要严肃处理张文良的问题。对这种明显的违纪行为如果不严加制裁，党和政府的威信就会受到严重的影响，就不可能卓有成效地带领群众搞改革、干四化。其他地方和单位如果发现张文良这类人物，发现一个就坚决查处一个。这是党政机关保持廉洁的必要措施，也是对人民消除腐败的呼声的最有力的回答。

《一定要消除腐败现象》这篇评论，是通过对漳州市委书记张文良用公款盖私房这样一件事，引出了一个十分严肃的问题，即为政要清廉，腐败要消除。

反腐败是当前党的一项重要工作，又是整顿党风、整顿社会风气的重要方面。确实，近几年，随着商品经济的发展，再加上党内制约机制不够健全，腐败之风盛行，这既侵蚀了党的机体，又疏远了党群关系，给党在群众中的威信，给社会主义现代化建设造成了无可估量的损失。基于这个认识，就会让人感觉到，对张文良问题的揭露、批评是十分及时必要的，把这个问题提到反腐倡廉高度来认识，具有很强的现实指导意义，这样一联系，播讲目的就清晰了。

播音员的创作激情来源于播讲愿望，播讲愿望又来源于联想，联想又来源于平日素材的积累。这篇评论中讲到张文良任职4年，盖了3幢“书记楼”，挥霍公款20多万元，可他却号召党员、群众艰苦奋斗过几年紧日子，这不能不使我们想起发生在身边的桩桩事例。例如，中央曾三令五申对进口高级小轿车要加以限制，规定省、部级领导干部要全部换成国产轿车，但是讲排场、摆阔气之风依然盛行。据报道，河南省一些贫困县领导到省里开会，研究脱贫致富问题，会场外停满了高级进口小轿车。有的书记、县长自己单独坐车，从几百里外赶来，随行人员驾车随后。另据报道，有的贫困县领导坐着高级进口的小轿车到北京要扶贫款，看到这样一些事例不禁让人感到，这样的领导干部能称为是人民公仆吗?能带领群众干四化吗?张文良的问题不是个别事例，揭露、批评正是表达了党中央反腐败的决心，反映了人民的呼声，这样一联想，创作激情便会油然而生。

（2）根据评论内容确定基调。

播音创作中所提到的基调实质上是指总体的一种感情色彩或者是指总的基本的态度。所谓态即状态，是积极的?消极的?赞成的?反对的?歌颂的?贬斥的?所谓度即度数、分寸。播音员的播讲态度必须要和稿件所限定的态度相一致，也就是和党的方针政策的口径相一致。任何离开稿件进行的所谓创作上的主观随意性都是不能被允许的，优秀的播音创作总是严格按照在稿件规定的范围内，创作出有声有色、声情并茂的作品来，在这中间融合着播音员的政策水平、思想修养、生活积累及语言功力。

以《一定要消除腐败现象》为例，张文良作为漳州市委书记，利用手中的权力为自己营造安乐窝，同时挥霍人民的血汗钱，对这样一个严重违纪干部的所作所为首先是揭露，再就是进行分析、批判，决不允许这样的人和事存在，正如评论中所说的那样

“发现一个就坚决查处一个”，并以此为例告诫全党为政必须清廉，那么，揭露、批判便是这篇评论的基调。

2. 深入理解主题是播好评论的关键

主题即是指一篇论文的中心思想，中心思想与中心论点既有联系，又有区别。中心论点是指贯穿于全文论证的总判断，中心思想主要包括中心论点，但还包括写作目的、作者所提出的希望、要求、号召等。因此中心思想的内涵往往大于中心论点。

以《一定要消除腐败》为例，其中心论点就是本文的题目。文章以漳州市委书记张文良任职4年盖了3幢书记楼，挥霍公款20多万元为由，提出了一个人们关心的问题，即如何惩治腐败的问题。但是，作者写这篇评论的目的决不是只停留在揭露批判张文良的违纪行为上，而是从张文良的违纪行为，使全党全民看到腐败现象对党、对社会主义事业的严重危害，全党必须采取措施来消灭腐败现象，也告诫各级领导干部要从张文良身上吸取教训，做到廉洁自律。这是文章主题所在。主题的挖掘可以帮助我们从更高的层次上理解这篇评论的内涵，播出评论的分量。

3. 围绕主题深入分析稿件，才能播得观点突出，层次分明

我们知道，主题的内涵往往大于中心论点。中心论点是作者在全文中所提出的并且予以证明的那个总的主张、总的观点、总的判断。它是全文论述的中心目标，也是全文结构的总的枢纽。它像一根红线贯穿于全文，成为使全文各个部分保持密切联系、形成有机整体的思想线索。对主题的深入挖掘有助于对中心论点的准确把握。

主题确定了，中心论点明确了，下一步的工作就是对稿件进行科学细致的分析。对一篇评论文章来说，往往不仅有中心论点，而且有分论点。所谓分论点则是围绕着中心论点而在文章各个部分中所提出并予以证明的论点。由于中心论点是作者对某一事物的总的判断，是从与这个事物有关的各个方面概括出来的，因此在阐明和论证中心论点时，往往需要从各个方面来展开论述，这就等于将中心论点分解为若干分论点；逐一证明了这些分论点以后，总括起来，也就证明了中心论点。从这个意义上说，经过证明了的分论点，对于中心论点起着论据的作用。从全文的内在联系来看，中心论点是纲，分论点是目，中心论点统帅分论点，分论点则为阐明和论证中心论点服务。

例如，《一定要消除腐败现象》这篇评论，其中心论点就是题目本身，而本篇论说文的主题则是：在改革开放、搞活经济的今天，我们党必须高度重视并采取坚决措施清除腐败现象，这是人民的呼声，也是进行社会主义现代化建设的需要。这篇评论就是围绕主题进行论述的。全篇共分四个自然段，可以分成三个层次：第一层即第1自然段。通过对漳州市委书记张文良挥霍公款盖“书记楼”这一事实的披露，提出一个引人关注的问题，即一定要消除腐败现象。

第二层包括第2、3两个自然段。这两个自然段围绕中心论点提出两个分论点，这

两个分论点对中心论点起着论据的作用。

第2自然段提出的分论点是:“为政要清廉,腐败要消除,这是党和政府的要求,也是人民群众的呼声。”作者在这一段里用极有说服力的事实作论据,即中央对党政干部住房有明确的规定,而作为市委书记的张文良明知故犯,这一现实说明如果只有纪律的约束而无干部自觉的遵守也是无济于事的,因此,得到一个结论,即要想清除腐败现象,干部必须做到廉洁自律。

第3自然段提出的分论点是:“对权力必须要有监督,有制约,不受监督的权力必然产生腐败。”作者在这一段里又从另一个角度对中心论点进行论证,即通过张文良的违纪行为充分说明,要想消除腐败现象光靠干部的自觉性是不够的,也是靠不住的,必须让每个干部置身于有效的监督之下,让腐败现象无藏身之处。

第三层是评论的第4自然段。这段是直接表明党对消除腐败现象的态度,再次回到中心论点,以鲜明果断的语言紧紧扣题。

从这篇评论来看,全篇层次清楚,逻辑严密,论证有力。由此可见,分论点的提出,对中心论点的分析和论证,逻辑性是否严密,条理是否分明有很大关系,通过对两个分论点的论述,也就全面地论证了中心论点。

五、评论文章的表达

理解是表达的基础,但理解了的东西并不一定能表达好,播音创作的最终形式是诉诸语言,理解与语言同步才能产生优秀的播音作品。不同的文体有不同的特征,播音语言风格必须与其一致。评论的主要特点是:要对事物作深入的分析和具体的评价,透过现象看到本质,揭示事物所包含的深刻的社会意义。根据评论的这个特点,在表达时应注意以下几个问题:

1. 明确观点,把握情感,紧扣主题

观点是评论的灵魂,创作时,播音员要准确地了解和接受这个观点,要求播音员的态度、情感与文章态度倾向相吻合。这里要注意两个问题:(1)播音员应有鲜明的爱憎感情,明确地表明自己的观点和态度,这就要求播音语言尖锐、鲜明、醒目,在是与非、正确与错误面前毫不犹豫,毫不吞吞吐吐。(2)由于评论是说理性的文章,它的震撼力完全在于观点的重要和正确,再加上所评述问题的性质不同,应该根据不同的内容给予不同色彩的表述,但从总体上来讲,评论播音应该自信、从容,以理服人。

在具体处理时要处理好中心论点与分论点的关系,要突出中心论点,要把中心论点作为一条主线,去统帅全文。例如:《一定要消除腐败现象》这篇评论,在中心论点下边有两个分论点,即:“为政要清廉,腐败要消除,这是党和政府的要求,也是人民群众的呼声”,“对权力必须要有监督,有制约,不受监督的权力必然产生腐败。”这两个分

论点是作为论据对中心论点加以论证的，而且两个分论点的关系是递进的关系，因此，在具体表述时不能把中心论点与分论点并列起来，而要突出中心论点，这样语言表述才不会偏离评论的主题。

评论播音的情感表露不同于通讯、文艺类稿件，它是一种语气、态度分寸的体现。例如，《一定要消除腐败现象》这篇评论，在第2自然段和第3自然段提出两个分论点以后，有大段的论述，这些文字是用事实和道理来证实分论点的正确，在表述这些文字时如何去把握自己的情感呢？首先要考虑到文章所涉及的是个十分严肃的话题，语言风格应该严肃庄重；但另一方面，文章是在堂堂正正地表明党的立场和态度，切切实实地在分析问题，明确具体地在提出解决问题的措施，因此，表述时语气应该中肯而坚定。评论播音中语气体现出一种感情，表现出一种态度，语气的变化表露出一种情感、态度的变化。即使同样是肯定，在程度、性质、目的等方面也有很大的区别。另外，语气的表露又要借助于重音、停顿这些手段，因此，在评论播音中处理好停顿和重音又显得十分重要。例如，《一定要消除腐败现象》这既是标题又是中心论点，重音要放在"一定"上。这"一定"两个字既反映出反腐败斗争的长期性、艰巨性，又表现了党中央对反腐败斗争的决心。再比如，文章第3自然段中第一句话，也就是第二个分论点，"对权力必须要有监督，有制约，不受监督的权力必然产生腐败"，这句话的重音可以放在"必须"、"监督"、"制约"、"不"、"必然"几个词上。由于这是一个分论点，重音相对多一点，其目的是加重语气，表明态度，在具体表达时不要把重音简单处理成重读，重音应该是感情和语意的凝聚。

2. 立足全篇，理清头绪，播出条理

每一篇评论都有一个中心论点，这个中心论点就是作者提出的总的主张、总的观点、总的判断，它像一根红线贯穿于全文。在中心论点下面往往又有几个分论点，而这些分论点又是为阐明和论证中心论点服务的。因此，我们在具体表达时，必须首先站在全篇的高度，找出中心论点和分论点，弄清彼此的关系，并以中心论点为红线，划清段落、层次，使头脑中对全篇阐述问题及如何去阐述有一个清晰的脉络，做到心中有数，这样才能播出条理，播出逻辑关系。以《一定要消除腐败现象》为例，中心论点是"一定要消除腐败现象"，分论点是"为政要清廉，腐败要消除，这是党和政府的要求，也是人民群众的呼声"，以及"对权力必须要有监督，有制约，不受监督的权力必然产生腐败"。在这篇评论里，中心论点表明了中央对反腐败的决心和态度，说明腐败现象是可以消除的。而两个分论点作为论据从不同角度对中心论点进行论证，一个是从干部必须廉洁自律角度来进行论证，另一个是从强化监督机制角度来进行论证。在中心论点统帅下全文分成三个层次，第一层即第1自然段，是全篇的开头，提出问题；第二层是第2、3两个自然段，主要是对中心论点实行论证；第三层是第4自然段，是直接表明党对惩治腐败现象的态度。这样一分析，对这篇评论的脉络就很清楚了，事实清楚了，道理明白了，播起来条理性就强了，评论的可信性及说服力也就增强了。

3. 运用概念、判断、推理，准确地表达出论点和论据的关系，播出评论的逻辑力量

一篇评论文章在明确中心论点以后，就要把目光转向论据，论据要成为论点的充足理由，必须与论点有密切的逻辑联系。论据是材料，论点是观点，论据与论点的联系，也就是材料与观点的统一。论据与论点间的联系，必须反映出事物间的本质的联系。在播音创作中，播音员必须紧紧抓住每一个论据，来证明论点的正确，把这种本质的联系揭示出来，播出评论的逻辑力量。

以《一定要消除腐败现象》为例，这篇评论是以阐述正面论点为主的，实际上要回答的问题是腐败现象能不能消灭、怎么消灭？因此，中心论点的确立需要可靠的论据来论证。这篇文章提供的两个分论点从两个不同角度提出论据，直截了当地提出了消除腐败现象的要害所在，论据与论点间的联系是十分紧密的。因此，在论证的过程中，要以事明理、以理服人，对论点进行充分的论述和证明。

4. 评论播音语言要严谨、鲜明、有力

评论播音的语言表达必须做到阐述明白，条理清楚，逻辑严谨，观点鲜明，论证有力。由于评论是说理文，因此，评论播音必须摆事实、讲道理，真正做到以事明理，以理服人。由于评论是要宣传某一个观点，并想通过宣传让群众接受这一观点，因此，评论播音不能不温不火，语言的感情色彩必须十分鲜明。但是，另一方面，鲜明不等于强加于人，要把握分寸。要寓理于事，以理服人。例如:《一定要消除腐败现象》这篇评论，当我们在表述中心论点及分论点时，语气果断坚决，对消除腐败现象充满信心；面对文章中大段陈述则要心平气和，耐心地讲清道理，而绝不能拉开架式大喊大叫，因为评论文章中的“情”，是逻辑力量推动下的感情，目的是想让听众、观众心理上产生共鸣，而后接受评论的观点。

由于评论文章是说理文，必须晓之以理，动之以情，因此，播音的速度从总体来讲比较平稳，相对来讲稍慢些，但是，绝不是自始至终一个速度，要根据内容的不同及在全篇中分量的轻重加以变换，重点词句要慢一些，分量加重些，其他的段落则相对要快一些。

评论播音多数应采用播讲式，这种语言的传递特点是“我讲——你听”。所以对象感比较强，有利于交流，有利于把情感、观点传递给对方，而且播讲式语言比较规范，刚柔并济，情感表露比较平稳，也有利于对方接受。但对于社论这种代表中央或党的各级组织发言的评论文章，由于它主要是对当前国内外重大事件及时表示党的立场和态度，阐明党的路线、方针和政策，所涉及的问题十分重大，因此在表述时应采用评论式。这种语言表达的特点是：观点明确，逻辑严谨，层次清晰，分寸恰当。这种语言特点充分体现出社论的庄重感、严肃性。所以在具体创作时要根据内容与

形式的不同来确定表达方式，以求得最好的宣传效果。

第二节 实践练习例稿及训练提示

例2-2 《人民日报》社论 中国特色社会主义事业的坚强领导核心

中国共产党第十七届中央委员会第一次全体会议，选举产生了新的中央领导机构，胡锦涛同志再次当选为中央委员会总书记，一批德才兼备、年富力强的领导干部进入新一届中央委员会和中央领导机构，充分反映了我们党兴旺发达，朝气蓬勃，富有活力。选举结果体现了全党的意志，反映了全国各族人民的心愿。我们党有了能够担当历史重任和时代使命的坚强团结的领导集体，必将团结带领全党全国各族人民不断夺取全面建设小康社会新胜利、开创中国特色社会主义事业新局面。

党的十七大，高举中国特色社会主义伟大旗帜，向党内外、国内外郑重宣示了在改革发展关键阶段，我们党举什么旗、走什么路、以什么样的精神状态、朝着什么样的发展目标继续前进。党的十七大和党的十七届一中全会的胜利召开，为党和人民事业发展进步指明了前进方向，为我们党继续带领全国各族人民团结奋斗奠定了重要的思想政治基础，提供了可靠的组织保证。

走中国特色社会主义道路，必须坚持中国共产党的领导；履行好党的执政使命，必须有一个坚强团结的领导集体。党的十七大选举产生了新的中央委员会，党的十七届一中全会选举产生了新的中央领导机构。新一届中央领导集体，必将团结带领全党全国各族人民从新的历史起点出发，继续全面建设小康社会、加快推进社会主义现代化，完成时代赋予的崇高使命。

为了党和人民事业的长远发展，一批为党和人民事业作出重大贡献的同志，以对党、对人民高度负责的精神，从党中央领导岗位上退下来，表现了共产党人的宽阔胸怀和高风亮节，全党同志对他们表示崇高的敬意。

党的十七大和党的十七届一中全会表明，我们党是一个坚定成熟、团结和谐、永葆先进的马克思主义执政党。

在中国特色社会主义伟大道路上，在改革开放和社会主义现代化建设伟大进程中，中国人民的面貌、社会主义中国的面貌、中国共产党的面貌发生了历史性变化。在前进的道路上，我们党一定能够更好地引领当代中国的发展进步，团结带领全国各族人民继续谱写人民美好生活新篇章。让我们更加紧密地团结在以胡锦涛同志为总书记的党中央周围，高举中国特色社会主义伟大旗帜，坚持以邓小平理论和“三个代表”重要思想为指导，深入贯彻落实科学发展观，全面贯彻落实党的十七大精神，求真务实，改革创新，同心同德，奋力开拓中国特色社会主义更为广阔的发展前景，为把我国建设成为富强民主文明和谐的社会主义现代化国家而努力奋斗。

训练提示：这篇社论的中心论点是中国共产党是中国特色社会主义事业的坚强领导核心。全文共分六个自然段，分别表达了四层意思：一是新的一届中央领导机构的产生反映了全党、全国人民的意愿；二是党的十七大为党和人民的事业提供了组织保证；三是圆满完成中央领导机构的更替，体现了我党的成熟和团结；四是号召全党、全国人民团结在党中央周围去夺取更大的胜利。全文脉络清晰、主题鲜明，决心和信心凸现于纸、了然于胸。这篇社论涉及的主题重大，应给予高度重视，全文要体现一定的分量。

例2-3 关注反腐败的另一面

因在虹桥倒塌事故中犯有玩忽职守罪而被判刑的綦江县城乡建委原副主任孙立，说过一段发人深省的话："我习惯于服从领导，凡是领导交办的，也没有多想一想，是不是可以办，以致酿成大错。"

关于反腐败，我们大多强调领导干部要怎么样做，这固然不错。但是，我们也不应该忽视另一个问题，就是普通党员、干部，普通群众这一面。从查出的一些重大案件看，有的"公仆"之所以从小贪小占一步步成为巨贪、巨腐，除了这些"公仆"思想道德蜕化变质以外，还有一个重要原因，就是这些领导的下属人员对领导的错误决定、违规操作等行为不抵制、不揭发、不上报，甚至同流合污，以致一些腐败分子笨拙的伎俩也能屡试不爽，畅通无阻。

那么应该如何对"上"呢？

首先，对待上级和领导要相信，但绝不能迷信。一般来说，上级或领导站得更高，视野更开阔，经验更丰富，对事物的判断往往也更准确、更全面，作为下级，作为普通党员干部、普通群众当然要相信上级和领导的能力及水平，但绝不能因此而放弃自己的独立思考。下级只有保持自己的独立思考才能发现和纠正上级和领导的错误或弥补不足，才能对上级和领导有可能发生的腐败苗头保持足够的敏锐性和警惕性。

其次，对上级的决定要服从，但绝不能盲从。面对上级和领导的错误决定，面对领导的违规操作，应该怎么办？当然要服从，因为这是组织纪律，纪律是不问对错的。也只有这样才能确保集中统一。但绝不能盲从，要按照《党章》的规定，在执行前，向上级提出自己的意见，如果不被采纳，则可在坚决执行的同时，声明保留自己的意见，还可以根据情况，向上一级组织直至中央提出自己的意见。真正做到不唯上，不唯书，只唯实。

道理虽然很简单，但实际工作中，很多人却很难做到这一点。究其原因，一是

“怕”字当头，怕顶了上级和领导，会失信任、穿小鞋、毁前程。二是逃避责任，认为上级和领导的决定，错了是上级的事，领导的事，与我无关，有的甚至将错就错，为领导的腐败行为提供方便，助纣为虐，同流合污。这归根结底是私心作怪，因此，要做到不迷信、不盲从的关键是去私心。

例2–4　村官的腐败不容忽视

一个村子，负债竟高达327.3万元，村民不明白，镇里又查不清，万般无奈，村民只好自掏腰包清查账目，结果查出一本令人触目惊心的烂账。发生在湖北省天门市的这件事，让我们从一个方面看清了目前普遍存在的村级负债问题的根源所在，更看到了村官的腐败所造成的严重后果。

“给群众一个明白，还干部一个清白。”这是全国农村实行村务公开以后说的一句话。的确，村里的政务、财务公开了，村干部都干了什么，钱是怎么花的，群众明明白白，干部自己也就清清白白的。而在曾刘村，干部之所以屡次拒绝群众的要求，不愿意给群众一个明白，就是因为他们自己不清不白。看看他们记的账吧，且不说那些挪用公款、滥发奖金、弄虚作假、乱报开支等行为，开会迟到交的罚款能报销，党费能报销，打扑克饿了吃饭，也能报销，似乎没有什么不能报销的。老百姓的血汗钱就这样被他们“报销”掉了。

这也是一种很严重的腐败行为。说起腐败来，人们自然会想起成克杰、胡长清等人，他们的职位之高，腐败程度之严重，给国家和人民造成的损失，都令人震惊。但曾刘村村干部的这种腐败同样不容忽视，其一，它给老百姓造成的伤害更直接。其二，它更容易促使基层矛盾的激化，成为社会的不安定因素。其三，由于他们的腐败行为老百姓亲眼目睹，亲身经历，因而更严重地毁坏了党在群众心目中的形象。

现在，“三个代表”重要思想学习教育活动正在各地积极开展，活动的目的是要让干部受到教育，使农民得到实惠。看看曾刘村村干部留下的一本烂账和他们的所作所为，每一个党员干部都该扪心自问，你真正代表了最广大人民群众的根本利益了吗？

训练提示：干部腐败是当前社会一大症结，但稿中涉及的却是村官的腐败。严格说起来村官不算官，但是村干部的腐败造成的恶劣影响绝不可低估。一个村子，负债高达327.3万元还不触目惊心吗？在这样的背景下，开展“三个代表”重要思想的教育的意义是不言而喻的，每个党员干部是应该扪心自问，你真正代表了最广大人民群众的根本利益吗？演播者面对这样一个话题能掉以轻心吗？正确的立场，鲜明的态度是体现一篇评论的关键。

例2-5 谨防"集体犯规"

最近一个时期以来，各级纪检、监察部门在查处的党员领导干部违纪案件中，"集体犯规"的"窝案"呈上升势头。为数不少的案件一查处起来往往会发现与整个领导班子成员都有关联。据南方某省的一项统计，在去年该省纪检部门审查的党政领导干部违纪案件中，集体违纪的占了49.5%以上。

领导干部集体违纪案件数量的升高，究其原因，不外乎是法不责众的思想在作怪。有的人以为，决定是集体作出的，今后即使上面追查下来，责任由集体承担，个人也不需要承担具体责任；班子"集体犯规"，违纪行为是集体研究的，而且班子成员都得到了好处，知情者个个有份，大家都是"利益共同体"，因而也就不会发生你告我、我揭发你的"内讧"；班子中个别成员虽然不想参与违纪，但考虑到自己今后可能被孤立，被排斥出领导集体，不得不违心地参与违纪，也成了集体违纪中的一员。

集体违纪，其危害性比某一个领导干部违纪更大。班子集体违纪，不仅案值一般比较大，而且影响一个单位或一个部门的全局工作，因此，对党和人民的事业危害更大，在群众中造成的影响更坏。因为知情者都是违纪行为的受益者，他们一般不会自动告发，即使是由于其他人揭发而被发现，他们仍容易形成攻守同盟，使纪检监察部门调查取证比较困难，增加了查处的难度和成本。

领导班子"集体犯规"，是新形势下权力腐败中出现的新情况。各级纪检、监察部门和检察机关要针对反腐败斗争中出现的新情况，一方面加大打击力度，对集体违纪案件除了对所有当事人予以相应的纪律处分以外，主要负责人也要进行法律制裁；另一方面，建立经常性的监督机制，将监督的"关口"前移。变事后监督为事前监督，将问题消除在萌芽之中。同时，也使那些怀有"法不责众"侥幸心理的人清醒地看到，"法律面前，人人平等"，只要犯了罪，不论是个人行为，还是集体行为，当事人都必须受到法律的制裁。

训练提示：集体犯规是新形势下权力腐败中出现的新情况，其原因是有的人以为决定是集体作出的，个人不需要承担责任。这篇评论分三层论述了"集体犯规"产生的原因，其危害性及解决的办法。全文结构严谨，层次清楚，寓意清晰，最后告诫所有的干部"法律面前，人人平等"给人留下无穷的回味。评论文章是说理文章，其条理性是展示逻辑力量的基础，条理清楚，中心论点才能鲜明、突出。

例2-6 三"问"与三"省"

江泽民总书记在《关于改进党的作风》一文中，要求我党各级领导干部切实摒弃"官本位"思想，他语重心长地说："每一个领导干部都应好好想一想，参加革命是为什么？现在当干部应该做什么？将来身后应该留点什么？"这一振聋发聩的三

"问",问得好,值得我们广大党员干部好好地考一考,认真地答一答。

三"问",使人想起了从古传今的三"省"。《论语·学而》篇中,曾子曰:"吾日三省吾身:为人谋而不忠乎?与朋友交而不信乎?传而不习乎?"曾子对己"为臣、交朋、授学"是否忠、信、习的三"省",今天来看,虽有点封建色彩,不足可效,但对自己处事为人能够扪心自问、抚胸自责,这种自我检查、自我修养的高风亮节,对今天我们共产党人来讲可谓不无启迪和裨益。

全心全意为人民服务,是我党唯一的也是最高的宗旨;为实现共产主义奋斗终生,是每一个共产党员的入党誓言。我们的同志,参加革命的目的,不是为了做官以谋一己私利,而是要在为最广大人民群众的服务中对党和国家作出一番贡献,同时,也在为公为国奉献中实现自己的人生价值。真正的共产党人都恪守党和人民的利益高于一切的原则,始终坚持把党和人民利益放在第一位,顾大局而舍得"小我"乃至甘愿牺牲个人的一切。

但毋庸讳言,有些人参加"革命",动机并不那么端正明朗,思想并不那么纯洁高远。这类人的头脑中"入党做官"、"做官发财"意识很浓。这类人信奉"官中自有'皇冠'坐,官中自有别墅楼,官中自有威风抖,官中自有小姐搂"。他们以擅长的歪经邪技以权谋私,以权攫利,以权行欲,大胆地、大肆地践踏国法,违背党性,损害民利。

德,是政之基、国之魂。今天,党提出"以德治国"方略,意义深远。制定政令者"官德"的高下,直接影响政风、党风。因此,加强"官德"教育,切实改进党的作风,关系重大。党一再告诫全党同志,党风问题是一个关系党的生死存亡的政治问题。应该说,目前,我们绝大多数同志的政治素质和品德是好的,但与党和人民的要求、与时代的要求相对照,一些同志的"官德"和作风,或多或少地还存在这样那样的毛病和不足,亟须进一步加强自身修养,努力提高从政素质。

先哲有言:"修其身,其德乃真。"宋人欧阳修说得更直:"君子之修身,内正其心,外正其容。""不修其身,虽君子而为小人;能修其身,虽小人而为君子。"古人尚能如此,今天代表最广大人民根本利益的共产党人,更须按照党和人民对党员干部勤政廉政的要求,自觉改造主观世界。对自己一定要高标准、严要求,善于一日三省,经常地反思细察,不停地清扫身上的政治微生物。

"人生自古谁无死,留取丹心照汗青。"共产党人应当有"先天下之忧而忧,后天下之乐而乐"的思想境界,不管何时何地都要做为民、爱民、利民的模范;同时,要坚决地与拜金主义、享乐主义、极端个人主义划清界限,坚决地与腐败分子和异己分子作斗争。这样,当我们回首往事的时候,可以掷地有声地说:我无愧于共产党员的光荣称号!

训练提示:这篇评论从江总书记提出的领导干部要"三问"引出主题,然后,大量引用了先哲的名句,有孔子、欧阳修、文天祥各个时期不同的为官做人之道,用以提醒各级党政干部要从“三问”到三“省”。全文立意有高度，言辞恳切，观点明确，颇具说服力。

例2-7 搬“文山”填“会海”

“文山”山高路远，“会海”海阔天空，遏制“文山会海”不知喊了多少年，但这一顽症依然故我，实难根绝。然而，最近看到的报道却让人耳目一新：中办国办关于2001年元旦、春节期间继续不搞相互走访和拜年活动的通知明确提出，“今后每年元旦、春节期间都按以上精神办理，中央不再发文”；杭州富阳市将农村工作会议和“三个代表”重要思想学习教育动员大会合并召开，减少一半会期；安徽、福建、天津等地对“文山会海”采取切实措施，动了真格……

科学的文件本是党的思想理论和领导层重要决策的载体，也是我们做好实际工作的思想武器和行动依据；必要的会议本是一种集思广益的民主形式，也是一种指导实践的工作方法。文件和会议中，有理论、有大局、有政策、有方法，文件和会议，在特定的历史时期具有不可替代的作用。但真理跨前一步就变成谬误。毫无节制地堆砌“文山”，滥挖“会海”，以致形成单一的“文件行政”和“会议指导”状态，使基层务实者无暇顾及多如牛毛的文件，疲于应付没完没了的会议，到头来只能是学习在会上，贯彻在嘴上，落实在纸上，非但直接影响工作成效，而且还严重减弱了文件和会议的权威性。正如江泽民同志最近所指出的，“这种风气如果不纠正，不仅会导致党的路线方针政策无法落实，而且必然会出乱子，甚至出大乱子”。

“文山会海”之所以泛滥，原因很多。从体制机制上讲，主要是有的领导干部和工作部门还没有从计划经济的窠臼中摆脱出来，仍习惯于发文开会“指导工作”。政府机构和党群机关虽然几经精简，但仍不够精干高效，文出多门、会开各处的情况屡见不鲜。从思想认识上讲，一些同志总觉得发文才看得见、摸得着，开会才有声势、有影响。从更深层次上讲，“文山会海”本是官僚主义、形式主义、文牍主义的表现形式，工作作风不正是其表象，思想作风不正是其根源。有的人之所以热衷于发文和开会，是因为思想作风上不从实际出发，满足于会议开过了，文件转发了，并没有结合实际创造性地抓好贯彻落实。更有甚者，把公文和会议当做一种张扬自我的工具，展示“政绩”的手段，邀功请赏的“资本”，其实质是个人主义私欲的恶性膨胀。

因此，要真正搬掉“文山”，填平“会海”，就领导机关和领导干部而言，关键还是要解决思想作风问题。各级领导干部要全面提高自身的思想素质，切实增强责任感和使命感。要全面提高自身的政治素质，牢固树立全心全意为人民服务的宗旨观念，为老百姓办实事，为老百姓谋利益，甘愿做人民的公仆，而不是亮丽登场的“明星”。要全面提高自身的哲学素质，学会运用唯物辩证的科学方法观察、思考和处理问题，使自己的领导能力和工作水平适应形势和任务的需要。

根绝“文山会海”还必须建立健全严格的会议和文件审批制度。坚持“少而精”

和"实在管用"的原则，做到不解决实际问题的会不开；领导的一般性讲话不应以文件形式下发；实行政务公开和可以见报的文件，不再内部发文层层照转；过去已经发过文件、开过会议、提出明确要求的，不应年年重复发文或开会等等，使各级领导干部腾出更多的时间和精力，深入基层，深入实际，扎扎实实地做好第一手工作。

训练提示：多年以来，要搬"文山"填"会海"的喊声不绝于耳，但依然故我，难以根绝。要解决"文山会海"的问题说到底是要解决党员干部思想作风问题，党员干部是要做"明星"还是要做"公仆"，实则关系到党在人民群众心目中的形象。文中花了不少笔墨提到如何去"搬"去"填"，如果把搬"文山"填"会海"提到讲政治的高度来认识也许会容易些吧！

例2-8　思想漫谈：要学会沟通

"想为群众办事，也办了不少事，却得不到群众的理解和支持，甚至还落了不少埋怨。基层干部越来越难当了。""我们这里的干部，唉，怎么说呢……"这是有些地方干部群众相互抱怨时常说的话。

何以如此？其中一个重要的原因就是相互之间缺少沟通。其实，人与人之间、上下级之间、部门与部门之间要寻求理解、增进共识，学会沟通实在是最佳途径。

某乡有一个村，前年修路时钱不够，村委会想找群众集资，张榜公布了各家集资款额，限五天内交清。群众一分不交，还告他们"加重负担"。路修了半截搁下来了。去年村委重选后，新班子决定重修那半截路。他们先是召开群众大会，讲明为什么要修路，要多少钱，上级拨了多少，还差多少，村干部和党员带头捐了多少。末了，村干部动情地说："修这条路，政府拨款与村里集资那是九个指头和一个指头的关系啊！"结果群众想通了，不但主动交钱，有的还义务出工，路很快就修好了。

这件事说明，干群之间出现矛盾，并不奇怪。干部做了工作，群众仍然有意见，也不奇怪，因为你没有将情况向群众讲清楚，或者说没有与群众达到心灵上的沟通。当然有些事情，部分群众一时难以理解，这是正常的。听到群众的埋怨，干部先不要急着诉苦，而是冷静想一想，我们的工作是否符合实际，我们的工作方法是否得当，我们的思想工作是否到家？而思想工作是否到家，说穿了就是你与群众有没有达到心灵上的沟通。

社会环境已经发生了深刻而复杂的变化，人与人之间、社会组织之间、群众与党和政府之间，由于思想观念、价值取向、行为方式等的差异，必然会导致许多意想不到的摩擦和碰撞。因此，要使不同的人群达到思想统一，目标一致，减少摩擦和碰撞，当干部的必须放下架子，努力学会与人沟通。

学会与人沟通，不只是思想工作的方法问题，也是一个干部的能力素质问题。一些基层干部总结的"老办法不敢用，蛮办法不能用，软办法不管用，新办法不会用”，就很形象地说明了这一问题。面对深化改革过程中出现的各种新情况、新问题，那种一刀切、龙卷风、瞎指挥或靠行政命令来搞经济建设的老办法当然不能用。作为人民的公仆，一切工作的出发点都是为了提高人民的生活水平，这也是千百万人民群众自己的事业，那为什么还要用“蛮办法”呢？至于“软办法”那就得区别对待了。符合实际的“软办法”往往比“硬办法”还管用。而“新办法不会用”，则恰好说明我们工作的差距所在。既然有“新办法”，为什么不努力去学习掌握，并在实践中不断创新提高呢？可见，在新形势下，我们要团结和率领群众干出一番事业，就必须努力学习、勤于思考，真诚待人、平等协商，耐心细致、循循善诱地与群众沟通。所谓“心有灵犀一点通”，干群之间只有感情相通，情理相融，才能心往一处想，劲往一处使，并肩携手，共同前进！

训练提示：思想漫谈就是要和风细雨，基调定在循循善诱、娓娓道来。沟通是一种意识、一种能力、一种需要、一种方法，它体现了一个人的基本素质，这种素质对一个干部来讲就显得格外重要。地位高了，权力大了，资格老了似乎就不用与别人沟通了，要知道独木难成林啊！全文表达切忌说教，要想播好这篇评论首先要与受众实现沟通。

例2-9 杂谈：常回家吃饭

本来，常回家吃饭，是普通得再不能普通的事，既不足挂齿，也无可厚非。而如今，对于手中大大小小有些权力的领导们来说，能否常回家吃饭，已成为值得关注的普遍现象。

“应酬天天有，饭局不用愁。”现在，只要你扛上一官半职，能说得上话、办得成事、做得了主的，吃饭恐怕躲都躲不过来。据说，有不少领导已经到了害怕吃请的程度，只是盛情难却，不去也得去。

眼下，似乎求人办事少有不请客吃饭的，而且不少权钱交易就是在餐桌上进行的。正所谓“酒杯一碰响，诸事好商量”、“筷子一提起，原则全忘记”。不是吗？“一顿饭毁了一个局长”，就是发生在最近的事。45岁的开化县公安局局长吴根良，正值年富力强之际，却最终毁在了一顿饭上，教训可谓深刻和沉痛。

餐饮业的兴起和兴隆充分说明了这一点。众所周知，现在的酒楼餐馆不仅遍布市井，而且开出一家，红火一家，尤其是一些连锁店，档次越开越高，规模越来越大。千杯万盏也不醉的人们，酒款饭钱究竟有多少是自己掏腰包的？

曾几何时，在吃喝问题上，有关部门动过不少脑筋。从最初规定的“四菜一汤”接待标准，到后来的将停泊在酒楼餐馆门前的公车登报曝光，以及“不准用公款宴请”的三令五申，种种办法、措施无以能挡住那愈演愈烈的吃喝风。而且，至今有人为吃喝找到了堂而皇之的理由：只要不往口袋里装，不向自个儿家里搬，吃点喝点没有啥。因此，我们有些同志就是在这样的潜移默化中失去防微杜渐的抵抗力的。

为此，我想，反腐倡廉从源头抓起，最直接最有效的恐怕要从各级领导干部常回家吃饭开始。事实证明，目前不少领导应酬的主要内容是吃请。倘若大大小小的领导们能常回家吃饭，这不就是实施“八小时以外”监督的最有力措施吗？同样，也是“德治”必不可少的内容和要求。

这里，我不禁要问日夜忙碌的领导们，当你有美酒佳肴、美女做伴、觥筹交错之时，你有否想过守在冷清家中妻子的心情？当你剔着牙、打着饱嗝、醉生梦死当中，你可曾知道多少下岗工人和贫困山区父老乡亲正在为生计发愁？当你眼看一掷千金、杯盘狼藉、浪费惊人的场面时，你是否还记得共产党人艰苦朴素、勤俭创业的光荣传统？

因此，倡导领导干部常回家吃饭，不仅仅是希望他们在忘我工作的同时不要淡忘家庭观念，更是希望他们下决心从大大小小的饭局、宴会、娱乐场所中解脱出来，避免和防止身不由己地陷入腐败的泥潭，从而能多腾出一些时间和精力履行党和人民赋予的重任和职责。

因而，敦请各级领导们，别忘了常回家吃饭！

训练提示：此文所谓杂谈，实则论正事。生活中一个人一旦有个一官半职，于是应酬天天有，回家吃饭倒成了稀罕事。这篇杂谈提到的干部不回家吃饭，表面是一种社会现象，深层次看蕴含着腐败的土壤。文章敦促领导干部要常回家吃饭，防止身陷腐败的泥潭，从而多腾出一点精力去履行党和人民赋予的重任。全文表达要情辞恳切、举重若轻，正如全文结尾那样敦请各级领导，别忘了常回家吃饭！

例2-10　漫谈信用的可贵

春秋时有个书生叫尾生，约友人桥下相会，河水涨而友未至，尾生抱桥柱继续等候，宁遭灭顶之灾，不负一诺之约。战国时商鞅变法，为了树立新法威信，植木于门，移木酬五十金，从而取信于民，为秦横扫六国统一天下，夯实了诚信基础。诚信作为一种传统美德，深深植根于中华古老文明中，成为我们道德观和社会伦理观的重要组成部分。

可如今不知怎么的，不讲信、不守约，渐渐成了一种风气。买商品房交了款之后，逾期半年、一年交房是常事；看货样订货，到货时往往质量比样品差；而更多的失信是发生在银钱收支和借贷上的，稍不小心，便会迈上漫长的讨债旅程。

失信的兴起，大体上是因为银行和企业都姓国，甲企业经营不善，把向银行借来的钱赔光了，无力归还贷款，只好耍赖。耍赖又有当婆婆的地方官员护着，让另一些企业看着眼红，“人家亏损了欠着钱，发的奖金还比咱们多，咱们可不能犯傻”，有能力还贷款的也不还了，信用的可贵难以抵挡失信的诱惑。不得已的偶一为之，逐渐成了泛滥的普遍现象。如若不信，可以用大锅饭中的事例来做佐证。一个企业被列为债转股对象本来是意味着企业偿债能力差，信用等级低，可是千百家企业打破头争着往里挤，争的就是欠债可以不还。

企业不讲信用，欠银行钱拖着不还，民间借贷受其影响，也出现拖着不还的失信现象。私人不容易从银行借到钱，急需用钱的人不得不高息求贷，民间借贷的利息率比银行高。过高的利息使对方负担过重，可能是民间信用欠缺的重要致病源。至于有些借贷的利息率并不高，却因为对失信者的制裁不力，树立坏榜样，坏了风气。

市场经济是信用经济，如若在经济活动中不能建立起信誉，就会像血液循环出现堵塞那样，影响到心肌跳动和四肢活动。社会信用是靠每一个人的行为来建立的，构建一个健康的信用社会是艰难的，但规范自己的信用行为是容易的。人人从自己做起，社会也就有了信用。一切烦恼和无奈都可以避免，只要你能够把握自己。

信用可贵正同空气可贵一样，平时你感觉不到它，但一旦没有了空气，便会窒息死亡。

训练提示：诚信是中华民族的优良传统。“宁遭灭顶之灾，不负一诺之约”，这种为人理念，长期以来受人称道。该文将两个古人的“诚信”故事引入，针砭现今社会上存在的不讲信、不守约的风气，述其危害，究其对策，说其影响。有比喻，有反证，深入浅出地得出最后一段形象的文字。

既然是“漫谈”，播讲时大可状态松弛，口气亲和，就如同和一个知心老友在聊天一般。

例2-11　杂谈“无信不商”

中国有些老话用今天的眼光看，值得推敲。比如，一方面说“人而无信，不知其可”，一方面又说“无奸不商”，似乎做人和从商有两种标准。尽管“无奸不商”这话多少包含了人们对商场现实的一种无奈描述，多少反映了传统商业社会做人与从商道德准则上的某种背离，但以今天从商与做人对信义、信用、信任的共同需要看，做人和从商的价值尺度越来越趋向同一。

近期人们谈到拉动内需难，从产业结构、居民收入、地区差距等方面谈得很多，这些都是原因，但如今商场市场上的制假造假、撕毁合同、欠账不还、贷款诈骗、逃逸债务等等缺少商业信誉的行为，其实也是妨碍市场繁荣、商业兴旺的原因之一。人们业务往来中总是如履薄冰，互相猜疑，以至于有些地方已倒退到了“一手交钱，一手交货”的原始交易水平；老百姓喝牛奶担心掺水、买房子担心“缩水”、买股票担心买了“红光”式造假上市公司的股票，人们的消费热情自然会在小心翼翼中有所收敛，谁还敢痛痛快快地拿出钱来花呢？

信用不仅关系到人们的消费热情，它还关系到企业的正常经营。拿钱不按期交货或收货不付款，甚至付了款收不到货，使不少企业走向破产。信用关系被破坏，还使一些企业失去发展后劲、发展手段。所谓企业“惜投”、银行“惜贷”现象，所谓“经营企业不如经营领导”等现象，都反映了失去信用就会使人们失去发奋努力、诚实劳作动力的严峻现实。

现在的问题在于，商业信誉、市场道德在很多人的头脑中还比较模糊或淡薄。中国社会调查事务所(SSIC)对北京、天津等五地1100人的专项调查表明，一方面有84%的被调查者认为个人信用在经济生活中有重要作用。另一方面76%的人表示不了解个人信用制度，其中21%的人表示从来没有听说过个人信用制度的说法。看来信义、信誉、信用问题光靠强调重要、靠道德感化是不够的，尽快在社会主义市场经济制度的建设上落实具体措施才是根本之策。在最近召开的九届人大四次会议上，个人信用、商业信誉成为代表们谈得最集中、甚至情绪最激愤的一个话题。看来，储蓄实名制、信用联盟制、打假维权制等等，还只是建立商业信用制的开始，以“信”养商，无“信”不商制度化建设的任务尚重，路还很长。

训练提示：这篇杂谈讲了一个道理，做人和经商都要遵守“诚信”的道德准则。但是在社会上造假、诈骗、不讲信用的事屡屡发生，岂不知失去信用将会给全社会带来多大的危害。把握主题、切中时弊、层层递进、循循善诱是表达好这篇稿子的要领。

例2-12 微笑是通用的语言

标题这句话是美国假日酒店的创始者凯蒙斯·威尔逊的名言。正是由于他如此看重微笑的作用，无数消费者被他的假日酒店的微笑服务所吸引，以至微笑成了假日酒店的一种象征。从20世纪50年代至今，威尔逊的假日酒店遍及世界的50多个国家和地区。把微笑看成是一种通用语言，就是无论在何时、何地，不管你是商贾贵人还是平民百姓，无论是经营火爆之时，还是冷落萧条之日，微笑始终是最好的、无需翻译的、让人感受亲切的语言。有了这种胜过言语的微笑，人们便心向往之。怪不得一些国家的城市认识到“假日酒店”能繁荣本地区的旅游业，非常欢迎凯蒙斯，甚至提出，只要付象征性的1美元租金，就可提供建造“假日酒店”的土地，租期99年。

然而，如何对待微笑，企业之间却有着不同的理解。有些宾馆、酒店把员工的微笑只是作为一种手段，需要时偶尔露笑容。进入这样的酒店，也可见到员工的微笑，但却因人而异、因时而异、因生意的淡旺而异，没有把微笑作为企业的经营理念，体现在所有的经营活动中，渗透在每个员工的服务内容里。

每年的旅游旺季，是宾馆、酒店服务水平的集中展露，有的企业平时生意淡时员工满脸笑容，到了这时却高傲冷漠。殊不知，正是这一冷一热，把这些企业对微笑的浅薄理解暴露无遗。

只有把微笑认知为一种通用语言，那么这种微笑就会是真诚的、亲切的、反映企业道德品性的。它不带有诱客的急功近利，不带有虚伪的献媚讨巧，只有这样，你的微笑才能成为企业的一种风格，一种让人难以忘怀的经营风范长久地予以展现，而不管市场的冷热，客人的多寡。只有达到了这种经营境界，财源就会不断地向你涌来。

保持自己真诚的微笑，掌握这一通用的语言，是衡量一家酒店经营技艺是否成熟的标准之一。

训练提示：微笑谁都会，但微笑是一种通用语言，甚至是与人沟通的工具却很少被人领悟。这篇文章在告诉人们如何成功地与人相处的秘诀，微笑在我们社会生活中具有不可替代的作用。播音语言的轻松、自由、自信应该是这篇文章的特色。

例2-13 谁对构建责任社会负责？

“连头发都是空心的”，说的是温州人的聪明。温州发生了假运钞车案在真车到来之前运走百万现金的惊人奇案，日前经过警方高度负责的努力，案件已经破获。反思该案，“责任”二字萦绕于心：由于一方一环紧扣一环的不负责任，才会让另一方将这起惊天奇案实施成功。比如在屋内盘账的出纳没有出来验车验人，而吩咐保安将3箱现金直接搬上车。负责与不负责只有一步之遥，几秒之差。比如保安人员发现运钞人员是陌生面孔，“以为”是换了新人，也就没有盘问。负责与不负责只有张口之别，一言之差……直到真运钞车来了才如梦初醒，这不是歹徒施了什么“迷幻药”，而是“不负责”注射了“麻醉剂”。

责任总是容易被表面现象所迷惑。假运钞车、假运钞人与真的“一模一样”，“假作真时真亦假”。责任总是容易被自然习惯所迷惑，天天都是如此，“张君们”不来仿佛就没事。不负责最终被“负责”所压倒——你想想吧，假如假运钞车上的导演、演员们不是“高度负责”，将每一个环节考虑周全，出奇制胜的“成功”怎么会属于他们？

在温州警方全力破案忙碌务“实”的同时，我不知道那里是否有人在忙碌另一件更重要的事：那就是如何构建责任体系以防后患的务“虚”。仔细看看有诸多事故，许多事情，都是“责任事故”，都是“不负责任”惹的祸，都是该有人负责的时候无人负责，丑剧、悲剧、惨剧就发生了。温州有过惨痛的教训：过去温州皮鞋与低压电器曾因假冒伪劣臭名昭著，制假的聪明最终被不负责任所打败。

一个健康的社会，都应该是负责的社会。一个健全的人生，都应该是负责的人生。有人说：“世界上有些事你不愿做，但必须做，这就是责任的全部意义。”因为要“负责任”的事都是劳心、劳力、劳精神的，需要奉献和付出，常常“于己不利”，所以许多人便多一事不如少一事。“不愿做”就不做，而那些乐此不疲趋之若鹜“很愿意”

去干的事呢，恋钱恋色，贪污受贿，是对谁的负责？我要说：世界上有些事你很想做，但不能做，这也是责任的一种意义。"以德治国"怎么治？脱离了"责任"二字，家庭美德、社会公德、职业道德，都会变成一句空话。

构建责任社会，打造责任人生，是谁的义不容辞的责任？

训练提示：这是一篇措辞激烈的评论文章，作者从温州被假运钞车骗走百万现金的惊人奇案说开来，引出了一个构建责任社会的问题。作者认为，一个健康的社会，都应该是负责的社会，一个健康的人生，都应该是负责的人生。文章最后反问：构建责任社会、打造责任人生，是谁的义不容辞的责任？回答应该是肯定的。

例2–14 "3·15"的户口问题

三月总给人舒畅的感觉，特别是"3·15"国际消费者权益日，更让普天下的消费者腰杆硬硬地扬眉吐气了一把，真是大快人心。

不过也有战战兢兢如履薄冰者。我认识的许多在企业工作的朋友，新年刚过就开始如临大敌：酬宾必不可少，还需步步为营紧盯防守，把任何一个可能引发投诉的火星紧紧捂住。每到这一天，中国消费者的权益意识仿佛突然觉醒，所有企业一夜间都像做了亏心事般低眉顺眼，谁也不愿在这风头上出点麻烦。

虽然大部分事件在这一天都能圆满解决，但总有忧虑如鲠在喉不吐不快：如果消费者把一年的希望都寄托在这一天来倾诉来表达，无论如何都是一种悲哀。

"3·15"也算是个国际性节日了，但事实上，国外的"3·15"远没有如此热闹红火。记得两年前世界最大的家电公司伊莱克斯刚刚进入中国，就提出"品质支持服务"的理念，他们认为优质的售后服务不是配备多少修理人员、装备多少热线电话和承诺多少小时修好，而应追求"售后无服务"的境界。国内也有人对"售后服务"提出反思，去年春兰就提出"服务革命"，认为强调售后服务是对消费者主权的损害，不得已的补救服务让消费者承担了不应该承担的服务成本，而有些企业还把服务用来炒作。

以前有俗语："3·15"没户口，今天来了明天走。假如"3·15"真成了节日，只能看做消费者的悲哀。只有它的常住户口解决了，消费者的权益才能算得上真正得到维护。

训练提示："3·15"的户口问题不是个小问题，引申开来，如果"3·15"有了常住户口，很多其他的特殊日子也不会是"节前一阵风、节后一场空"了，社会生活就会更加秩序井然。

明白了这个道理就能悟出"3·15"户口问题的分量，在既"评"又"论"中让社会多了一份公正，多了一份安宁。

例2-15 本台述评：从筷子的轮回看我们的进步

北京开始对一次性筷子说“不”了——从昨天开始，北京市1000多家餐馆开始共同抵制使用一次性木筷，并号召全市同行加入这一行列。此前，上海市已经开展了类似的活动，一次性筷子首先从餐饮业开始“撤离”。全国最为重要的两个城市首先走出这一步，其示范作用自然不可低估……拒绝一次性筷子的潮流很快就将具有巨大的声势。

这真是个有趣的轮回——从20世纪80年代末期开始，一次性筷子开始出现在我们的生活中，并迅速成为现代文明生活方式的标志，开始了由点到面的普及过程。那时候卫生主管部门的规定是：餐饮业，尤其是小型餐馆，如果不使用一次性筷子就不允许开业。尽管现在人们对一次性筷子的卫生状况已经产生怀疑，但那一轮一次性筷子的普及过程，至少在观念上促进了人们对饮食卫生的重视，完成了一次生活观念的飞跃。十几年过去，当初的强力推广，变成了强力取缔。从“必须用”到“不许用”。在新的观念指导下，我们开始了又一次飞跃。

关于一次性筷子与多次使用的筷子谁更卫生的争论，在短时间内估计还难有结论，但拒绝一次性筷子的行动显然建立在更宏观的“卫生”观念上，那就是：拒绝一次性筷子，就是节约资源，就是保护环境，就是呼唤一种更绿色、更“卫生”的生活观念和生活方式。

我们这个资源有限的星球上已经承载了60多亿人口，而且还将承载更多，人与资源之间的关系将日趋紧张。同时，随着生活水平和要求的不断提高，随着“现代”生活方式的日益普及，人均资源的需求欲望却又不断高涨，方便、快捷、卫生、时尚……无数的现代化生活需求促使各种一次性或短周期的产品层出不穷，一次性筷子、桌布、纸杯，和花样翻新、淘汰不断的时新产品，引导人们对各种资源抱持一种拿来就用、用过就扔的轻率态度。而我们这个星球上的资源究竟能否长久地支持这样的生活方式，实在是巨大的悬念。在有限资源的压力之下，人类必须对自然做出让步，必须调整我们的生活态度和生活方式，近年来风靡全世界的环保运动，就是一批先觉者的自觉行为所促成。

在有关一次性筷子的故事中，有一个关键的情节几乎被所有人引用：日本是一次性筷子的发明者和最大使用者，但是日本自己已经不再生产一双一次性筷子，而全部从外国，尤其是中国进口，因为他们舍不得砍伐他们的森林。而日本的森林覆盖率是65%，中国却只有14%。这个故事告诉我们两点，一是：中国是一个资源相对匮乏的国家，人均资源格外紧张，我们必须善待、善用我们的有限资源；二是：在全球资源普遍紧张的情况下，相对落后的国家还要格外面对资源相对富足的发达国家的资源掠夺——尽管这种掠夺是以贸易的形式，但它带给我们的破坏和伤害却同样严重，我们还必须看护好我们有限的资源。一次性筷子只是无数细节中的一个，拒绝一次性筷子，也只是无数工作中的一项。

训练提示：从小小的一双筷子谈到大大的保护生态环境的问题，"以小见大"是这篇稿件的特点。人类社会往往会出现一些戏剧性的变化，拿一次性筷子来说，10多年前是强力推广，而现在是强力取缔，其原因是人们环保意识的增强。这篇稿件的表述要落在"以小见大"上。

例2-16 评论：凡事当有度[1]

发展市场经济，商业活动空前活跃，新店铺开张几乎三天两头不断，开张庆典搞得过分铺张。就笔者所见所闻，铺张的开张方式，大约有这样几种：一是大宴宾客。有的几十桌上百桌地摆宴，遍请各级领导、各界名流、亲朋好友等等，酒足饭饱之后再捎上精美礼品。一阵子的风光，数万人民币就这样付之东流了。二是鞭炮大战。据报载，某市一家"好世界酒楼"开业，在车辆、行人川流不息的闹市区街道上，大放鞭炮达一个多小时，造成交通严重堵塞。群众来提意见，酒楼负责人不但不接受，反而骂群众"无理取闹"。三是越摆越多的花篮，没完没了的剪彩。在一些人看来，摆放的"花篮阵"越大，剪彩的绸布越长，脸上就越有光彩。某地一商城开业，遍邀各方人士剪彩，由于实在无法同时进行，主事人别出心裁，连设四道绸布"防线"，待四批执剪者轮番上阵"咔嚓"过后，大门才缓缓启开。

自然，店铺开张是件喜事，搞个仪式庆祝一下是应当的，花点钱搞得热闹些，也无可厚非。但凡事都应当有个度，事业初创，买卖刚开张，钱还没挣到手，就寅吃卯粮地铺张开来，总不是个好兆头。举世闻名的诺贝尔基金会，如今拥有数亿美元的奖金，可谓大富户。可是，一年一度的诺贝尔奖颁奖仪式却搞得非常简朴。会后参加国王举行的诺贝尔奖宴会，除获奖者和特邀人员外，其余人不论职位高低，都要自掏腰包交1000多克朗的费用。大富户如此精打细算，对于那些未富先豪、未赚钱先挥霍的厂家店铺来说，该值得来一番反思吧？

有人可能会说，热热闹闹庆祝一下，也是为了扩大影响，等于在做广告嘛！这当然也是一层道理。不过，开业扩大影响，也不一定非用请客、放鞭炮之类的招儿。某一家酒店地处城市边缘，为招徕客人，他们在开业之前的装修期间，登报开展了一次有奖征联活动，出一上联，征求下联，一时间成为人们颇为关注的话题。开业那天举行征联揭晓颁奖，书法家现场挥毫题写佳联助兴，收到了出乎意料的好效果。还有一家电器修理部，是以全体员工在店前摆摊免费服务一天作为开业仪式的，此举也被群众传为佳话。当然，举这样的例子，并不是说让大家都去效仿他们的做法，而是说，开业庆典之类活动可以换个思路，以达到既节俭又把影响传播出去的目的。

训练提示：度即分寸，也就是做人、做事的基本原则。这篇评议没有长篇大论讲

① 《凡事当有度》配有示范录音。

道理，而只是列举生活中常见的一些现象，用事实告诉大家做人、做事要有节制。该文文字朴实但寓意深远，针对性很强，因此播音语言表达必须真挚，感人。

例2-17 评论：加强德治势在必行①

每当从报刊或电视上看到假冒伪劣产品骗人、坑人，不法分子设计宰人、害人的报道时，笔者总是忍不住怒斥："良心何在！道德何在！"的确，各种不良社会行为既有违法的一面，也有缺德的一面，有的甚至根本谈不上违法，而纯粹是缺德的表现。联想到现实情况，更加使人感到忧心忡忡。有的小偷作案被抓后，仍然泰然自若，因为他把偷窃看做是理所当然的谋生手段；有的拦路抢劫者认为干抢劫这一行是有本事的表现。现实表明，缺德也是导致不良社会行为的重要原因，当前整顿经济环境和社会秩序，不仅要加强法制建设，还要加强德治建设。

每一个现代社会人，都必然要受到来自两个方面的约束，一是法律上的，一是道德上的。前者是外在的约束，它的功能主要在于"堵"，可以阻止危害社会的行为；后者是内在的约束，其功能主要在于导，可以引导人们主动地维护社会利益。二者相辅相成，共同塑造一个合格公民，无论哪个方面的约束力降低，都会极大地影响社会治理的成效。但是，一段时期以来，我们的工作中存在着重视经济效益，忽视社会效益；强调法治，忽视德治的问题。学校德育缺乏应有的力度和效益，社会舆论导向也显得软弱无力，社会公德和职业道德处于自生自灭和无主导方向的发展状态，中华民族的传统美德正受到前所未有的冲击和挑战。所有这些，都是导致不良社会行为的重要原因。特别是在当前我国法制建设还不完善的情况下，这个问题显得更为严重。发挥我国传统文化的优势，加强德治，这已是大势所趋，势在必行。

加强德治的途径主要有两个，一是大力加强道德教育，提高全体社会成员的品德修养；二是充分利用各种舆论工具，广泛宣传，并采取必要的奖惩措施，逐步形成正确的舆论导向，造成良好的社会道德环境。当前，特别要注意结合社会实际，加强社会公德和职业道德方面的宣传和教育工作，直接为社会治安和经济建设工作服务。

训练提示：经济发展了，中国人道德水准却下降了，这是一个令人费解的现象。这篇评论针对当前实际提出了一个十分紧迫的问题，即如何加强德治建设，文章虽然篇幅不长，但选题重大。全文层次分明、流畅严谨、观点鲜明。因此，在表述过程中语气要果断、中肯，对一些重点句要给予一定分量。全篇重点可放在最后一个自然段。

① 《加强德治势在必行》配有示范录音。

第三章

通讯播音

第一节　理论概述

一、什么是通讯

通讯是写真人真事的记叙性文体，是常用的新闻体裁之一。它往往在一个主题贯穿下容纳着相当丰富的材料、比较多的人和事。它要求用集体叙述、形象描写、细节穿插、夹叙夹议等多种手法，详细生动地报道事件，反映人们的精神面貌。

通讯和消息都属于新闻性文体，在讲究真实性、选取题材、提炼主题、叙述表达等方面，通讯和消息有共同的要求，但消息更讲求时效性，从报道内容来看，消息是以报道事件为主，报道面要比通讯宽，而且消息只做概括性的报道，比通讯更灵活。通讯则是以报道人物为中心，但写人物同样也离不开事件，它要求对事件的过程做详尽的细致的报道，对人物的思想性格做具体生动的刻画，因此通讯的篇幅一般比消息长得多。就表现手法来看，通讯比消息更多一些文学色彩，通过一定的情节来揭示和深化主题，同时注意场景和细节的描写。尤其是人物通讯，更多地运用文学语言和描写、抒情的方法，刻画出栩栩如生的人物形象，因而有较强的感染力。另外，在人称上，消息只用第三人称，而通讯可以用第三人称，也可以用第一人称。

二、通讯的特点

一是，通讯是新闻性体裁，所反映的人物和事件要绝对真实可靠。通讯的教育作用，就在于写出现实生活中确实存在的先进人物和事件，以真实感人，以真实取信。通讯写作不允许虚构、夸张，移花接木。但是，强调真实性，要求实事求是，并不是就事论事，停留在事物的表面现象上，通讯可以而且应该在真人真事的基础上进行必要的选择提炼，从而真实地、正确地反映出事物的本来面目。

二是，通讯有具体情节，它不仅注重用事实说话，更注重形象性。通讯由于篇幅较长，它不仅有事实的叙述，更有景物、人物的描述，因此，更具形象性和感染力。

三是，通讯在写作手法上比较自由，除了叙述、描述之外，还可以议论和抒情，以此表达出作者的倾向和情感，引人深思，让人回味。

三、通讯的种类

1. 人物通讯

这是一种写人的通讯，它通过记叙先进人物的思想和事迹来教育、引导广大群众，号召他们向先进人物学习。人物通讯虽然以写人为主，但写人离不开写事，写事也是为了写人。只有把人物放到事件发展的过程中去，才能通过人物的行为展示其思想境界。在现实生活中，最能揭示人的精神境界的事，并不一定都是惊心动魄的“壮举”，有的极平凡的小事也同样能收到震撼的效果。

人物通讯，顾名思义，是以刻画人物为主的。因此，在人物通讯中，往往通过运用形象思维的方法把所报道的人物写得栩栩如生，生动感人，音容笑貌，跃然纸上。人们常说，思想支配行动，但思想不是抽象的，它要通过行动表现出来。人物通讯正是抓住最能反映先进人物的特点和具有典型意义的行动，着意描写，精雕细刻，描画出栩栩如生的人物形象，以增强作品的说服力、感染力。

运用人物个性化语言来刻画人物是人物通讯的一大特点。所谓个性化语言，就是从语句的思想内容、遣词造句到语气腔调，都符合说话者的身份与性格的语言。由于语言是同思维直接相联系的，所以只有个性化的语言才能表现出一个人的精神面貌与性格特征。

注重通过真实、生动的细节来刻画人物是人物通讯的又一重要特征。人物生活在群众之中，人物的一颦一笑，一举一动，这些生活细节描写好了，不仅使人物生动、形象，而且使人物真实可信。

心理描写也是人物通讯经常运用的一种手法。心理描写是指围绕着人物所处的环境和本身的行动，简练而真实地写出他的思想活动，从而展示人物的精神境界。

2. 事件通讯

事件通讯是以记事为主的通讯，这类通讯一般是通过报道某一具有重大意义事件的经过，来反映建设成果和社会新风尚。事件通讯不能就事论事，见事不见人。事件通讯以写事为主，不可能集中表现某一个人物，往往随着事件发展写到很多的人，或者写出一个集体。事是人做的，事件记叙必须体现人的因素，人的精神面貌，这样反映的事件才是有意义的。

3. 风貌通讯

风貌通讯，是对某一地区、某一战线、某一景物的概括描写，达到展示该地区、该战线、该景物的概况或风光的基本目的。

4. 工作通讯

这类通讯是属于经验总结性的，所以也叫经验通讯。这类通讯主要是介绍某个地区、某个单位在执行党的路线、方针、政策中的经验体会。

5. 小故事

这类通讯主要是选择事物的某一侧面，人物活动的某一片断来写人记事，由于篇幅较短、情节生动活泼、构思巧妙，因此，有浓郁的生活气息。

四、通讯播音表达的基本要求

播音是对文字稿件的再创造，通讯播音同样要遵循播音创作的基本规律，即要从稿件的具体内容和形式出发。通讯是新闻性体裁，新闻性体裁的一个基本特点是真实性，这一点直接制约着我们的创作思路，规范着我们的创作方法，这是通讯播音表达的第一个基本要求。第二点是通讯不同于消息，篇幅要长，甚至要长得多，内容相当丰富，除了基本的新闻事实之外，出现了具体的情节，同时，在稿件里出现了景物描写、人物描写、细节描写，栩栩如生，有声有色，因此，通讯播音语言必须富有鲜明的形象性。通讯的第三个特点是，笔者不停留在对新闻事实的交代上，而是直接对事件本身发表议论或畅谈感受，因此，通讯播音的语言表达不能单一停留在叙述性语言一种，应该根据内容的需要，力求语言表达多样化，这样才能取得应有的宣传效果。

要想达到通讯播音表达的基本要求，应该从以下三个方面入手：

1. 理清线索，弄清事实，播出条理

通讯播音的基本任务是报道新闻事实。事实的真实、准确是重要的。对播音创作来讲，弄清事实本身及事件发展的脉络是极其重要的。要想弄清事实就必须深入地分析稿件，在分析稿件的过程中弄清事件发生的起因、经过、结果，弄清事件涉及的人物、人物间的关系、人物在事件发展中的地位，从而理出事件发展的主线。在分析稿件的过程中必须立足全篇综观全局，把握稿件的结构，理清创作思路。在备稿的过程中要力求排除疑点、难点，如专业术语、地名、生疏的事物、作者在写作中的意图等等。在这基础上再概括出主题，这样才能在主题的指引下，使全篇条理清晰，融成一个整体。

例3-1 瓦匠师傅[①]

各位听众，今天我在说的是一个普普通通的农民，一件平平常常的小事。可是，却是那么令人难忘，发人深思。

我家在凤凰县城，住的是旧瓦房。年久失修，雨漏如注，真叫人伤脑筋。通过朋友介绍，好不容易在7月23号请来了一位瓦匠师傅。全家人十分高兴。这位师傅一身农民打扮，留平头，看上去笨手笨脚的，这和我心目中的瓦匠师傅相差很远。说实话，对他能不能把房顶检修好，我是持怀疑态度的。

交谈中，才知道他叫陈少品，住在离凤凰县三十多里的官庄乡，趁农事空闲，进城找副业来了。因为近半年来，我和同事们在集市上买蔬菜瓜果时，吃了小亏，所以，得出个结论：现在做生意的农民"滑头"。

"一天能检修好么？"我唯恐上当地问。陈少品笑了笑说："一天能搞完的，我不会说两天，不能让您白花钱的。"说着，他就搬来梯子，准备上屋了。

上班前，我交代爱人称两斤肉，加几个菜，买瓶好酒招待陈师傅。谁知他在屋顶听见了，着急地大声说："不要称肉打酒，家常便饭就行，不要再花钱了！"他就像花自己的钱那么心痛。

吃午饭的时候，我爱人还是搞了四菜一汤，又买了瓶好酒。陈少品看到后，惋惜地说："叫你们花钱，我心里不好受啊？"他说得十分诚恳。我刚要打开酒瓶，他连忙拉住我的手问："你家里有人喝酒吗？"我说："没有人喝酒，这瓶酒是特意给师傅准备的。"他认真地说："我不会喝酒，不要打开，免得浪费。"说什么也不让我打开酒瓶，不知怎的，我对这位师傅的看法开始转变了。

午饭后，他搬了一条凳子，不声不响地坐在走廊边，我请他到房里休息，他说："你们城里人要睡午觉，我坐坐就行了。"我过意不去，执意请他到房里坐，他硬是不肯，我只好也搬了一条凳子，陪他坐在走廊上聊天。他见我坐了下来，就吞吞吐吐地说："我去……百货商店……买点东西。"说完就走了，看得出来，他说买东西是假，怕影响我们午睡是真。

我躺在床上，翻来覆去睡不着觉，陈少品这个朴实的农民形象，在我脑海里越来越鲜明了。

一会儿，只听得屋顶上悉悉作响，我起身一看，只见烈日下，陈师傅又在检瓦了，他那一块瓦似的平头上，缀满了晶莹的汗珠。

我大声喊道："陈师傅，天气热，休息一会儿再干吧。"他头也不抬地回答说："没关系？"看到他精心检修的神态，我对他完全信任了。

下班回家的途中，我暗暗打算，要和陈师傅好好地谈谈，可是，回到家里一看，师傅不在了。爱人告诉我，下午4点，陈师傅就检完了。留他吃饭，怎么说都不同意，

---

① 《瓦匠师傅》配有示范录音。

检修费也只肯收两元五角。

我连忙问:“每个工不是应该收3元么?”

我爱人回答说:“陈师傅说不足一天工夫,只能收两元五角。”

我当时激动得说不出话来,多么想见到陈少品师傅啊?

三天后的中午,下了一场大雨,我注意检查房子,没漏一滴雨。陈少品师傅的形象又在我眼前闪现出来。雨刚停,只听得走廊上脚步声响,我开门一看,哎呀?不正是瓦匠师傅陈少品么?他满头大汗,气喘吁吁地说:“雨一停我就跑来了,看看房子还漏雨不?”我连声说:“不漏了,你检修得好,快请坐。”他笑着说:“不漏我就放心了。”说完转身就走,我留他坐一坐,他一边走一边说:“学校正等着我检修房子哩!”

我站在家门口,望着陈少品远去的身影,想了很多,很多……

开头——第1、2、3自然段。引出故事:房子年久失修,雨漏如注;请来的瓦匠师傅笨手笨脚,对他的技术持怀疑态度;集市买蔬菜瓜果吃过亏,对瓦匠师傅的人品不放心。

重点部分——第4自然段到倒数第2段的“学校正等着我检修房子哩”。回答如何从不信任瓦匠师傅到信任直到敬佩他的为人的过程。在这部分里笔者描述了几个场景:陈少品吃中饭时不接受款待;午休时怕影响主人休息推辞买东西外出;夏日炎炎中午在屋顶检瓦;不肯多收工钱,雨后即跑来看工作的质量。

结尾——最后一个自然段,这段虽然只有一行字,但点明本篇主题,给人以深思,使陈少品这个人物在受众心中扎下了根。

这篇通讯从故事起因到结束始终围绕着一条主线,那就是主人公“我”对瓦匠师傅从不信任到信任直到敬佩他的为人这样一个认识转变过程。通讯中的“我”对瓦匠师傅陈少品看法的转变不是偶然的,是通过一件一件小事,也就是陈少品本人一举一动的感染教育下实现的。这些事情是陈少品来到“我”家后在检修房子的过程中发生的,是按照时间顺序写出来的。这就是通讯中提供的新闻事实,这是必须弄清的。第一件事是,通讯中的“我”担心瓦匠师傅小活儿大做故意拖工,但“陈少品笑了笑说:‘一天能搞完的,我不会说两天,不能让您白花钱的’”。这是陈少品第一次亮相。第二件事是按照惯例,“我”要给修房的师傅加几个菜,打点酒,但陈少品在屋顶听到后,着急地大声喊:“不要称肉打酒,家常便饭就行,不要再花钱了!”第三件事是吃中饭时主人拿酒招待他,陈少品认真地说:“我不会喝酒,不要打开,免得浪费。”第四件事是午休时,陈少品为了不影响主人休息推托说:“我去……百货商店……买点东西。”说完就走了。第五件事是为了赶活儿,陈少品中午不休息在烈日下检瓦。第六件事是陈少品因工夫不足一天只肯收两元五角工钱。第七件事是大雨后陈少品冒雨赶来看是否漏雨。这七件小事勾勒出了一个朴实农民的高大形象。对于播音创作来讲应该顺着通讯中“我”的思路走,在与陈少品的交往中心灵逐渐有所触动直到完全转变看法,这样全文的表述才会顺畅自然、合乎情理。

要想播出条理就不能孤立地去看待发生的一件件小事，要找出它们内在的必然联系。这里要注意三个方面的问题：一是这七件事都是瓦匠师傅陈少品来到主人公“我”的家检修房子后发生的，而且甚至是发生在一天之内，是按照时间顺序陆续发生的，实际上这些问题不光是陈少品会遇到，其他瓦匠师傅在检修房屋时也会遇到，这是事情本身的必然性，所以不能孤立地去看某一件事，只不过是不同的人会有不同的处理方法而已；二是尽管这七件事发生在一天不同的时间、面对不同的问题，瓦匠师傅陈少品在具体处理这些问题时始终遵循一个原则即以诚待人，检修房子讲求质量，吃饭不要额外招待，报酬不肯多收一分钱，这些都是瓦匠师傅陈少品这样一个朴素农民为人处世的必然，有他的统一性；三是要注意到作者的创作意图，作者力图用朴素的文笔，把一件件平淡无奇但又引人思考的小事摆在受众面前，来歌颂劳动人民的质朴、善良，歌颂人世间的真、善、美，这是作者创作目的所在，但他又把故事发展主线放在对瓦匠师傅由不信任到信任上，从而增强了故事性、戏剧性，使陈少品这个人物更加鲜明突出。

2. 揣摩人物，弄清关系，播出情感

通讯稿件中少不了人物，人物又离不开事件，有人物就必然产生人物间的关系问题，弄清一篇通讯中的人物、人物间的关系以及每个人物在事件中的地位，这是播好通讯的重要一环。以通讯《瓦匠师傅》为例。在检修漏屋这件事情的过程中涉及两个人物，一个是通讯中的主人公“我”，一个是瓦匠师傅陈少品。两个人物关系是围绕着“修屋”这一事情建立的。“我”是房屋的主人，因为房屋年久失修，雨漏如注，亟待检修，希望能找到一个工作质量好又不漫天要价的瓦匠师傅来整修房屋。另一方是瓦匠师傅陈少品，靠手艺吃饭，此人貌不出众，语不惊人，初次见面，很难给人很深的印象。于是两人的关系建立了，“我”是主人要请人修屋，陈少品是瓦匠师傅是被请的，二人素不相识，一下子很难建立起信任感，再加上“我”在集市上买东西吃了亏，心存疑虑，但又不能不请，于是在故事开始的“我”是心存戒心、疑虑重重地把瓦匠师傅陈少品迎进了家门。而陈少品尽管是个农民，但心里亮堂得像一面镜子，对主人“我”的试探性的问话并不介意，而是用自己的行动和工作质量来消除主人“我”的疑虑，于是在以后发生的一系列的事情中事实如同一只无形的手把主人“我”的疑虑一层层剥掉了，最终实现了由不信任到信任直到敬佩他的为人这一认识转变过程。要想播好这篇通讯，就要弄清这两个人物，弄清他们的关系，揣摩人物的心理活动，揣摩人物心灵上的碰撞以及由此引发的情感上的波澜。下面我们来具体分析一下这两个人物在事件发展过程中内心情感的变化及人物间关系的转变过程。

瓦匠师傅第一次出现在通讯中“我”面前时，在“我”的面前是这样一种形象：“一身农民打扮，留平头，看上去笨手笨脚的。”再加上在集市上买蔬菜瓜果时，吃了小亏，对瓦匠师傅陈少品心存疑虑。在这种不信任的心态下主人公“我”与陈少品作了第一次交谈。“一大能检修好么?”这句问话里包含着相当多的不信任色彩,但对初次见面的瓦匠师傅也不敢得罪,如果得罪,瓦匠师傅活儿做不好吃亏的还不是自己?因此这时“我”的心态是既不放心,但又赔着小心。而陈少品胸有成竹,十分坦然,以十分平静的语气说:“一天能搞完的,我不会说两天,不能让您白花钱的。”陈少品是一个朴实的农民,相信自己的为人,对主人公“我”的不信任态度并不介意,只是笑了笑,相比之下,陈少品质朴真诚的形象初次显露出来。

上班前,主人公“我”要爱人称肉打酒招待陈少品,陈少品在屋顶听到后着急地大声说:“不要称肉打酒,家常便饭就行,不要再花钱了!”吃午饭时,陈少品认真地说:“我不会喝酒,不要打开,免得浪费。”说什么也不让打开酒瓶。一瓶酒是小事,给瓦匠师傅加几个菜也在情理之中,但是陈少品头脑中绝没有把活儿的质量与饭菜水平联系起来,而只是想不要给人家增加额外负担,他是这样想的,这样说的,也是这样做的。瓦匠师傅以他的实际行动开始逐步地解除了主人公“我”的疑虑,对陈少品的看法开始转变了。

午饭后,陈少品不肯到屋里休息,只是搬条凳子坐在走廊边,主人公“我”只好陪他坐在走廊上聊天,而陈少品怕影响主人的休息,推辞说买东西出门走了。显然,这时人物间的关系发生了很大变化,主人公“我”开始对这位留着平头,看上去笨手笨脚的瓦匠师傅喜欢起来。等到看到陈少品并不午休而是顶着烈日检修屋顶时,主人公“我”对这个朴实的农民完全信任了。

以后发生的事情又把这种信任推进到对陈少品的敬佩。这两件事情虽然在陈少品看来也是应该做的平常事情,一是因为下午四点收工硬是少收五角钱工钱;二是三天后的中午下了一场大雨,陈少品赶来查看屋子还漏雨不漏雨,深深触动了主人公“我”的心灵,正如全文结尾写的那样,“望着陈少品远去的身影,想了很多、很多……”这时“我”的内心有敬佩、有惭愧,也有对人与人关系新的领悟。

从上面两个人物的内心情感变化来看,他仍是有自身的规律的,他们是随着事件的发展,随着对彼此了解的加深而发生变化的。通讯播音创作同样要遵循一个规律,即理解是表达的基础,因此,揣摩人物思想感情的变化,牢牢地把握人物情感发展的红线,是准确表现主题、生动地展开故事的重要环节。播音创作不提倡扮演,但是作为一种语言艺术的再创造,就应该努力去感受、体验通讯中的人物的情感,这是通讯播音达到准确、鲜明、生动的关键所在。我们十分强调播出前的准备工作即备稿这一环节,其原因也在这里。对一个播音员来讲,艺术感觉的培养、艺术经验的积累是十分重要的,他应该具有丰富的人生、社会和艺术的知识和修养,应该具有把握稿件、把握人物的能力。因为,从人的本质来说,心理是人的中心,一个播音员只有在创作时对稿件中的人物感觉深入了,才能使情感活跃起来,也才能与听众、观众引起感情上的共鸣。在《瓦匠师傅》这篇通讯中,作者并没有对主人公“我”的年龄和职业做交代,同样也没对瓦匠师傅陈少品的年龄、家庭做介绍,他们俩一出现就是一种雇用和被雇用的关系,这种关系决定了他们完全不同的心态。按人的一般心态来看,雇请别人来做工总是怕上当吃亏，而被雇的人总是想多赚点钱。而陈少品却是个例外，想的是活儿要做好，要对得起别人和自己，钱要收得合理不能骗人家。由于陈少品的心态平和，不同于一般常理才引发出充满戏剧性的动人故事。在播音创作中要想准确把握这两个人物就必须把自己摆进去，设身处地去体验一下两个人物的心理活动，去揣摩一下两个人物的内心情感变化。只有经过对稿件中人和事的认真分析和具体感受，才能酝酿积累浓厚的感情，激发起强烈的播讲愿望，把播音创作推入表达阶段。

3. 感受场景，进入情境，播出形象

通讯播音必须立足整篇，把握主题，但是这还不够，还必须深入到各个事件中去，加深对人物思想和行动的认识和理解，并使它具体化、形象化。通讯稿的分析应偏重于形象，因为通讯有情节，而且人物活动占重要地位，因此，对稿件只有理性分析是不够的，必须有具体感受，特别是形象感受。只有播音员感受到了并且看到了具体的人和物、情和景，才能把人物的形象活灵活现地展现在受众面前。

要获得生动、具体的形象就必须积极主动地去想象，要充分挖掘自身的积累，使人物、场景具体化。比如说，通讯《瓦匠师傅》是一个发生在湖南湘西凤凰县城的故事。南方，特别是山区，县城很多人没去过，但是类似的地方、类似的环境也许并不陌生，在电视、电影上见过。这就可以把故事发生的场景具体化，使自己有身临其境的感觉。想象、联想是通讯创作的需要，这是获取情感体验的基础。瓦匠师傅陈少品第一次出现在我们面前是这样的："这位师傅一身农民打扮，留平头，看上去笨手笨脚的，这和我心目中的瓦匠师傅相差很远。"演播者没见过陈少品，但文字提供的形象对我们来说并不陌生，衣着朴素、粗手大脚、少言寡语这样朴实农民的形象在生活中并不罕见。在通讯的开头，文章提供了一个主人公"我"与陈少品初次见面的场景，"我"对这个貌不出众、语不惊人的瓦匠师傅是心怀疑虑、忧心忡忡的，而陈少品却一副憨相并不介意，两个人内心的反差，形成了戏剧性的冲突。这一场景把故事的矛盾、冲突展开了，为以后故事的发展做了铺垫。

播音创作中，一方面要积极展开想象、联想，另一方面想象、联想不能脱离故事发展的主线，要注意想象、联想的合理性。在《瓦匠师傅》这篇通讯中有这样一个场景：陈少品要开始干活儿了，主人公"我"唯恐上当地问："一天能检修好么？"陈少品笑了笑说："一天能搞完的，我不会说两天，不能让您白花钱的。"说着，他就搬来梯子，准备上屋了。这是主人公"我"与瓦匠师傅陈少品围绕修房问题的第一次对话。"我"一方面不信任陈少品，但是既然把他请来了也希望他把活儿干好，因此，"一天能检修好么？"这句话绝不是声色俱厉的，而是疑惑地试探性地发问。这里就有一个想象的合理性的问题，犹如去看病，遇到一个年轻又似乎不太认真的医生，尽管你不信任又一肚子火气，你也不便发作。而对主人公"我"不信任的发问，陈少品却笑了笑说："一天能搞完的，我不会说两天，不能让您白花钱的。"没再多说就上屋检修房子去了。陈少品这笑并不是傻笑，从故事发展的结果可以清晰地感受到陈少品不仅工作质量好，而且十分细心，他的笑是一种善意理解的笑，对这种不信任他并不在意，因此，他回答的话应该是平和、诚恳，而绝不带有一种不满情绪。从这一简短的对话里我们开始感受到陈少品的为人，“我”的疑惑、不信任越发显出陈少品的憨厚大度。

播音创作是个复杂的思维过程，对以形象感受为主的通讯稿件来说，想象、联想一定要力求展开、深化，力求使画面清晰、真切，即稿件中的人、情、景、物历历在目。如果是人物通讯，那么，这个人物的年龄、衣着、语言、声音、习惯都非常清晰，犹如你最熟悉的朋友。通讯《瓦匠师傅》里有这样一段描述：午饭后，他搬来一条凳子，不声不响地坐在走廊边，我请他到房里休息，他说：“你们城里人要睡午觉，我坐坐就行了。”我过意不去，执意请他到房里坐，他硬是不肯，我只好搬条凳子，陪他坐在走廊上聊天。他见我坐了下来，就吞吞吐吐地说：“我去……百货商店……买点东西。”说完就走了。这里描述的场景是一个南方盛夏的中午，其炎热程度，可想而知，红日当空，蝉在树上鸣叫，干了一上午活儿的陈少品应该是十分疲劳的，休息一下该多好啊！但他闷声不响搬条凳子坐在走廊里，硬是不肯到房里休息。为了不影响主人的休息，他推辞去买东西离开了宅院，但是老实人连谎话都不会讲，吞吞吐吐、结结巴巴，一脸尴尬样。这样一个场景应该说是真切动人的，只要我们深入地去挖掘一下人物的精神实质，陈少品这个普通农民的高大形象就开始逐步形成了。

通讯播音中，感受形象的目的是要积蓄、引发感情，使自己的思想感情随着事件的发展、人物命运的变化运动起来。在通讯《瓦匠师傅》里有这样一段描述：由于是下午4点收工，陈少品不肯收一天3元的工钱，只肯收两元五角，到这时，主人公“我”真正明白了陈少品的为人，想到刚见面时还唯恐上当地问：“一天能检修好么？”心里十分惭愧、十分动情地说出，真想再见到这位朴素厚道的农民师傅。这时，对于演播者来讲，应该随着故事情节的发展，使自己的思想感情随之运动，与主人公“我”一样对陈少品产生一种敬重的感情。

调动真情实感是语言创作的基础，但是只停留在真情实感上，而缺乏语言表达手段，同样不能感人，应该把语言技巧与真情实感结合起来。

五、通讯播音的表达方法

在通讯稿件中有四种写作方法，即叙述、描述、抒情、议论。对于这四种文字应给予不同的处理。

1. 叙述

所谓叙述，就是把事情发生发展的经过和结果写出来，把事件和人物的基本情况交代清楚。通讯是以事件、人物为主，因此，叙述性语言在通讯中占的篇幅很大。由于写作方法及角度不同，有的通讯是用第一人称写的，事件和人物的叙述者是以“我”的身份出现的，如《瓦匠师傅》这篇通讯就是用第一人称写的。“我”既是故事的叙述者，又是作品中的人物之一。第一人称是一种直接的表达方式，作者可以把自己亲身经历或亲自听到看到的人和事，直截了当地表述出来，给人以真实而亲切的感觉，容易引起听众感情上的共鸣。也有的通讯是用第三人称写的，第三人称与第一人称不同，作者不是当事者，而是局外人，因此选材面广，不受自己活动时间和空间的限制，大多数通讯都是用第三人称写的。

叙述的方法，大体可分为顺叙和倒叙两种，为了内容表达方面的需要也常常运用插叙的方法。所谓顺叙，就是按照事件发生、发展和结局的先后次序组织材料，进行叙述。所谓倒叙，就是把事件的结果或发生后果的某一重要情节、场面先写出来，然后再按时间顺序叙述事件发生的原因，发展的经过。

在通讯中叙述语言占大量的篇幅，叙述语言主要用来交代和组织情节，通过叙述把事情的来龙去脉交代清楚，把分散的内容连成一个整体。对叙述语言的基本要求是事实交代清楚、线索鲜明、具体生动。因此，叙述成分的表达必须符合生活语言的规律，要流畅自然，交流感强。大家知道，日常生活语言之所以比较自然、比较真切、比较贴近，其原因是语言交流的对象是客观存在的，而且语言的目的性十分明确，一般不会出现矫揉造作、拿腔拿调的问题。但在播音创作中，创作者没有具体真实的交流对象存在，稿件又基本不是出自本人之手，表达时往往会形成一种播音腔。要想解决这一问题，首先创作者必须心里要有受众，按照生活语言的规律放下架子去说，而不要端着架子去念。叙述语言最忌讳的是死板，拿腔拿调、故意做作是要不得的。在日常生活中，人们一般交谈时用声多比较松弛，因此显得平和、贴近。同样，叙述语言要想自然、流畅，也要使自己的用声控制在自然声区，切忌高声大气。同时，在表达时不要去孤立地念句子，而要把注意力放在语意的传达上。如果满足于把句子念清楚就会造成语意不清、语句不顺。在处理句子的过程中，对重音的确定必须少而精。一个句子表述是否清晰主要在于能否抓住关键性的词语，一个句子，特别是一个长句子，如果重音过多，势必造成表述凝重，失去流畅感。

在通讯《瓦匠师傅》里有这样一段表述：“这位师傅一身农民打扮，留平头，看上去笨手笨脚的，这和我心目中的瓦匠师傅相差很远，说实话，对他能不能把房顶检修好，我是持怀疑态度的。”

这段共有七个分句，是主人公“我”对瓦匠师傅的第一个印象。那么这段话里哪个词语最能反映出人物当时的心态呢?应该在“怀疑”这个词上，因为前边对瓦匠师傅的所有描述都是落在不信任上，因此，“怀疑”是主人公“我”当时最真实的心态。那么，在具体表述时，就应该在“怀疑”这个词上重重加上一笔。

通讯《当洪水淹没村庄的时候》里有这样一段表述：“布凤奎指挥的救灾船，日夜都在抢救群众的财产。绝大多数群众的财产都抢救出来了，而布凤奎家两千多斤粮食和大部分生活用品却都被洪水冲走了。”

这段话共有四个分句，是对村党支部书记布凤奎舍小家、为大家高尚品德的真实记录，展示了一个共产党员的高风亮节。那么这段话里哪个词语最能展现人物的风貌呢?应该在“日夜”、“都”、“却”三个词语上。“日夜”一词真实地记录了布凤奎奋不顾身地抢救群众财产的情景；一个“都”字包含了布凤奎作为一名党的干部，在大灾面前对群众的情感和责任，而一个“却”字更真切地表现了一个共产党员高尚的情操。只要突出了这三个词，这段话的意思不仅表述清楚了，而且把文字背后的情感也揭示出来了，从而丰富了叙述语言的内涵。

当然，我们在强调突出重音的同时，并不能忽略非重音的处理，同时强调处理好重音与非重音的关系。这里要注意两个方面问题：一是重音的表达要自然，避免生硬，要与全句形成一个整体，不要单一地运用音强这一手段，而要让重音的突出更多地依赖于语气和情感。二是对于句子中的非重音部分则应该一带而过，为重音的展示做铺垫。处理好了重音与非重音的关系，才能使叙述顺畅、自然、语意清晰。

对于通讯播音来说，叙述语言只停留在顺畅、自然是不够的，同样要追求生动，力求避免枯燥的、平板的、纯客观的叙述。由于通讯的一个显著特点是以情动人，从整篇来讲，播通讯必须有情，即使叙述语言也必须饱含鲜明的情感。

怎样才能使叙述语言饱含情感呢?一是要重视备稿这一环节，把稿件分析深、分析透，把自己摆进去，认真揣摩人物间的关系，剖析人物的内心世界，找出人物的情感主线，通过想象和联想，挖掘形象、进入情境。二是根据事件的性质确定基调，不同的基调要赋予不同的语言形式。

例3-2 当洪水淹没村庄的时候[1]

今年8月4日，凶猛的洪水威胁着沈阳市新民县长沟沿村，42岁的村党支部书记布凤奎对党员们说：“情况紧急，马上动员群众转移，群众不走完，干部不离村。”8月8日9点20分，洪水进村了，一部分群众不愿意离开家，布凤奎号召党员和干部带头撤出村子。他走回家里，爱人正守着三个孩子掉着泪，不由一阵心酸，可嘴上却说：“哭啥?群众看咱们呢?啥东西也别拿，带着孩子赶紧走?”8月9号4点30分，当布凤奎和村里的干部离开村子不远，凶猛的洪水像脱缰的野马呼啸着，吞没了长沟沿村。

十几天后，布凤奎在大堤上见到了爱人，爱人拉着他的胳膊哭着说：“咱家的东西还在水里泡着，说啥也得想办法运出去，要不然以后的日子可怎么过啊?”布凤奎掉泪了，那是两口子二十多年的心血啊?村里有11条救灾船，都归布凤奎管。他不用吱声，只要不反对，他家的东西很快都会送出去，而布凤奎望着大堤上的群众深深地意识到自己的责任。这时候，不先顾群众，还算什么共产党员?他狠了狠心，对爱

① 《当洪水淹没村主的时候》配有示范录音。

人说："我是干部，自家事往后放？"说完，就掉头走了。

布凤奎指挥的救灾船，日夜都在抢救群众的财产。

绝大多数群众的财产都抢运出来，而布凤奎家两千多斤粮食和大部分生活用品却都被洪水冲走了。

布凤奎瘦了，眼睛熬红了，声音嘶哑了，乡亲们真心疼啊。72岁的王庆余老人拉着布凤奎的手说："涨大水，我经历过十几次，旧社会一涨水，当官的先跑了。现在，党员、干部处处照顾咱平民百姓。这个党，那个党，还是共产党好。"

《当洪水淹没村庄的时候》塑造的是一个基层党员干部的生动形象。这篇通讯不长，但事件写得很集中。通讯的笔触把村党支部书记布凤奎放到了矛盾的焦点上。当洪水淹没村庄的时候，一个尖锐的问题真真切切地摆到了布凤奎的面前，是先救全村的父老乡亲们，还是先转移自己的爱人、孩子和财物呢？布凤奎的回答是坚决的，即救大家、舍小家，展现了一个共产党员的高贵品质。但共产党员同样是人，同样有情有爱，他关心爱护全村的父老乡亲，同样也爱他的妻子、孩子，也爱他自己的家，所不同的是共产党员的职责不允许他舍大家而只顾小家。当村子被淹没后，布凤奎在大堤上见到了妻子，得知家里的东西还在水里泡着，那毕竟是两口子二十多年的心血啊？这个硬汉子终于掉下了眼泪。可是，面对众多遭灾的乡亲，他心里很清楚，在大难面前党支部书记可是乡亲们的主心骨啊？多少双眼睛在期盼着他，他别无选择，作为一个党员干部在这紧要关头，自家事只能往后放。

通过对布凤奎这样一个人物的分析解剖，一个朴实、刚强、正直的基层党员干部的形象正浮现在我们眼前。作为一个创作者，应该给予布凤奎更多的理解、肯定、赞扬，为我们党有这样的好干部而深感自豪，这样这篇通讯的基调就确定下来了。基调是统帅全篇的，是全篇总的感情色彩，叙述语言同样要符合基调的要求，否则就会失去全篇的和谐。

在这篇通讯的结尾有这样一段话："布凤奎瘦了，眼睛熬红了，声音嘶哑了，乡亲们真心疼啊。"这四个分句真实地记载了布凤奎在全村遭灾的这些日子里，为乡亲们是何等的操劳，何等的辛苦啊？字里行间饱含着乡亲们对他的尊敬、对他的感激？如果把这段话播得纯概念化，就会显得平淡，毫无感染力。因此，要想使叙述语言饱含感情，创作者的思想感情必须进入规定的情境之中，这样叙述语言才能具有特定的感情色彩，与全篇形成一个整体。

2. 描述

除叙述性语言之外，在通讯中还有大量的描述语言。所谓描述，就是形象地描绘和刻画出人物、事件、环境的具体状态，把真实的情景绘声绘色地表现出来。描述与叙述不同，叙述着重在情况、过程的交代，而描述则重在人物、事物形态的描摹、绘画；叙述使受众了解基本情况和过程，描述则是再现鲜明的形象。

形象性是通讯的一大显著特点，通讯中形象的确立是靠描述来实现的。描述的手法多种多样，但归纳起来，主要有这样四种：一是人物描述。人物描述主要是对人物的音容笑貌、思想、语言、行动、心理活动等的描写，它是揭示人物性格、品质的重要方法，是生动地刻画人物形象、表现人物思想的重要手段。二是环境描述。由于人的思想性格总是在一定的社会环境和自然环境中形成的，事件的发生发展也是要受环境的影响和制约的。因此，环境描述是表现主题、刻画人物的必要手段，而且环境描述绝不是为写景而写景，写景是为了表现人物，是对人物起烘托作用的。三是场面描述。在一定时间和环境中，人物与人物相互发生关系而构成的生活画面就是场面。场面描述与景物描述有联系，景物往往是构成场面的因素之一。但二者是有区别的，景物描述是自然景物外形的描绘，没有人物的活动，主要是静态的。场面描述是以人物活动为中心的活的画面的描述，主要是动态的。四是细节描述。所谓细节，是指具有深刻含义的人物的细小动作，事物的细小部位的特征，生活中的细枝末节，等等。细节描述可以起到突出人物的性格，加强人物事件的真实感的作用，使人物事件更具体生动，增加艺术感染力。

在通讯《瓦匠师傅》里，对瓦匠师傅陈少品有这样几段描述：

（1）这位师傅一身农民打扮，留平头，看上去笨手笨脚的。

（2）午饭后，他搬了一条凳子，不声不响地坐在走廊边，我请他到房里休息，他说："你们城里人要睡午觉，我坐坐就行了。"

（3）一会儿，只听得屋顶上悉悉作响，他那一块瓦似的平头，缀满了晶莹的汗珠。

这三段对瓦匠师傅陈少品的描述，文字并不长而且分布在文章的不同段落，作者从外貌、动作、语言多角度对陈少品进行了描述，力求把一个纯朴、善良、忠厚的农民形象展现出来。但是陈少品的形象在主人公"我"的心目中并不是一下子树立起来的，因此，在表述时，应该从主人公"我"的眼里去看陈少品，要从"笨手笨脚"看不顺眼转变到"多么想见到陈少品师傅啊"，播音语气要体现这个转变。在力求体现这个转变的同时又不要出现太大的情感反差，必须注意到全篇基调的统一体现，使陈少品的形象一步步地树立起来。

在通讯《一株小草》里有这样一段描述："那天早晨6点左右，一股迅猛的山洪翻着几米高的浊浪，卷着树枝、庄稼、家畜……沿着武江河滚滚而下，所到之处顿成泽国，无情的河水漫过河堤包围了某监狱，切断了接岗哨兵的道路。"这段简短的文字把广东省东昌县所遇到的特大洪水的场景描绘得形象而又逼真，为故事的展开做了铺垫，战士卢亚带面对这场百年未遇的洪水，临危不惧，尽心尽责，最终献出了年轻的生命。这段环境的描述并不是为写景而写景，而是为了突出当时形势的严峻、危急，把主人公推到了生死抉择面前，是逃离哨位求生，还是冒死坚守岗位，因此，这段描述正是为了表现主题、刻画卢亚带这样一个人物服务的。

在通讯稿件中经常出现一些场面描述，这是形象地叙述故事必须采用的手法。比如：在通讯《当洪水淹没村庄的时候》有这样一段描述："8月8日9点20分，洪水进村了，一部分群众不愿意离开家，布凤奎号召党员和干部带头撤出村子，他赶回家里，爱人正守着三个孩子掉着泪，不由一阵心酸，可嘴上却说：'哭啥？群众看咱们呢？啥东西也别拿，带着孩子赶紧走？'"这是一个十分感人的场面，这个场面十分真实地再现了在洪水面前，作为一个党的基层干部是如何处理大家与小家的关系的，充分表现了一个共产党员崇高的思想境界。因此，场面描述除表述清楚外，应与人物当时的心态、人物间矛盾冲突的程度结合起来，使语言表述的情感、语气与全篇的基调统一起来。

细节描述对通讯稿件来说是十分重要的，是对故事主要情节的一种丰富和完善，虽然它存在与否，一般不影响主要情节的连贯性和完整性，但它是作品中不可缺少的有机组成部分，在小故事《中计》里对小战士洪松彪有两处细节描述：一是当房东张大爷假装生气，风风火火冲进来发火时，"有一个小战士的脸一下子红到了耳根"；当房东张大娘也凑进来追问时，洪松彪沉不住气了，一边向二老道歉，"说着就伸手掏钱包"。这两处细节描述把洪松彪的朴实、真诚刻画得淋漓尽致。在进行语言创作时，张大爷、张大娘的话要假中有真，因为他们真想找出帮他们干活而不留姓名的好战士，他们是假戏真做。因此，在语言创作上要把握好这一"假"一"真"，心里虽然知道是张大爷、张大娘是假生气，但要装得像，装得真，在这里表达的准确关键在"装"字上，语气、分寸的把握决定这假戏能否真做。在事件发展的过程中，小战士洪松彪确实是蒙在鼓里，他内心紧张、不安甚至焦虑，因此，他的语言色彩突出一个"诚"字，他的每句话和每个动作都是他内心世界的反映。

例3-3　中　计[1]

7月初的一天，在辽宁省海城县一个小山村里，住在张大爷家的某部侦察排的战士们刚刚起床，就看见房东张大爷气冲冲地走进屋来。张大爷绷着脸问道："昨天，你们谁又进我家东菜园，把菜弄得乱七八糟？"一句话把全排战士问懵了，互相看了看，谁也没吭声。

这时候，有一个小战士的脸一下子红到了耳根，他叫洪松彪，是今年才入伍的新战士。原来，昨晚上是他悄悄地跑到菜地里，帮张大爷干活的。小洪心里直打鼓，他想是不是铲地的时候伤了苗？是不是水浇多了淹了菜？这时候，张大娘又跑进来火上浇油地说："老头子，别跟他们说了，咱们找指导员去？"

刚刚18岁的洪松彪，哪里见过这个场面呀，小伙子沉不住气了，马上开口说："大爷大娘别发火，昨天是我跑到菜地里去的。我看你们二老年纪大了，又成天忙村里的事儿，顾不了家，就抽空帮你们干点活。谁知我不会干，给你们添了这么多的麻

① 《中计》配有示范录音。

烦，真对不起你们！有多大损失我一定赔。”说着就伸手掏钱包。

张大爷看到这个情景，倒哈哈大笑起来，大娘也笑了，她疼爱地拉着小洪的手说：“孩子，你受委屈了？”小洪纳闷地抬起头来瞅着两位老人，张大爷得意地说：“孩子，你中计了，打从你们到我们村来搞训练，给大家干了那么多的好事，可我们就是不知道谁干的。昨晚上我和你大娘一合计呀，就想出这个小计策来，果不出所料，你们还真中了计？”

全排战士这才恍然大悟，和大爷大娘一起笑了起来，洪松彪，这个虎头虎脑的小伙子，却像大姑娘似的，羞涩地低下了头……

3. 抒情

通讯稿件除了运用叙述和描述手法以外，为了更鲜明有力地突出人物和事件的意义，表现文章的主题，作者经常在叙述的过程中，抒发自己的情感，发表自己的意见，阐明自己的观点，也就是在叙述的基础上进行抒情、议论。

所谓抒情就是作者抒发对人物事件的歌颂、赞美或批评、指责的感情，从感情上给受众以感染，抒情可以渲染气氛，褒贬人物，增强作品的感染力，由于抒情是从感情上来打动受众，所以抒发的一定是真情实感，同时要恰如其分。通讯中的抒情与散文的抒情不同，散文的抒情主观色彩很浓，而且所占篇幅很大，而通讯中的抒情往往是作者受到所叙述的事件和人物的鼓舞、感召，情感强烈到了不可抑制的地步，自己直接出来表述情感。

议论与抒情不同，它的目的不在以情感人，而在以理服人。议论往往是对人物事件的本质意义、内在规律等，从理论上原则上进行分析阐述，让读者更好地认识和理解。通讯中的议论也和抒情一样，要以事实为基础，或评论人物，分析思想；或阐明事理，解释事因；或批判错误，明辨曲直，这是作者的一种主观感受，其目的是为了进一步点明主题，增强感染力。

在通讯稿件中，抒情和议论的侧重点不同，但二者是紧密结合，相互为用，有的议论是将理论寓于富有感染力和形象性的语言中，带有强烈的抒情色彩，有的抒情实际上就是一种充满了激情的形象化的议论。这样议论和抒情相结合，所揭示的主题既精辟、深刻，又形象、生动，富有感染力。

通讯中抒情和议论的表达，首先要注意全篇的协调，注意全篇的整体感，语言创作力求自然流畅。创作者的情感应该随着故事的发展而逐步积聚起来，到最动情的段落或句子处横溢而出，因此，抒情和议论不是无感而发，而应是发自肺腑的情感流露。

例3-4　桂林山水

人们都说：“桂林山水甲天下。”我们乘着木船，荡舟漓江，来观赏桂林的山水。

我看见过波澜壮阔的大海，欣赏过水平如镜的西湖，却从没看见过漓江这样的水。漓江的水真静啊，静得让你感觉不到它在流动；漓江的水真清啊，清得可以看见江底的沙石；漓江的水真绿啊，绿得仿佛是一块无瑕的翡翠。船桨激起的微波，扩散出一道道水纹，才让你感觉到船在前进，岸在后移。

我攀登过峰峦雄伟的泰山，游览过红叶似火的香山，却从没看见过桂林这一带的山。桂林的山真奇啊，一座座拔地而起，各不相连，像老人，像巨象，像骆驼，奇峰罗列，形态万千；桂林的山真秀啊，像翠绿的屏障，像新生的竹笋，色彩明丽，倒映水中；桂林的山真险啊，危峰兀立，怪石嶙峋，好像一不小心就会栽倒下来。

这样的山围绕着这样的水，这样的水倒映着这样的山，再加上空中云雾迷蒙，山间绿树红花，江上竹筏小舟，让你感到像是走进了连绵不断的画卷，真是"舟行碧波上，人在画中游"。

这篇通讯的作者用优美的文笔描绘了被誉为风景甲天下的桂林山水，全篇倾注了作者对祖国大好河山的热爱。

作者在描绘了漓江水的"静"和"清"以后，情不自禁地抒发："漓江的水真绿啊，绿得仿佛是一块无瑕的翡翠。""我攀登过峰峦雄伟的泰山，游览过红叶似火的香山，却从没看见过桂林这一带的山。"在文章结尾，作者把游桂林比作"走进了连绵不断的画卷"，感慨地说"真是'舟行碧波上，人在画中游'"。这些议论和抒情都是由衷的自然流露，起到了画龙点睛的作用，特别是结尾部分更使人觉得余味无穷。

4. 议论

在通讯中特别是人物通讯中免不了要出现大量的对话，对于创作者来说，播好人物对话是塑造人物、表现主题的重要一环。播好人物对话必须从内容出发把握好三个要素：第一是要注意人物的身份；第二是要注意人物间的关系；第三是要注意语境。对这三个要素的把握程度决定了人物对话语气的准确程度。在通讯《当洪水淹没村庄的时候》中，有这样一个段落："8月8日9点20分，洪水进村了，一部分群众不愿意离开家，布凤奎号召党员和干部带头撤出村子，他赶回家里，爱人正守着三个孩子掉着泪，不由一阵心酸，可嘴上却说：'哭啥？群众看咱们呢？啥东西也别拿，带着孩子赶紧走？'"布凤奎作为一个村的党支部书记，在水灾面前肩负着保护全村群众生命财产安全的重任，在这危难时刻，他顾得了大家可顾不了小家啊？当他面对爱人无助地守着三个孩子哭泣时，作为丈夫的他此刻内心里多么沉重啊，他为爱人、孩子的安危焦虑，又为自己此刻不能尽到丈夫的责任而自责，他多么希望妻子能坚强起来为全村父老做个榜样。所以他这段话里没有指责更没有嫌弃，而是充满着焦急、关切、鼓励，在急切的语调下面洋溢着真挚的爱。

在通讯《中计》里有这样一个段落："7月初的一天，在辽宁省海城县一个小山村里，住在张大爷家的某部侦察排的战士们刚刚起床，就看见房东张大爷气冲冲地走进屋来。张大爷绷着脸问道：'昨天，你们谁又进入我家东菜园，把菜弄得乱七八糟？'一句话把全排战士问懵了，互相看了看，谁也没吭声。"一方是房东张大爷，另一方是新入伍的战士洪松彪。张大爷为找出做好事不留名的战士虚张声势，洪松彪生怕好事办坏而提心吊胆。这时，张大爷面对的是心爱的战士们，为了问出个究竟故作声色俱厉，这里的要害在于"故作"，张大爷的生气不是发自内心的愤怒，因此，在语气的处理上既要有质问的成分，更要有寻找、探求的色彩，这样处理的语言才会生动得体、形象丰满。

第二节　实践练习例稿及训练提示

例3–5　一株小草[①]

"没有花香，没有树高，我是一棵无人知道的小草……"每当我唱起这首歌，就会想起一位叫卢亚带的战士，他默默无闻地为人民站了三年岗，最后把生命也奉献给了祖国。这不正是我们所说的小草精神吗？1985年8月25日，广东省乐昌县发生了百年未遇的特大洪水，他为了完成任务以身殉职了。

那天早晨6点左右，一股迅猛的山洪翻着几米高的浊浪，卷着树枝、庄稼、家畜……沿着武江河滚滚而下，所到之处顿成泽国，无情的河水漫过河堤包围了某监狱，切断了接岗哨兵的道路。这时已经完成了两小时值勤任务的卢亚带，叫游泳前来接岗的战友回营报告情况，他却继续站在岗楼上监视犯人的动静。

洪水在以每分钟80厘米的惊人速度急剧上涨，6点15分，水冲进了监狱，犯人开始骚动了，纷纷向高处爬。值班管教干部对小卢说："哨兵，我们要转移犯人，你先转移吧。"此时，如果小卢涉水爬上山，就没有危险了，可是，哨兵一撒手，万一犯人混乱状态无法控制，后果将不堪设想，小卢深知自己的处境，更知道肩上的责任，"不行，犯人还没有转移，我不能先走。"他毫不犹豫地说。6点25分，洪水推倒监狱围墙，冲击着像孤岛一样的哨楼。这时爬上楼房顶上的管教干部又对小卢说："哨兵，快到我们这边来。""这是我们的哨位，没有命令，我不能离开。"他把个人的生死置之度外，坚定地屹立在摇摇欲倒的哨楼上。6点35分，班长叶苗金带领部队控制监狱，并传令卢亚带撤哨，正当他背起枪准备泅水回营时，一个巨浪冲过来，哨楼倒塌了……"小卢——""亚带——"战友们追着洪水狂奔、呼叫。风在呼啸，水在怒吼，山谷里回荡着战友的悲鸣，但再也听不到这位年仅21岁的战友的回音了。

朋友，你有机会到粤北山区，在湘粤公路旁的雷土山上，一定会看到那座生着束束无名小草的坟茔，那就是卢亚带安息的地方了。

啊，只知奉献的小草，又何止这一束。

① 《一株小草》配有示范录音。

训练提示：这是一篇反映武警战士忠于职守以身殉职的人物通讯。全篇记述的是一位普通武警战士在平凡的工作岗位上的英雄壮举。通讯以《小草》歌词开头，引出战士卢亚带把生命献给祖国，以议论开篇导出事件发生的时间，接着以时间顺序记述英雄壮举的过程。最后以抒情性议论结尾。

在播读技巧方面：整体基调以深深的怀念、热情的歌颂为主旋律，在叙述整个事件的过程时要注意语言的形象性及节奏的变化。在语言处理上以转述的口气，不能太夸张，要注意真实感。呼唤"'小卢——''亚带'——"用虚声拉长音的方法，强调战友呼喊寻找小卢那种撕心裂肺的场面。这时把全篇推向高潮。结尾一定和开头呼应，以沉重有力、内在、带有强烈的启发性和震撼力的语气结束全篇。

例3-6 瓦匠师傅①

各位听众，今天我在说的是一个普普通通的农民，一件平平常常的小事。可是，却是那么令人难忘，发人深思。

我家在凤凰县城，住的是旧瓦房。年久失修，雨漏如注，真叫人伤脑筋。通过朋友介绍，好不容易在7月23号请来了一位瓦匠师傅。全家人十分高兴。这位师傅一身农民打扮，留平头，看上去笨手笨脚的，这和我心目中的瓦匠师傅相差很远。说实话，对他能不能把房顶检修好，我是持怀疑态度的。

交谈中，才知道他叫陈少品，住在离凤凰县三十多里的官庄乡，趁农事空闲，进城找副业来了。因为近半年来，我和同事们在集市上买蔬菜瓜果时，吃了小亏，所以，得出个结论：现在做生意的农民"滑头"。

"一天能检修好么？"我唯恐上当地问。陈少品笑了笑说："一天能搞完的，我不会说两天，不能让您白花钱的。"说着，他就搬来梯子，准备上屋了。

上班前，我交代爱人称两斤肉，加几个菜，买瓶好酒招待陈师傅。谁知他在屋顶听见了，着急地大声说："不要称肉打酒，家常便饭就行，不要再花钱了！"他就像花自己的钱那么心痛。

吃午饭的时候，我爱人还是搞了四菜一汤，又买了瓶好酒。陈少品看到后，惋惜地说："叫你们花钱，我心里不好受啊？"他说得十分诚恳。我刚要打开酒瓶，他连忙拉住我的手问："你家里有人喝酒吗？"我说："没有人喝酒，这瓶酒是特意给师傅准备的。"他认真地说："我不会喝酒，不要打开，免得浪费。"说什么也不让我打开酒瓶，不知怎的，我对这位师傅的看法开始转变了。

午饭后，他搬了一条凳子，不声不响地坐在走廊边，我请他到房里休息，他说："你们城里人要睡午觉，我坐坐就行了。"我过意不去，执意请他到房里坐，他硬是不肯，我只好也搬了一条凳子，陪他坐在走廊上聊天。他见我坐了下来，就吞吞吐吐地

① 《瓦匠师傅》配有示范录音。

说："我去……百货商店……买点东西。"说完就走了，看得出来，他说买东西是假，怕影响我们午睡是真。

我躺在床上，翻来覆去睡不着觉，陈少品这个朴实的农民形象，在我脑海里越来越鲜明了。

一会儿，只听得屋顶上悉悉作响，我起身一看，只见烈日下，陈师傅又在检瓦了，他那一块瓦似的平头上，缀满了晶莹的汗珠。

我大声喊道："陈师傅，天气热，休息一会儿再干吧。"他头也不抬地回答说："没关系？"看到他精心检修的神态，我对他完全信任了。

下班回家的途中，我暗暗打算，要和陈师傅好好地谈谈，可是，回到家里一看，师傅不在了。爱人告诉我，下午4点，陈师傅就检完了。留他吃饭，怎么说都不同意，检修费也只肯收两元五角。

我连忙问："每个工不是应该收3元么？"

我爱人回答说："陈师傅说不足一天工夫，只能收两元五角。"

我当时激动得说不出话来，多么想见到陈少品师傅啊？

三天后的中午，下了一场大雨，我注意检查房子，没漏一滴雨。陈少品师傅的形象又在我眼前闪现出来。雨刚停，只听得走廊上脚步声响，我开门一看，哎呀？不正是瓦匠师傅陈少品么？他满头大汗，气喘吁吁地说："雨一停我就跑来了，看看房子还漏雨不？"我连声说："不漏了，你检修得好，快请坐。"他笑着说："不漏我就放心了。"说完转身就走，我留他坐一坐，他一边走一边说："学校正等着我检修房子哩？"

我站在家门口，望着陈少品远去的身影，想了很多，很多……

训练提示：这是一篇记叙普普通通的农民进城打工的平平常常的故事，是以事件发展的顺序为线索写的。事情简单而平凡，文笔淡雅而隽永。

在表现手法上以轻松随和、真实为基调，在外部技巧上切忌大起大落，人物语言"角色化"。通篇语脉把握好，语流要轻松畅快，从平淡中将朴素憨厚、直率、诚信的农民性格展现出来。在处理"我躺在床上……在我的脑海里越来越鲜明了"和"我站在家门口，望着陈少品远去的身影，想了很多，很多……"时，感情的分量再重一些，这两处是情感的凝结点，在这里将对普通农民的高尚品格的赞美展示出来。

例3-7 中 计[1]

7月初的一天，在辽宁省海城县一个小山村里，住在张大爷家的某部侦察排的战士们刚刚起床，就看见房东张大爷气冲冲地走进屋来。张大爷绷着脸问道："昨天，你们谁又进我家东菜园，把菜弄得乱七八糟？"一句话把全排战士问懵了，互相

① 《中计》配有示范录音。

看了看,谁也没吭声。

这时候,有一个小战士的脸一下子红到了耳根,他叫洪松彪,是今年才入伍的新战士。原来,昨晚上是他悄悄地跑到菜地里,帮张大爷干活的。小洪心里直打鼓,他想是不是铲地的时候伤了苗?是不是水浇多了淹了菜?这时候,张大娘又跑进来火上浇油地说:"老头子,别跟他们说了,咱们找指导员去?"

刚刚18岁的洪松彪,哪里见过这个场面呀,小伙子沉不住气了,马上开口说:"大爷大娘别发火,昨天是我跑到菜地里去的。我看你们二老年纪大了,又成天忙村里的事儿,顾不了家,就抽空帮你们干点活。谁知我不会干,给你们添了这么多的麻烦,真对不起你们!有多大损失我一定赔。"说着就伸手掏钱包。

张大爷看到这个情景,倒哈哈大笑起来,大娘也笑了,她疼爱地拉着小洪的手说:"孩子,你受委屈了?"小洪纳闷地抬起头来瞅着两位老人,张大爷得意地说:"孩子,你中计了,打从你们到我们村来搞训练,给大家干了那么多的好事,可我们就是不知道谁干的。昨晚上我和你大娘一合计呀,就想出这个小计策来,果不出所料,你们还真中了计?"

全排战士这才恍然大悟,和大爷大娘一起笑了起来,洪松彪,这个虎头虎脑的小伙子,却像大姑娘似的,羞涩地低下了头……

训练提示:这是一篇揭示军民鱼水情的新闻故事。这篇通讯文字精练、事件具体,具有很强的故事性。这篇生动感人的故事在技巧处理上,应把性格化的人物语言特点抓住,不失真实性。故事开头提出悬念,把"张大爷的戏"演好,以此引出下面的精彩场面,洪松彪质朴、热忱,一心想为群众办好事,房东张大娘慈祥、善良,把战士看做是自己的亲人,整个故事高潮迭起,真实感人。在语言表达上要大胆运用语气、重音、停连和节奏,把人物个性突现出来,将故事展现得细致贴切。

例3-8 当洪水淹没村庄的时候[1]

今年8月4日,凶猛的洪水威胁着沈阳市新民县长沟沿村,42岁的村党支部书记布凤奎对党员们说:"情况紧急,马上动员群众转移,群众不走完,干部不离村。"8月8日9点20分,洪水进村了,一部分群众不愿意离开家,布凤奎号召党员和干部带头撤出村子。他赶回家里,爱人正守着三个孩子掉着泪,不由一阵心酸,可嘴上却说:"哭啥?群众看咱们呢?啥东西也别拿,带着孩子赶紧走?"8月9号4点30分,当布凤奎和村里的干部离开村子不远,凶猛的洪水像脱缰的野马呼啸着,吞没了长沟沿村。

十几天后,布凤奎在大堤上见到了爱人,爱人拉着他的胳膊哭着说:"咱家的东西还在水里泡着,说啥也得想办法运出去,要不然以后的日子可怎么过啊?"布凤奎

① 《当洪水淹没村庄的时候》配有示范录音。

掉泪了，那是两口子二十多年的心血啊？村里有11条救灾船，都归布凤奎管。他不用吱声，只要不反对，他家的东西很快都会送出去，而布凤奎望着大堤上的群众深深地意识到自己的责任。这时候，不先顾群众，还算什么共产党员？他狠了狠心，对爱人说：“我是干部，自家事往后放？”说完，就掉头走了。

布凤奎指挥的救灾船，日夜都在抢救群众的财产。

绝大多数群众的财产都抢运出来，而布凤奎家两千多斤粮食和大部分生活用品却都被洪水冲走了。

布凤奎瘦了，眼睛熬红了，声音嘶哑了，乡亲们真心疼啊。72岁的王庆余老人拉着布凤奎的手说：“涨大水，我经历过十几次，旧社会一涨水，当官的先跑了。现在，党员、干部处处照顾咱平民百姓。这个党，那个党，还是共产党好。”

训练提示：这是一篇反映农村基层党支部书记的工作业绩的通讯。基层干部没有惊天动地的壮举，也没有海誓山盟的豪言壮语，有的是忠于党为群众办实事的心，人物通讯中的布凤奎很具典型性。

文中出现三个人物的语言，记述的是布凤奎舍己为人的事情，村进水前离家，十几天后妻子见到布凤奎到自己家的财产被冲走，在表达中牢牢抓住这一主线，有普通人的妻子儿女情，有村领导与百姓之间的情，有党员对党的情。人物的语言方面：妻子的话要朴实、真切；处理布凤奎的话要实在、坚决，王庆余老人的话要发自肺腑。整篇基调不要太高，通篇要朴素而内在，准确地反映出共产党员的时代风范。

例3-9　一个都不能少

公元1998年7月，南方的天空像撕开了个大口子，天天倒着倾盆大雨。到处溢满了水，那江，那河，那湖都已涨满了水，早已超出了警戒线。

赣水滔滔，浊浪排空，一排排树被洪水冲走，一幢幢房子被洪水吞没。

住在赣江堤边下的石头庄已被洪水团团包围，这里四面环水，由于它地形较高，水一时难于浸没这块土地。

下午3点，卫村长接到抗洪指挥部的报告，堤上已发现十多处泡眼。为了减轻损失，保护村民生命财产安全，卫村长敲着锣带着大家往后山转移。

这时，妇女队长告诉他——唯独狗子娘不肯走，她说她已是七十多岁的人，死也要死在那里。1962年那场特大洪水，她没走，还不是活过来了。

卫村长任凭雨水像鞭子样抽打，心急如焚地向狗子娘家奔去。

“大娘，洪水无情啊！你还是跟我走吧！”

热土难离啊！眼看这里就要变成一片汪洋，自己喂养的猪要被洪水卷走，房子被洪水冲掉，狗子娘心疼啊，她要和房子和猪和这里的一草一木共存亡。

大堤上，解放军跳入水中，手拉着手，用身体抵住洪水，一袋袋沙石投下、船只沉下都被洪水吞进肚里，情况越来越严重，整个大堤随时都有被冲毁的危险。

指挥部决定炸开一个口子，丢小家保大家。

卫村长的手机响了，指挥部告诉他4点钟准时炸堤，淹没石头庄。

4点还差15分钟。

卫村长向指挥部保证，全村一千零一人，除四百人参加抗洪外，其他人一个都不少，安全转移。

“大娘，快跟我走吧？”

时间在一分一秒过去，离炸堤时间只有9分钟了。

“走，可以，但你必须叫我儿子回来。”

“你儿子现在哪里？”

“在广东打工。”

卫村长急中生智“扑通”一声跪倒在大娘脚下：

“娘——你就把我当做你的儿子，跟我走吧？”

大娘感动了，眼睛湿润了。

卫村长背着她，竭尽全力奔向后山。

一声巨响，洪水吞没了石头庄。

大娘冲着卫村长——这个农民的好儿子，笑了。

训练提示：作品展示了1998年夏季，江西洪水泛溢即将吞没村庄的危急场景，塑造了一个农村基层干部的光辉形象。故事情节很集中，当洪水就要淹没石头时，卫村长心里想的就是要让全村一千零一人，一个都不能少，全部安全转移。在卫村长心里有对村民老乡的深厚情感，有作为一个村干部的责任，他只有一个信念，村里一个人也不能丢下。所以才出现了跪在大娘脚下的动人场面。真实质朴是这篇作品的特色，播音表达要把握好这个基调。

例3-10 跪拜的藏羚羊

故事发生的年代距今已有好些年了。可是，我每次乘车穿过藏北无人区时总会不由自主地想起这个故事的主人公——那只将母爱浓缩于深深一跪的藏羚羊。

那时候，枪杀、乱捕野生动物是不受法律惩罚的。就是在今天，可可西里的枪声仍然带着罪恶的余音低回在自然保护区巡视卫士们的脚印难以到达的角落。当年举目可见的藏羚羊、野马、野驴、雪鸡、黄羊等，眼下已经是凤毛麟角了。

当时，经常跑藏北的人总能看见一个肩披长发，留着浓密大胡子，脚蹬长筒藏靴的老猎人在青藏公路附近活动。那支磨得油光铠亮的杈子枪斜挂在身上，身后的两头藏牦牛驮着沉甸甸的各种猎物。他无名无姓、云游四方，朝别藏北雪，夜宿江河源。猎获的那些皮张自然会卖来一些钱，他除了自己消费一部分外，更多地用来救济路遇的朝圣者。每次老猎人在救济他们时总是含泪祝愿：上苍保佑，平安无事。

杀生和慈善在老猎人身上共存。促使他放下手中杈子枪是在发生了这样一件事以后——应该说那天是他很有福气的日子。大清早，他从帐篷里出来，突然瞧见两步之遥对面的草坡上站立着一只肥肥壮壮的藏羚羊。他眼睛一亮，就转身回到帐篷拿来了杈子枪。他举枪瞄了起来，奇怪的是，那只肥壮的藏羚羊没有逃走，只是用企求的眼神望着他，然后冲着他前行两步，两条前腿扑通一声跪了下来，与此同时，两行长泪就从它眼里流了出来。老猎人的心头一软，扣扳机的手不由得松了一下。藏区流传着一句老幼皆知的俗语："天上飞的鸟，地上跑的鼠，都是通人性的。"此时藏羚羊给他下跪自然是求他饶命了。他是个猎手，不被藏羚羊的怜悯打动是情理之中的事。他双眼一闭，扳机在手指下一动，枪声响起，那只藏羚羊便应声栽倒在地。它倒地后仍是跪卧的姿势，眼里的两行泪迹也清晰地留着。

那天，老猎人没有像往日那样当即将猎获的藏羚羊开宰、扒皮。他的眼前老是浮现着给他跪拜的那只藏羚羊。他有些蹊跷，藏羚羊为什么要给他下跪？这是他几十年狩猎生涯中从来没有见过的啊！夜里，他久久难以入睡，双手一直颤抖着……

次日，老猎人怀着忐忑不安的心情剖开那只藏羚羊的肚皮，他吃惊得叫出声来，手中的屠刀咣当一声掉在地上……原来在藏羚羊的肚子里，静静卧着一只小藏羚羊，已经成型，自然是死了。这时候，老猎人才明白为什么藏羚羊的身体肥肥壮壮，也才明白为什么要弯下笨重的身子给自己下跪：它是在求猎人留下自己孩子的一条命呀！

天下所有慈母的跪拜，包括动物在内，都是神圣的。

当天，老猎人没有出猎，在山坡上挖了个坑，将那只藏羚羊连同它没有出世的孩子一起掩埋了，同时埋掉的还有他的那支杈子枪……

从此，这个老猎人在藏北草原上消失了，没有人知道他的下落。

训练提示：这是一个传奇式的故事，其寓意却非常深刻。一头肥壮的母藏羚羊死在老猎人的枪下。母藏羚羊的下跪、两行泪水以及死去的小藏羚羊使老猎人震撼了。确实，这难道不能让人想到天下生灵的母爱是最神圣的吗？全文中心在第6~9自然段，前边1~5自然段是铺垫，第7自然段是全篇的高潮所在。

例3-11 继父

去年的今天，继父永远地离我远去了。这位善良慈祥的老人留给我的不仅是万分的悲痛和深切的怀念，更多的是无尽的愧疚、悔恨和深深的自责。

继父养育了我二十多年，他付出了二十多年的爱、二十多年的心血和汗水。

二十年来，我从没向他表示过一次热情，没有给过他一句祝福和问候的话，尤其是在这二十年漫长的岁月里，我从来没有当面喊过他一声爸爸，这是继父一生的期望和等待。他为此徒增了多少皱纹，平添了多少白发呀？这也是我今生今世永远摆脱不了的隐痛。

继父来到我家时，我已经五岁了，多多少少懂得一些世事。所以，当多嘴的街坊问我叫他什么时，我就故作聪明地回答："该叫什么就叫什么呗！""爸爸"这个字眼对我来讲，早就成了母亲照片上剪下去的那片空白。倔强的我只肯称继父为"您"，背地里却干脆管他叫"戴眼镜的"。继父对这一切早就感觉到了，可他装出不大在乎的样子。饭桌上好吃的菜，照样多多地往我碗里夹；过生日的时候照样地为我买蛋糕、点蜡烛，照样为我洗衣、做饭、买玩具、改作业……

渐渐地，懂事了。继父在我心中已树立了可亲可爱的长者形象，我也意识到跟他"你"、"我"相称确实不妥。可是，总不能平白无故地就喊他一声"爸爸"吧？我开始期待着这样一个契机：我和继父都处于情绪极其激动的状态中，或久别重逢，或喜从天降，那时我或许会破天惊地喊他一声"爸爸"的。这样的契机不是没有，比如说我接到大学录取通知书的时候，还有我放假回家的时候。可惜这些契机被我一一迎来，又一一被我错过了。

大学毕业以后，我到远离家乡的异地工作，很快也成为人父，里里外外忙得焦头烂额。大冬天，连口热乎的饭菜都难得吃上。这时，继父到广州办事，一眼就看中了那种刚刚问世的电饭煲，毅然买下来，背着它跑了大半个中国，亲自送到我手上，又看着我煮好一锅米饭，这才散了架一般跌进沙发中喘息。感激的泪水在我的眼眶中直打转转，嘴巴却像是贴了封条似的，半个字也说不出来。

继父对我愈是关怀，我背负的愧疚便愈是沉重，我几乎已绝望地认定，有一种隐痛要伴我终生了。

出乎意料的是，继父来信说下月要到我居住的城市出差，到达时间定在3月6日。这消息对我来说无疑就像决堤的洪水。

我把房间重新做了布置，提前几天准备了继父爱吃的酒菜，我还专门向单位请了假，去迎接这个激动人心的时刻。我下定了决心，在火车站出口一见到继父的身影，就大声地喊：爸爸！

可是到了3月6日，我没能接到继父，却在电话上收到了他暴病身亡的噩耗。

就这样，我失去了最后一次表白心迹的机会，从此，我在3月6日这张日历上，深深地刻下了"痛悔"二字。我再也没有机会解释我二十年来的沉默和冰冷了，也再没有机会当面递上一句祝福和问候的话了，虽然我在心里不知重复了多少次。尤其是我再也没有机会面对着那张洋溢着父爱的熟悉的脸，轻声喊一声"爸爸"了。可是在我的心里，我将一如既往地爱他，一如既往地尊敬他、敬仰他，我会在心里一千次一万次地轻唤：

爸爸，爸爸，爸爸！

爸爸，您听到了吗？

训练提示：人生中总有许多遗憾的事情让人难以忘怀，《继父》真实地刻画了一个儿子对继父感情的逐步认可的过程，这种风俗与真情之间的磨合是那么艰难，以致最终给儿子留下了终身的遗憾。全篇文字朴素，述说真挚，播音表述时，给予重点句足够的关注，如第6、10两个自然段是感情紧聚的地方，全文最后是高潮所在。

例3-12 父亲

他，默默地蹲在小巷口，面前摊放着一袋袋雨花石。

小巷背光，此刻日头已经西斜，更显得有些暗淡。他那布满皱纹的脸阴沉沉的，眼睛偶尔看人时，放出一种冷漠的光。

她，背着画夹偶然路过这里，目光一下子就停在老人的脸上。她抿了抿嘴唇，轻轻地问：

“大爷，我想给您画张像。”

“画像？”

老人瞪起眼狡黠地转了转眼珠，“行！不过——得买几袋雨花石。”

“嗯！”姑娘应着。

“一袋一块钱，——买十袋吧。”

姑娘皱了皱眉，还是掏出十块钱递给了他。老人就靠着一颗枯死的老槐树坐了下来。

姑娘打开画夹子，用恬静、温柔的目光凝视着他，似乎想从他那冷漠的眸子里寻找什么。老人被她看得有点儿不自在，茫然地往远处望去。远处，天湛蓝湛蓝的，有几朵白云漫不经心地飘悠着。他忽然想起早逝的妻子，想起成家后把他遗忘的独生儿子，心里泛起一阵悲哀……

老人站起来随手将十袋雨花石递给姑娘，姑娘摇了摇头，只问了他的地址和姓名，便离去了。

半年后，老人收到一封美术学院寄来的信，里面只有一张参观美术展览的入场券。老人想起了那位姑娘，犹豫了一会儿，还是决定去看一看。

展览厅里，有许多人围着欣赏一幅油画，他也好奇地走过去。画面上是一位疲惫的老人，坐在一棵枯死的老槐树下休息，老人蓬乱的头发灰蒙蒙的，那双凹进眼眶里的眸子，乍看灰暗，细看里面藏着冷漠的光。他突然看出，画中的老人不正是自己吗？猛地，他的心往下一沉，浑身的血直往上涌。他使劲儿揉揉眼，唯恐自己看花了眼，可是他清晰地看到，这幅油画的旁边写着两个字：父亲。

“父亲！”

老人的嘴吃力地蠕动着，这熟悉而又陌生的文字，听来太遥远了，遥远得就像自己早已泯灭了的对这个世界的一切美好感情。他痛苦地低下了头，浑浊的老泪滴在铿亮的地板上……

几天后，美术学院的姑娘突然接到一张十块钱的汇款单，汇款人署名：父亲。

姑娘久久地凝望着这两个神圣的字，热泪不住地涌了出来。

训练提示：人的情感是复杂的。一个早年丧妻、儿子又不孝的老人，内心充满着失望和悲凉。一位姑娘的画笔倾诉了对老人的理解和同情，“父亲”二字再次唤起老人内心被割舍的情感。播音表述时要从父亲和姑娘的内心世界去理解、去感悟那种难以割舍的情感。

第四章

知识性节目播音

第一节　理论概述

在电台、电视台的播出节目中，除新闻类和文艺类节目外，还有两大类节目是必不可少的，一是知识类节目，另一是服务类节目。这两类节目与人民群众的生产、生活密切相关，因此拥有广泛的听众、观众群。特别是在改革开放的今天，人民群众渴求新的知识、新的信息，社会需要更完美、更配套的服务，因此，办好知识性节目和服务性节目对电台、电视台至关重要。

另外，从文体播音的分类来讲，这两类节目同样具有重要地位，知识性、服务性节目的稿件多属于说明文，而新闻性、文艺性节目的稿件多属于记叙文、论说文，从而形成三足鼎立的形势，由此可见知识类、服务类节目在文体播音中同样具有举足轻重的地位。

一、什么是知识性节目

知识性节目是以传播知识为唯一目的的节目。它传播的内容涉及人类在改造客观世界的实践中所获得的一切知识和经验，从世界的尖端科学技术到人们日常的衣食住行，这类节目用介绍说明的方式，对事物的性质、特点、成因、用途等做出科学的解释，帮助人们去正确认识和解决生产、生活中的种种问题。

二、知识性节目的任务

1. 传播知识是知识性节目的首要任务

知识性节目通过广播电视媒介，普及当代最新的科技知识、科技动态，拓宽国民的眼界，从而达到提高全民科技水平和文化素养的目的。在广播电视节目中，知识性节目占的比重很大，也是颇受观众、听众欢迎的节目。例如，中央电视台拥有巨大观众群的栏目《动物世界》，以其生动新奇的画面，配以赵忠祥娓娓动听的解说，得到了不同职业、不同年龄层次广大观众的喜爱。观众从这个栏目里探索到神奇的动物世界的奥秘，也懂得了保护自然、保护生态环境的重要性。

由于知识性节目涉及的面很广，所以在传播知识的过程中注意到了不同职业、不同文化层次受众的需要。比如，中央电视台的《农业教育与科技》和《科技博览》栏目，主要是面向从事农业和科技战线一些观众的需要。浙江电台办的《社会广角·空中律师》则是为了满足广大群众在当今社会对法律知识的渴求，而《假日麦克风》栏目则是为了回答听众在日常生活中遇到的困惑。例如在一期《假日麦克风》里就介绍了三个内容：一是现在的典当行是怎么回事；二是什么是电脑病毒；三是京剧与昆曲的改革。这三个内容正是一些听众十分想了解的知识，这个节目正是为他们释疑解惑。

知识性节目除了日常宣传外，还与群众现实生产、生活的需要结合得很紧密，及时为广大群众提供有效的指导。1998年夏季的特大洪水给人民的生命财产带来极大的损失，洪水退后灾区面临着疾病和严寒的威胁。为了让灾区人民了解防病治病的知识，中央电视台及时开辟了《抗洪灾、防病情》栏目，介绍防治腹泻、皮炎等疾病的知识。在日常生活中，广大群众往往会遇到种种的困惑，而知识性节目则及时为他们排忧解难。每逢夏季，知识性节目里总要介绍防暑降温的常识，例如，在烈日下如何防止紫外线的伤害；在南方持续高温情况下如何预防空调病。冬季则要宣传预防煤气中毒和不生冻疮的知识。因此，知识性节目与人民生活是密切相关的。

2. 从另一个角度宣传党的方针政策

知识性节目从内容来看似乎不像新闻性节目那样直接宣传党的方针政策，但它从另一个角度以提供背景材料、历史知识的方式来丰富和强化新闻节目宣传的效果，帮助受众了解事件的背景，加深对党的方针政策的理解。

在香港回归期间，电台知识性节目配合新闻播发了香港的历史，香港在世界经济中的地位，“一国两制”构想的背景，从而使群众了解香港沦为殖民地的历史、香港回归的历史意义以及“一国两制”构想实现的可能性，从而进一步激发了全国人民的爱国热情。

在1998年长江、嫩江和松花江出现百年未遇的特大洪水时，江泽民主席下达了死守大堤确保人民生命财产安全的命令。在这期间，电台、电视台的新闻节目里播发了大量军民抗洪的消息，与此同时也播发了大量的背景材料，如历史上洪水泛滥的次数，最高水位达到的高度，给沿江两岸人民造成的危害。用对比的手法，让广大群众了解该年发生的洪水是有史以来最大的，如果不能有效地治住洪水，改革开放以来得到的成果将毁于一旦，从而使全国人民对党中央制定的方针有了清醒的认识，从而形成了众志成城、同仇敌忾的局面。

洪水退去以后，党中央要求灾区人民重建家园，电台、电视台配合新闻播发了大量的预防疾病、越冬保暖的知识，如饮用水的消毒、周边环境及被淹房屋的清理方法、北方冬季简易越冬房屋的建造方法等，为配合贯彻党中央的方针做了切实的工作。

不难看出，传播知识和宣传党的方针政策是知识性节目的两大任务，完成这两大任务是办好知识性节目的根本宗旨。这个办节目的宗旨在中央台的《科学知识》和《卫生与健康》节目里体现得非常清楚。

在中央台的《科学知识》节目里曾经介绍过用废旧陶瓷净化江河水质的方法。江河水被污染是当前环保中的一个突出问题，关系到人类的生存环境的质量和一个国家经济发展的速度。比如，前段报道的由于有些企业任意向海中排污，渤海的部分水域已成死海，生物绝迹。杭州改造运河，这个南北运输大动脉由于多年来不重视治理，河水漆黑，已成一条臭河，从苏州到杭州的客轮乘客已耐受不了一夜的恶臭，河水的污染已影响到人民的生活和国家经济的发展。那么在提高全民的环保意识的前提下，如何改善江河水质已成一个亟待解决的问题。而在知识性节目里就介绍了用废旧的陶瓷净化水质的方法。研究人员把废旧的陶瓷加以粉碎，然后制成多孔的陶瓷，这种多孔陶瓷具有吸附作用，可以净化水中的微生物，只要把陶瓷块放到江河、水沟和下水道里，就可以提高江河、水沟的自洁能力。

由于现代人正处于社会转型期，面临的问题相对增多，承受的压力相对加大。比如疾病缠身、下岗、人际关系紧张等因素都能造成人的心态失衡。如何获取良好的心态不仅关系到个人，也关系到一个民族的精神风貌，在中央台的《卫生与健康》节目里曾介绍了“寂寞有害健康”的知识。在节目里客观地分析了每个人在人生的道路上都或多或少地体验过寂寞的滋味，它给人以若有所失的沮丧，以及孤立无援的恐慌。美国心理学家认为，寂寞可以分为两类，一种是人际性的寂寞，一种是情绪性的寂寞。前一种是由于缺乏朋友、缺乏与其他人交往的机会；后一种是缺乏沟通产生寂寞，从而节目呼吁每个人在当今竞争的社会里都不要封闭自己，要主动积极地与别人沟通，从而取得良好的心态。

每年5月31日是世界卫生组织规定的“世界无烟日”，从1988年以来，世界各国都举行了大规模的宣传活动，呼吁人们不要吸烟。但是据资料表明，当今全世界“烟民”在12亿以上，每天香烟的总销售量为5.25万亿支，按全球总人口平均每人年消耗1030支，相当于51包，吸烟人口平均一年抽掉4000多支，相当200多包，至少每年251万人死于吸烟。面对这样严峻的形势，在中央台《卫生与健康》节目里详细介绍了吸烟的危害。据科学家分析，香烟点燃后产生的烟雾中，含有3000多种有毒化学物质，其中危害最大的有尼古丁、一氧化碳、氰化物和烟焦油等多种致癌物、放射性同位素和重金属元素等。尼古丁是一种神经毒素，成人口服4毫克就出现中毒症状，口服50毫克就会导致死亡。

吸烟不仅使吸烟者自己受到损害，还会污染环境伤害周围不吸烟者，特别是对妇女、儿童危害更大。目前，在我国，15岁以上人口的吸烟率已高达40%，青少年吸烟的问题已成为一种社会问题。在客观分析的基础上，编者发出呼吁：为了大家和您的健康，请不要吸烟。从以上几组节目的内容不难看出，知识性节目与人民生活和经济建设的关系十分密切，因此，各台都把知识性节目作为一个重点节目来办。如中央电视台曾播出了《话说长江》、《话说运河》、《黄河》系列片，介绍了河流的形成及沿河的风土人情，歌颂了祖国的大好河山，在全国引起了很大的反响。各地省级电台、电视台也相继推出了《科普园地》、《生活百科》、《法制天地》等栏目，宣传科技知识，宣传党的方针政策，成为当地群众喜闻乐见的节目。

三、知识性节目的特点

1. 科学性和知识性

知识性节目是以传播知识为目的，用介绍、说明的方式对事物的性质、特征及用途等作出科学的解释。由于知识性节目所涉及的内容十分广泛，大到天文、地理，小到衣、食、住、行，这些内容是人类在认识世界、改造世界实践中的经验总结，反映了事物的客观规律，因此，科学性、知识性是知识性节目的一大特点。

在知识性节目里播出的内容基本可以归纳为两大类：一类是与人民群众日常的衣、食、住、行密切相关的知识；另一类则是介绍最新的研究成果和科技动态。这两大类节目都充分体现了知识性节目的科学性和知识性。

在知识性节目里，编者充分利用节目的优势，通俗地讲解天文、地理、生物等基础科学的一些基础知识，深入浅出，形象生动，以此来启发人民群众对科学技术的兴趣，以达到提高全民族文化水平的目的。例如美国航天飞机的发射，苏联宇宙空间站的建立，这些都是群众十分感兴趣的事情，通过简要明了的介绍满足了受众了解科技新成就的愿望。

由于知识性节目面对的受众是属于不同层次的，必须考虑到满足不同层次受众的要求。对于广大的科技工作者，知识性节目必须经常传递一些最新科技信息，介绍一些国内外科学技术的新发展、新成就。例如，信息技术、生物工程、新型材料、新能源、空间技术、海洋开发等都是当今科学技术的尖端项目，代表了科学技术发展的潮流，从而开阔了人们的视野，激励人们追赶世界最新科学技术的热情。

由此可见，知识性节目的科学性和知识性就体现在及时向受众传播科技知识和国内外的科技新成果，从而提高人们认识世界、改造世界的能力，由于与日常生活和经济建设结合得紧密，所以受到重视和欢迎。

2. 群众性和针对性

在日常生活中人们的需求和爱好是多方面的，由于科技和社会的进步，一些旧的生活方式和生产模式被摒弃了，随之而来的是崭新的甚至是陌生的事物，因此，任何职业、任何年龄层次的人都面临着一个学习新知识、认识新事物的任务。受众的需求决定了知识性节目必须体现群众性和针对性。

知识性节目的群众性和针对性表现在它播出的内容照顾到各个方面不同年龄、不同职业、不同文化层次的受众在不同时间各个方面的需求。例如：有介绍文学、戏剧知识的；有介绍音乐、舞蹈、美术、摄影知识的；有介绍养花、种草、钓鱼、旅游知识的；也有介绍各种科技知识的。买了无氟无霜电冰箱，你一定想了解这种冰箱与普通冰箱有什么区别，使用时应该注意什么？有些人春天容易过敏，得这种病的人一定想了解春天怎样预防桃花癣。现在社会逐渐进入老龄化，老年人的保健问题成为每个家庭十分关注的问题，这里牵涉到老年人自身的保健和家庭对老年人的呵护。如果在知识性节目里即时播出这些内容，就如同给了受众解决难题的一把钥匙。

3. 趣味性和灵活性

知识性节目传播科技知识不同于对专业科技人员的学术报告，它对播出内容经过精心的筛选，在考虑受众需求的前提下，注重内容的大众化、普及性，包括文字的通俗、平易、生动。例如，介绍澳洲的袋鼠，这种动物被称做“无轮的汽车”。编者并没有用过多的文字去剖析袋鼠奔跑迅速的生理原因，而只是把这种动物介绍给受众，让受众了解澳洲有这么一种动物以及这种动物独特的生活习性。海豚每小时游泳速度可达到50公里，对于海豚游泳速度为什么这么快，编者只讲是由于它的皮下肌肉能做波浪式运动，减少了对水的摩擦阻力，没有做更深入的讲解，而把笔墨更多地放在介绍海豚的趣闻上。由于节目宗旨明确，编者意图清晰，所以知识性节目文字活跃、生动，描述形象逼真，颇具吸引力，这也是知识性节目受到听众、观众欢迎的因素之一。

四、知识性节目稿件的准备

1. 从分析稿件人手，把握稿件的核心

一切从内容出发是播音创作的基本原则，播音员对自己所表达的内容要熟悉、理解，没有这个前提就谈不到表达。一般来讲，每篇稿件都是介绍一种事物，在备稿的过程中，播音员必须把这种事物的基本情况弄清楚，把这事物与那事物的区别弄清楚，而且要把编辑撰稿的思路领悟清楚，如果抓不到稿件核心就无法让受众对这一事物有清晰的认识。

例4-1　国际市场经济的三种模式

英美式市场经济　这种模式的市场经济，信奉价值规律这只“看不见的手”，政府对经济生活的干预较少。其基本特征是：最大限度地发挥市场机制的资源配置作用，倡导自由竞争，实行自由放任；政府主要以政策形式对经济生活进行调控。这种模式以英国、美国为代表,故被称为“英美式市场经济”。

东亚式市场经济　一些新兴工业国家和地区,为了追赶发达国家,实行政府主导型市场经济,即在市场竞争的基础上,由政府出面,积极主动而强烈地干预经济。这种干预不等于直接管制和行政强制,政府的计划是导向性的。主要通过产业政策有目标、有步骤地引导资源配置过程,推动经济发展。这种新兴工业化国家和地区以日本、韩国、新加坡为代表,故这种市场经济被称为“东亚式市场经济”。

北欧式市场经济　或称福利国家市场经济模式。该模式的基本特征是:在市场经济的基础上,政府着重调节收入分配。即在国民收入的分配与再分配领域中,有计划地协调公平与效率的关系,以促进经济的发展。这种模式以瑞典、挪威、丹麦为代表。这三国均处于欧洲北部,故称之为“北欧式市场经济”。

这篇稿件介绍了国际上英美式、东亚式、北欧式三种市场的模式。这三种模式的共性都属市场经济,区别在于三种模式各具特征:英美式的基本特征是最大限度地发挥市场机制的资源配置作用,倡导自由竞争,实行自由放任;东亚式的基本特征是在市场竞争的基础上,由政府出面,积极主动而强烈地干预经济;北欧式的基本特征是在市场经济的基础下,政府着重调节收入分配。这篇稿件的核心在于讲清楚三种模式的基本特征,如果抓不住这个核心,在表述时不给予突出的地位,全篇的主题就模糊了。

2. 吃透稿件,明晰播出目的

知识性节目总的目的是传播知识,但具体到每篇稿件,由于内容不同、对象不同、播出的时机不同,编辑的意图是不一样的。2008年年初,我国南方遇到严重的雪灾,给群众的生产和生活造成极大的困难。在此期间,电台、电视台播出了大量雨雪天医疗救援知识,冰雪天开车及车辆保养知识,以及气温骤降对痛风性关节炎、胆囊炎及心脑血管疾病等的预防知识。同样,针对美国的次贷危机,电台、电视台也及时介绍了什么是次贷风暴,怎么形成的,对世界金融市场有什么影响。显然,这对受众了解事情缘由,稳定我国金融市场是十分有益的。最近,科索沃独立问题在国际上引发了很大的争议,针对这一事件,电台、电视台在节目中介绍了科索沃与塞尔维亚的关系,事情发生的背景及历史,帮助受众了解国际热点问题。因此,领会编辑的意图,明晰播出目的,这对调动创作欲望、提高语言的针对性是至关重要的。

要想提高稿件播出的目的性,就必须做好稿内、稿外两方面的工作。一方面对稿件进行深入细致的分析,抓住稿子的核心内容;二是对稿件的分析不能停滞在稿件本身,还应该主动与编辑联系,了解稿件写作与播出的背景,使稿件与社会需要联系起来,这样播音员创作时才能做到心中有数。例如,随着家庭收入的增加,群众理财的意识逐步增强,应运而生的理财产品越来越多,人们投资的渠道拓展了,但对如何投资、购买哪种理财产品却常常感到十分茫然。因此,在电台、电视台的财经节目里就播出了大量的稿件来介绍理财产品及投资理念。中央电视台的《理财教室》就教大家炒股票，买基金，理性投资。这无疑对稳定社会，推动金融市场健康发展是十分有利的。如果演播者能深层次地去理解稿件的播出目的，把稿件的播出与社会及群众的需求联系起来，那么，语言的目的性就会越来越清晰，创作欲望就会油然而生。

3. 设计好对象，摆正自己与受众的位置

知识性节目的内容，无论是涉及哪个领域，都与人民生活有密切的关系，应该说，这一类节目的对象比新闻类节目要具体得多。播音员在创作时，有了较具体的对象，思想感情就容易交流，语言的生动、自然、流畅也比较容易做到。在设计对象时，播音员可以根据稿件的内容，把自己日常生活中最为熟悉的人假设为收听对象，这样，在创作过程中就比较容易感觉到受众的存在，始终保持一种"我说你听"的状态，由于假设的对象是日常生活中最为熟悉的人，交流的愿望会比较强，容易激起强烈的播讲愿望。比如，在节目中介绍老年性白内障的防治知识，老年性白内障是老年人的常见病，对老年人危害很大。但一般老年人不懂得白内障是怎么回事，听说白内障要手术治疗更是十分恐慌，给他们介绍白内障的防治知识是颇受他们欢迎的。如果你假设收听对象是你的老父亲，得了老年性白内障多年，视力受到很大影响，父子的亲情，对老父亲病情的了解和关注促使你很快进入创作状态，帮助你圆满地完成任务。

对象的设计要根据内容来决定，有的比较具体，有的比较模糊；有时是一个具体的人，有时却是一个受众群。介绍老年性白内障可以假设收听对象是一个具体的人，但是介绍冬季预防感冒则可以假设收听对象是一个受众群。设计好对象不仅能提高播讲兴趣，而且还能增加节目的针对性，改善收听、收视效果。

对象的设计还可以帮助我们摆脱"空对空"的心态，找到自己应有的位置，使播音员从空中来到受众身边，与他们平等地交流，播音员与受众的感情交流越自然、越亲切也就越容易受到受众的认可，从而取得良好的宣传效果。

五、知识性节目播音的语言特点

说明为主是知识性节目稿件的特点，它与新闻类稿件在语言上有很大的差异。消息、通讯侧重于对事件过程的表述，而评论则侧重于对事物的论证。在新闻类稿件中叙述性、描述性、抒情性语言占主导，而知识性节目的任务是通过说明人们在改造社会、改造自然的过程中所总结出来的理性认识，向人们揭示并把握事物的特征、本质及其规律。因此，知识性节目的表述应以说明、介绍语气为主。但"为主"并不意味着要排斥其他表达方法，按照内容的需要也可以运用描绘、抒情等手段，多种手段的运用有助于知识性节目稿件的表达摆脱单一的模式，从而提高表达效果。

知识性节目播音的语言以说明、介绍为主，是由知识性节目的任务和知识性节目稿件的写作特点决定的。在电台、电视台播出的知识性节目里大量的是与生活、生产有关的知识，例如：领带的洗涤；与老年人谈养生；啤酒的妙用；漫话百科全书；等等。这类稿件没有对事物进行具体形象的描绘，而把笔墨全放在介绍操作过程上，这就决定了播音必须以说明、介绍语气为主。但另外一类稿件则有所区别，编辑不但用大量笔墨介绍过程，同时，也用部分文字对事物或场景进行生动的描绘。下面这篇稿件，就运用了多种手法。

例4-2　过春节风俗

蒙古族春节为“大年”。除夕，合家席地坐在蒙古包中央，午夜开始饮酒进餐。小辈要向长辈敬“辞岁酒”，还要听艺人说书，一般通宵不眠。大年初一，人们骑马到“浩特”（即村镇）串蒙古包，主人家的女婿要为客人敬酒，这种酒每敬必喝。青年人往往利用串包的机会赛马，男女追逐，好不热闹。

大年初一的早晨，彝族人起床的第一件事就是挑水回家，然后取一碗水与昨天的水比重量，如新年的水重，就意味着今年雨水充足。初一这一天，必须用新水煮东西吃，但不准洗衣晒衣，也不吃青菜。

居住在海南省的黎族人过春节除了全家吃“年饭”、唱“贺年歌”外，大年初一、初二，全村青壮年男子要举行“春节围猎”，猎物全村分享。分猎物时，全部猎物的一半得分给第一个击中猎物者，另一半大家平分，孕妇可得两份。客人路过，也可分得一份。

黑龙江的达斡尔族过春节有抹黑的习俗，他们把正月十六定为“黑灰日”。当日早上，青年人都在手上擦上黑锅灰，彼此争向对方脸上涂抹，姑娘和年轻媳妇往往被小伙子们抹得黑乎乎的。对达斡尔人来说，抹锅灰据说象征着快乐和健康。

东乡族人民在春节的传统娱乐活动中，掷土块打仗是必不可少的，一般以村落为单位，互相邀请，对掷土块，连六七十岁的老人也兴致勃勃踊跃参加。在他们看来，这种“打仗”能锻炼剽悍、勇猛的性格。

这篇稿件对我国蒙古族、彝族、黎族、达斡尔族和东乡族人民过春节的风俗进行了介绍，同时，对他们特殊的风俗习惯进行了生动的描绘。这篇稿件播出的目的是要让全国人民牢记中华民族是一个多民族的大家庭，尽管各民族的语言和生活习惯不同，但春节是中华民族共同的节日，各民族应该像一家人那样团结起来。这篇稿件的主要笔墨是在介绍各民族过春节的风俗上，但也有不少地方运用了描绘的手法，如：“青年人往往利用串包的机会赛马，男女追逐，好不热闹。”“当日早上，青年人都在手上擦上黑锅灰，彼此争向对方脸上涂抹，姑娘和年轻媳妇往往被小伙子抹得黑乎乎的。”“一般以村落为单位，互相邀请，对掷土块，连六七十岁的老人也兴致勃勃踊跃参加。”这些描绘文字的介入使场景更为丰富、形象、生动。

但是，必须注意的是不要把知识性节目稿件中出现的描绘文字与通讯中的描绘文字等同起来，因为两种稿件的写法及所担负的任务不同，所以描绘文字在稿件中所处的地位也不同。对于知识性节目稿件中的描绘文字，表述时在色彩和分量上要掌握适度，注意整体的协调统一，如果不适当地去表述描绘文字，就会模糊了知识性节目的根本宗旨。

六、知识性节目播音的表达方法

由于知识性节目的根本任务是传播知识，说明为主是知识性稿件的特点，播音的表达方法是受稿件的写作特点制约的，对于播音创作来讲，播音语言的特点必须体现节目的特点。那么如何运用有声语言来体现知识性节目的特点呢？

1. 准确、严密，体现科学性和知识性

知识性节目的稿件涉及面很广，从世界尖端科学技术到人们的日常衣食住行，内容包括很广，涉及天文、地理、工业、农业、医学等方面，这些内容都是人类在认识世界、改造世界的实践中所获得的经验总结，具有很强的科学性和知识性。

由于知识性节目稿件涉及的领域较多，每个学科又都有自身的客观规律。面对众多的学科和各个层次受众不同的需求，播音员如何进行语言创作呢？“一切从内容出发”，这是播音创作必须遵循的规律。对于知识性稿件，播音员首先要熟悉内容，熟悉播讲的内容是进行语言创作的基础。所谓熟悉内容首先是指对稿件进行深入细致的分析，弄清楚稿件中的专业术语和难点，很难想象连自己都不懂的内容会给别人讲得很清楚。当然，播音员不可能是各学科的专家，但对稿件中提到的内容应该有一个基本的了解，做到心中有数。再就是要十分明确稿件的重点在哪个段落或哪几个段落，从而力求把这些文字的表述放在突出的位置上。

忠实于稿件是播音创作的基本原则。知识性稿件的科学性和知识性蕴含于内容本身，播音创作的任务是不走样地传达稿件，要做到这一点，就要在播音创作的过程中把握好准确、严密地表述稿件的内容。

例4-3 寒冷冬天要防低温症

调查表明，60岁以上的老人在气候恶劣的冬季，死亡率要比气候正常时高60%。不少老年人因患冬季低温症死亡，而这种死亡常常被误认为是由心肺疾病引起的。

在医学上，将老年人体温持续在35摄氏度以下的症状称为低温症。老年人容易罹患此病，是因为他们的身体机能已老化，体内产热减少，能够觉察到温度降低的身体机理已经丧失了敏感；在与寒冷的接触中，皮肤血管反应比较迟钝，不能很好地收缩，丢失的热量也比较大，因而不能使体温维持在一定的水平。

一般来说，当老年人的体温持续在35~36摄氏度时，还能自述寒冷，但有嗜睡、反应迟钝的表现。若体温低于35摄氏度，则病人表现为皮肤苍白，摸上去有冰凉感、肌肉僵硬，甚至出现意识不清，呼吸、心跳减慢等症状。若不及时纠正低温状态，则有生命危险。如果病人体温降至25摄氏度以下，死亡几乎是不可避免的。

低温症并不是突发性疾病，而是在不知不觉中悄悄来临并逐渐加重的。其预防方法主要是防止体热的大量散失，提高机体对寒冷的适应能力。除了御寒衣被要充足外，老人的居室温度最好保持在20摄氏度左右，睡眠时，床上要采取一些保暖措施。要鼓励老年人冬季多参加一些活动，如散步、打太极拳、做广播操、种花养鸟等。

此外，在饮食方面，老年人冬季应多进食一些高热量的食物，但不宜多饮酒。对于已患有低温症的老人，如果症状较轻，家人可先采取保暖措施，看能否使老人的体温升至正常，如果老人体温不能回升，则要尽快送医院治疗。

这篇稿件有五个自然段，第1自然段提出了冬季导致老年人死亡的疾病——低温症；第2、3自然段讲的是低温症的症状及导致老年人死亡的原因；第4、5自然段讲的是低温症的预防办法。这五个自然段内在联系十分紧密，文字简明扼要，十分清晰地告诉人们低温症是一种严重危害老年人健康的疾病。民间有这样的说法：“年纪大了，热量小了。”因此，往往造成对老年人患低温症的忽视。为此，稿件一开始就醒目地提出，“60岁以上的老人在气候恶劣的冬季，死亡率要比气候正常时高60%”。对于这样一种高死亡率的疾病，目前并没有特殊的药物来治疗，而主要靠预防，主要是防止体热的大量流失，比如，室温保持在20摄氏度左右，冬季给老人多进食一些高热量的食物等。稿件用通俗、明晰的文字，真实、客观地表述了低温症对老年人的危害及预防办法，充分体现了内容的科学性和知识性。对播音员来讲，在创作的过程中应该联想到我国已进入老龄化社会，老年人的保健是一个重大的社会问题，关系到千家万户，因此，对于稿件中出现的专业术语的含义以及数字包含的深刻内涵要深入地理解，让有声语言沿着文章的脉络渐进，始终以说明、介绍为主，不要去渲染、夸张，表达力求准确、严密。

准确的含义可以包括两个方面，一是内容的准确，名词、术语不能有错误，数字不能念错，如果在名词、术语以及数字上出现错误，整篇稿件就会出现意想不到的荒谬。二是对稿件中的重点句、段要突出，重点句、段不够突出或突出不准确，都会对播出目的和播出效果产生不良影响。在《寒冷冬天要防低温症》这篇稿子里出现了一些数字，虽然不多但都是一些关键的数字，表述时应该放慢稍加突出。说明、介绍并不意味着播音语言的平铺直叙，相反应该对最能体现播音目的的语句放慢着重说明，其他句子则可以一带而过。这篇稿件的第4、5自然段是受众最关注的内容，即介绍低温症的预防办法，因此，这段文字应该放慢给予强调，对于其中关键的词语更应该放慢加重强调出来。

严密的含义也同样包括两个方面，一是整篇稿件的逻辑性，逻辑性强、条理清楚，全篇就能体现出准确的科学性、知识性。相反，如果创作者不能把握文章的主脉络，表述的内容松散、零乱，使人不得要领，则无科学性、知识性可言。二是体现在创作者表述语气的肯定、果断以及段落间语气的转换的连贯、自然。对于知识性节目来讲，语言创作的严密显得格外重要，因为科学来不得半点虚假，知识要经得起推敲，播音语气的肯定、果断、连贯自然正是体现了所表述内容的真实性、可靠性，这对知识性节目来讲是十分重要的。

2. 对象具体体现群众性和针对性

知识性节目的内容与人民群众的生产、生活关系十分密切，拥有广泛的受众，如："肝炎病毒就在你身边"、"睡觉并非晚上才需要"、"中国名称的由来"、"植物节的由来"等，这些内容没有特定的对象，各种职业、各个年龄层次的受众都感兴趣。但是知识性节目与新闻性节目不同，随着内容的差异所拥有的受众群也不同，不同的内容传播的对象十分具体。例如："老年性白内障的防治"、"暑天谈养生"、"老年人饮食四度"、"生气是养生的大忌"等，显然收听对象主要是老年人；而"哪些蔬菜污染少"、"居室毒气知多少"、"做菜要控制温度"等显然收听对象是以家庭主妇为多；同样像"领带的洗涤"、"送花的艺术"、"夏日饮酒要适度"等收听对象主要是年轻人。对于播音员来说，收听、收视对象的具体使交流比较容易做到，但是，节目内容所带来的收听、收视对象的差异还只停留在群体类差上，对象还不够具体，应该把对象的设计再推进一步，创作者可以把自己日常生活中较为熟悉的人假设为收听、收视对象，这样你会真切地感受到收听、收视者的需求，从而激起你强烈的播讲愿望，从而提高节目的针对性和收听、收视效果。例如，我们在《健康顾问》节目里介绍老年性白内障的防治。如果把收听对象假设为自己的老父亲，他得了白内障多年，生活非常不方便，一方面想治疗，另一方面又怕动手术。由于是自己的父亲，对他的病情比较熟悉，对他矛盾的心态也十分了解，希望他听了你的介绍后能尽早去医院治疗，以便早日恢复健康。这样一想，你的播讲愿望就会强烈，语言针对性也大大增强。再比如，我们在《服务天地》节目里介绍怎样选购分体空调器，可以把收听对象设计为自己要好的朋友或亲戚，他们正在为买哪种空调器发愁呢?买进口的品牌吧，虽然质量好但价格比较高而且怕日后维修困难；买国产的吧，虽然价格比较便宜但质量很难保证。正当他们发愁的时候，我们把这选购分体空调器的知识告诉他们，由于是朋友、亲戚，态度就会更加亲切平易，表述也会更加清晰、耐心。

从上面的例子不难看出，设计对象的具体可以帮助我们摆正播讲者同受众的关系，沟通与受众的感情，从而充分体现为广大受众服务的宗旨。不难看出受众与播讲者的关系应该是平等的朋友关系，播音员是服务者，对知识性节目来讲更是急受众所急、想受众所想，为受众服务更加具体化了。既然是服务就要放下架子，不能高高在上、口若悬河；既然是服务态度就必须诚恳、平易，对受众的需求要给予充分的理解，语言表述应该亲切平易、体贴入微。只有这样，才能赋予知识性节目以无穷的生命力，从而赢得广大受众的喜爱。

3. 正确把握语言，播出趣味性和灵活性

知识性节目的播音从总体来讲是以说明、介绍语气为主，不需夸张、渲染，声音平和、亲切、自然，节奏一般比较舒展，不像通讯播音那样大起大落，始终是侃侃而谈，娓娓道来。受众正是在这种从容的表述中了解信息、获取知识。但是，由于知识性节目稿件形式多样、内容丰富，比如有小知识、对话、科学小品、散文，这就要求表达方式不能是千篇一律、一成不变的。播音员在进行创作时应该根据稿件内容和收听、收视对象的不同，对稿件进行不同的处理，力求播出趣味性和灵活性。

例4-4　老人饮食的四度

老年人饮食，除了要选择适宜老年人的食谱外，还应当注意以下“四度”。

其一：速度。即进食时要细嚼慢咽，这样就扩大了食物和肠壁的接触面积，有利于消化液充分发挥作用。

其二：饱度。老年人的消化能力下降，吃得过饱，食物不能全部被消化，经细菌发酵后会产生较多的气体，使人感到腹胀和不适。

其三：温度。如果进食过烫或过冷的食物，都会对胃肠道产生刺激，食糜团会较快地通过胃肠道，从而影响消化功能。经常进食过烫的食物，也易增加老年人罹患食道癌的危险性。

其四：硬度。老人的食物宜温热熟软，切忌粘硬生冷。老年人唾液淀粉酶、胃酸、胃淀粉酶、胰脂肪酶和淀粉酶等消化液的分泌减少，肠道蠕动减弱，消化功能较差。粗糙坚硬食物不易消化。

这篇稿件的对象是老年人，由于老年人身体机能的衰退，合理的饮食对老年人的健康至关重要。人到老年听力下降，心理承受能力也下降，对是是非非也比较计较，俗话说老小孩就是这个缘故。对于这样一个特定的收听对象，播音员应该把自己摆在晚辈的位置，对老年人充满爱心，表述的语句要清楚、自然，态度要亲切平和，节奏要舒缓流畅，充满对老年人的理解和体贴。播讲的重点要放在四度，即速度、饱度、温度、硬度上。为了让老人听懂听清楚，语句重音的选择十分重要。在讲到“速度”时，应该把重音放在“细嚼慢咽”上；在讲到“饱度”时，应该把重音放在“过饱”、“不能全部被消化”上；在讲到“温度”时，应该把重音放在“过烫”、“过冷”、“刺激”、“影响”、“食道癌”上，让老人明白吃过烫、过冷食物的危害；在讲到“硬度”时，应把重音放在“宜温热熟软，切忌粘硬生冷”上,让老人明白吃黏硬生冷食物的危害。

例4-5 说说减肥

不知不觉,夜深了,来访的女同胞们意犹未尽,七嘴八舌提问,丽丽说:“肖燕,看来节食、药物、外用药按摩、手术减肥等都是减肥的误区,该如何走出误区呢?”芳芳也问:“肖燕阿姨,你提到用营养食品减肥,这食品是不是要自己每天配制?那多麻烦!”

我笑了,说:“我不是说国内外都有了专门的减肥营养餐吗,只要现成服用就成了。我告诉她们,营养餐是选用低热量、营养丰富的优质粮食制成的,可保证供应人体所需的营养,而其中含有的肉碱,有较强的分解脂肪能力,而且反弹幅度小。为了防止皮肤松弛,营养餐内还加入了生理活性物质。应该说营养餐的优点是比较明显的,让你们饱着肚子减肥,各种营养也不匮乏,这样减肥心情一定会更好。”

“太好了!”大家叫道,“我们就吃营养餐吧,省心得很。”

我说,别太高兴,服用营养餐如果不得法,会影响减肥功效的。比如说在服用营养餐的同时,应控制糖和油的摄入,应少饮酒,禁吃零食和夜宵,多运动绝对没有坏处。当然,也不必一禁百禁,应多食用低热量食物,如蔬菜、蛋、鱼、瘦肉、水果,以补充营养。

“那么,营养餐是否可以像方便面一样长期食用?”不知谁突兀地问,大家哄笑起来,都说那方便面厂家不是要倒闭了吗?

我说其实完全可以的,如果把减肥营养餐作为日常方便餐食用,不但具有方便面经济、实用的作用,又营养丰富,最重要的是,世界上不知道要少多少胖子呢!

大家又笑了,终于,女同胞们心满意足地起身向我道别,我说:“今天谈得很好,以后多来坐坐。”

这篇稿子是用散文的写法来介绍减肥的知识,稿件中出现了人物,出现了人物风趣的对话。播讲这样一篇稿件除了要把握好说明、介绍的语气之外,还要突破一般性知识节目稿件的播讲规律,表述语气要体现文字显现的色彩,播出趣味性、灵活性。

稿件中的人物分成两个方面,以丽丽、芳芳等为一方是提问方,“我”即肖燕是应答方。彼此是交情颇深的密友,尽管夜已很深了,但意犹未尽,中心话题是减肥问题。由于是密友,谈话必然是亲热而随意的,气氛是热烈而活跃的。当芳芳提出来营养餐是不是要每天自己配制时,肖燕回答了营养餐是现成的,不需要每天配制,同时,介绍了营养餐的优点,最后说:“让你们饱着肚子减肥,各种营养也不匮乏,这样减肥心情一定会更好。”听到这里,大家高兴地叫道:“太好了!”情绪高昂、场面活跃。接着,肖燕又介绍了营养餐的服用方法,听到这里,不知谁突兀地问:“那么,营养餐是否可以像方便面一样长期食用?”大家哄笑起来,都说那方便面厂家不是要倒闭了吗?彼此谈得既融洽又投机。对于这样一篇颇具特色的知识性稿件，播讲时在说明、介绍语气之外，还应该运用描述、抒情的语气来丰富表达手段，播出趣味性、灵活性。

趣味性体现在语言的跳跃性和幽默感上，灵活性表现在语言样式的多变上，因此，播讲时一方面在大段介绍时要把握好说明的语气，另一方面在场景介绍、对话转换时又要突破平稳舒展的语气，把活跃的场面、气氛、人物的精神面貌展现出来，但要掌握好一个“度”，处理好二者的和谐统一，也就是说既要注意语言表达手段的丰富多变，又要注意准确、自然、和谐，力求内容与形式的有机统一，取得最好的播出效果。

第五章

服务性节目播音

第一节　理论概述

在广播电视节目中，服务性节目是一个重要的组成部分，在受众心中占有不容忽视的地位。从整体来讲，广播电视的根本宗旨是为人民服务，而服务类节目与人民群众的生产、生活关系极为密切，在服务性节目里广播电视的服务性体现得最充分、最直接。特别是政策开放以来，随着国家经济的发展、人民生活水平的提高，广大群众的服务意识及对各方面的需求都发生了质的变化，他们要求多方位的高质量服务，这就要求服务性节目丰富其内涵、扩大其外延，以更多、更新的内容，更新颖的形式为群众提供满意的服务，做群众生产、生活的好帮手。

一、什么是服务性节目

所谓服务性节目是指直接为听众、观众提供服务的节目。

二、服务性节目的种类

目前在广播电视中推出的服务性节目很多，节目内容涉及面也很广泛，包括人们日常衣食住行及车船、股票、法律、人才交流、天气等各方面的信息，这些内容都与群众生产、生活关系十分密切，因此，各台都把办好服务类节目作为一项重要任务。

中央电视台把服务性节目放在一个重要的位置，无论是节目量还是时间段上都做了精心的安排。在一套节目里安排了《天天饮食》、《走近科学》等；在二套节目里安排了《健康之路》、《为您服务》、《生活》、《证券时间》、《购物街》、《理财教室》等；在七套节目里安排了《致富经》、《每日农经》等。遇到特殊情况，央视在节目安排上更突出“服务”二字。这次南方雪灾，中央电视台在新闻及众多节目里不间断地介绍雪情、车况、路况、为群众出行提供方便。除中央电视台之外，各省市电台、电视台也把服务类节目放在重要的位置上。如，浙江电视台颇有名气的节目《范大姐帮忙》、杭州电视台的《小马说交通》、湖南电台最新推出的《为民热线》、上海电视台以介绍绿色无公害食品为系列的《食尚》、甘肃卫视推出的《时尚旅游》、江苏卫视安排的《都市置业》等等，这些节目从各个角度为受众提供服务。

从目前电台、电视台推出的服务性节目内容来看，可以分为两大类：一类是知识类服务性节目；另一类是信息类服务性节目。所谓知识类服务性节目主要是通过介绍与人民群众的生活密切相关的各种知识来帮助大家排忧解难。这类服务性节目与知识性节目的区别在于一个重实用性，一个重知识性。例如，在中央电视台的服务类节目里经常介绍烹饪、服饰、养花、老年保健、幼儿保育、家用电器使用和维护、按揭购房的手续等知识，在服务类节目里介绍这些知识其重点始终放在操作程序、使用方法上，使观众在收看节目后能较快地提高识别能力和实际操作能力。在中央电视台的科技节目里曾介绍过"怎样鉴别真假羽绒服"，编辑是这样告诉观众的：仿造的假羽绒服在面料表面部位是一层羽绒，贴里子的部位是一层腈纶棉，买时仔细摸一摸，不同的手感就能辨出真伪。又曾介绍过"怎样巧选皮夹克"。皮夹克有牛皮、羊皮、猪皮之分，在挑选皮夹克时，主要看皮质的柔软度，皮面有无裂纹，缝制的线脚是否一致，衣面周身上下是否自然平整。天然皮革多少有些斑迹，但不会影响皮观和牢度。从以上两篇稿件可以看出知识类服务性节目尽管也具有一定的知识性，但稿件的宗旨还是为了给受众提供解决某个问题的方法，侧重于实用性。

所谓信息类的服务性节目是指以提供各种信息为主要内容的服务性节目。随着市场经济的逐步建立，人们对信息的需求大量增加，信息种类之多，内容之丰富是前所未有的。在电台、电视台播出的信息类服务性节目里有商品信息、招考信息、就业信息、房产信息、医疗信息、人才信息、征婚信息、交通信息、股票信息等等，除此之外还有谁也离不开的天气信息。在这类节目里不仅即时提供某一方面的动态和需求，同时还即时介绍某一方面的方针政策，应该看到，动态和需求以及与此相关的方针政策都是群众所关心的。比如说，随着对国有企业改革的深入，大批职工被分流下岗，他们的再就业问题就是一个全社会关注的问题。这部分下岗职工对就业信息势必是相当重视的，同时对国家即将出台的向再就业倾斜的优惠政策也同样极其关注，因为这直接关系到他们今后的生活和出路。再比如，股票行情是每个股民最关心的问题之一，股票价格的升降时刻牵动着他们的心，他们除了去交易所了解股票行情外，更多的是从电视、广播、网络中获取股票行情变化的信息。对于股民来说，他们一方面关心股票行情的升降，除此以外，他们更关心政策面的信息，因为新政策的出台对股票市场会产生直接的影响。

从以上例子不难看出，信息类服务性节目是根据受众不同的需求，以提供信息的方式来达到服务的目的。这种服务是快捷、及时、全方位的，受众需要什么信息就及时提供什么信息，因此，这类节目备受听众、观众的关注。

三、服务性节目的特点

1. 针对性

服务性节目有极强的针对性，因为所播出的内容都是受众迫切需要的各类知识或信息。在这众多的知识和信息中我们可以根据内容的不同划分为两大类。一类是日常生活中遇到的一些实际困难，包括现实生活中的种种思想问题。人们在日常生活中由于受到生活经验、生活条件的局限，难免会遇到这样那样的困难；同样，由于经济的转轨，竞争日渐加剧，人们思想承受的压力越来越大，由此产生的苦恼和困惑也越来越多，希望能得到安慰与解脱，而服务正是广播电视的一大功能，因此，从中央到地方各级电台、电视台都推出了一系列颇具针对性的服务类节目。例如：针对现在炒股热，各地电台、电视台都开出了"股评节目"，指导股民们正确把握行情。现在各大中城市交通拥挤已成了一个社会问题，人们为此而深感苦恼，针对这一难题，交通电台应运而生，为出门的人们提供市内交通状况及航班、车次的情况，为出行提供便利。除此之外，不少电台、电视台还针对各种需求办起了颇具特色的栏目，例如《健康话题》、《城市周利》、《今日科技》、《电脑与通信》、《招生热线》、《房产信息》等。这些服务类栏目从不同角度回答了听众、观众所遇到的种种问题，为他们排忧解难。另一类是满足受众情感思想交流的需要。思想的重负，渴求理解和交流已是现代人的一大特征，因此，各地电台开办的《午夜热线》等节目已成为人们宣泄苦闷、获取理解的理想对象。在幽静的深夜，通过热线电话他们会把深埋在心中的秘密向节目主持人敞开，力求在与主持人的交流中化解心中的困惑。浙江电视台的《范大姐帮忙》是一档在群众中信誉度很高的节目，去年，一个犯罪嫌疑人外逃多年想回来投案自首，可又担心能否得到宽大处理。他通过热线找到了范大姐，诉说内心的困惑。范大姐一方面给他做思想工作，另一方面又积极与公安机关沟通，终于使这个犯罪嫌疑人主动向公安机关自首。

上海电台有一档颇有影响的节目《市民与社会》，每天一小时，老百姓的柴、米、油、盐、衣、食、住、行中的种种问题都向主持人倾诉，《市民与社会》已成为与上海市民交流对话的一个窗口。1998年6月克林顿到上海访问正是在这个节目里与上海市民交谈。

由此可见，由于服务性栏目的视角始终关注着百姓的需求，节目内容具体而实在，所以具有很强的针对性。

2. 实用性

服务性节目的种类繁多，内容丰富，具有很强的实用性。服务性节目的实用性体现在三个方面：一是服务性节目所播出的内容实在、具体。服务性节目涉及生产、生活各个领域，其内容都是真实的、具体的，如每天的天气预报节目，《招工信息》中提供的用人单位的需求，《股市行情》中所提供的股票行情等都是十分具体、真切的，都是受众急切想了解的信息，其实用性体现得极其充分。二是服务性节目是广播电视服务功能的最好体现，所播出的内容与人民群众的切身利益密切相关，其密切程度体现在对所播出内容的需求和依赖上。天气预报人人关注，特别是出远门坐飞机、轮船时，天气预报是必定要看的，天气好坏与出门的方便和安全密不可分。对于股民来说，股市行情牵动着他们的神经，直接关系到他们的切身利益，因此，《股市行情》、《股评》节目是他们必看的节目。三是服务性节目确实给群众生产、生活带来了方便，给了他们很大的帮助和指导。比如：每逢季节更替时总要介绍一些防病治病的知识、衣服收藏保管的知识；每到春秋季节服务性节目又及时给大家介绍外出旅游的线路、票价以及应该注意的事情。《午夜热线》这类节目也能通过节目主持人的循循善诱，及时为听众排除心中的困惑和苦闷。

由此可见，服务性节目的实用性是很强的，这是受到受众关注的重要因素之一。

3. 群众性

服务性节目的群众性主要体现在收听、收看节目群众的广泛性，无论从事哪种职业、无论是哪个年龄层次都面临着许多同样的问题，比如婚姻恋爱、防病治病、衣食住行等，这些内容与他们的生活息息相关，即使是有特定对象的服务类节目也具有相当多的听众群、观众群。群众性是服务性节目的显著特征。

四、服务性节目播音的基本要求

服务性节目从节目内容到播音方式都要体现一个服务，要想群众之所想，急群众之所急，做群众的知心朋友。在语言表达上要注意以下两个方面。

1. 喻之以理，动之以情

播音员是听众、观众的朋友，朋友之情是诚恳真挚的，不应该是板着面孔去念稿，而应该是热情耐心地介绍，语气要自然、平和、亲切。要善于体谅听众、观众的难处，对于他们想了解的内容要做到心中有数，要做到这一点就必须摆脱照本宣科的念稿，而要把所播内容变成自己的心里话讲出来。一次天气预报曾经给人留下了很深刻的印象。那是初春的一天，气象播音员讲：“昨天北方地区为晴好天气，气温开始回升，祝愿大家明天度过一个愉快的假日。”一听到这段亲切的话语，观众顿时一扫阴雨沉沉的压抑感，仿佛心中一下子出现了蓝天白云，沐浴着和煦的春光，一段简短的话语一下子缩短了传媒和观众的距离，收到了良好的效果。

2. 从不同对象出发，因人而异，增强贴近性

服务性节目面向广大群众，收听、收看对象情况差异很大，文化差异、年龄差异、职业差异、性格爱好的差异等，决定了服务性节目的内容、内涵、表达方式有很大的不同。作为传媒的工作人员必须注意到受众不同层次的需求，做好服务工作。

例如：收听、收看《心血管病的护理》的老年人占多数；家庭主妇则比较关心《菜篮子信息》；厂家、商家比较关注《广告信息》，他们由于年龄、职业、兴趣的不同，对播音的要求也不一样。

服务性节目从整体来讲要体现一个服务性，表达要求亲切、自然，但亲切自然要有尺度，要做到柔而不靡。既要亲切，又要是真情实感，不要做作，要有服务意识，要从内心里去关心、体贴受众，不要光从声音上去追求亲切，不要挤感情。

同时，作为演播者来讲，不要把亲切感理解为单一的细声柔气，同样是亲切，其表达方式还是不完全一样的，对待儿童是关心、爱护，循循善诱；对老年人是理解、关切、体贴。对于从事经济活动的人来讲，时间对于他们有特殊的意义，因此，经济类节目如"广告节目"要在亲切自然的同时，注意信息量。

总之，要想把服务性节目播好，首先必须树立一个全心全意为受众服务的思想，同时，要关注各方面的要求，加强播音的针对性，这样才能收到好的效果。

第二节　实践练习例稿及训练提示

例5-1　工作狂好好睡

美国睡眠基金会进行的一项最新调查表明，多数美国成年人是睡眠不足的工作狂，以前人们为了活着而工作，现在人们为了工作而活着。

与五年前相比，美国人花在工作上的时间增多了，花在睡眠方面的时间却减少了，性生活也少了。63%的被调查对象每夜睡眠不足8小时，31%的人睡眠不足7小时。许多人在周末补睡。即便如此，他们的平均睡眠时间还是只有7.8小时，没有达到8小时这一理想标准。五年前人们每周的平均工作时间是46小时，而现在有38%的被调查者每周工作50小时以上。

调查还表明，40%的人每个月有几个工作日精力不济，7%的人说天天会在办公室里打瞌睡。为了保持清醒，近一半人用咖啡提神，有的甚至用解困的药物。一半以上的人在过去一年中有过迷盹状态下开车的经历，近两成人开车时睡着了，还有1%的人因开车时打瞌睡出了车祸。

调查发现，有睡眠问题的人中近八成对婚姻状况不太满意，而在幸福家庭中，只有不到七成的人称自己有睡眠问题。34%的美国成年人独自睡觉，而单睡的人

中，三分之一以上是已婚者。

美国睡眠基金会通过电话调查了1004名成年人，结果表明，美国人其实并不想放弃更多的睡眠，愿意睡得更多，因为睡眠能提高他们的生活质量。但大多数成年人在牺牲睡眠，这是不健康的，也是不利于提高工作效率的。睡眠基金会指出，除了工作太辛苦，看电视、社交和上网等也是导致美国人睡眠不足的因素。保证8小时睡眠很重要，一夜好觉是生活里的必需品，而非奢侈品。

训练提示：这篇稿件是通过美国睡眠基金会对美国人睡眠状况的调查，提出要重视睡眠的问题。调查表明，美国人睡眠严重不足。由于睡眠不足带来了工作时精力不充沛，甚至家庭生活不协调。造成睡眠不足的原因，稿件也做了归纳，即是工作太辛苦、看电视、社交和上网。稿件最后呼吁人们要“保证8小时睡眠很重要，一夜好觉是生活里的必需品，而非奢侈品”。这是稿件播出的目的及重心所在。

这篇稿件篇幅不长，但是充分可信的数据告诉人们睡眠不足的严重状况带来的危害，最终告诫人们要保证充足的睡眠。这类稿件播音的条理性、表述时情感的真挚、语言的朴实流畅是应该加以注意的。

例5-2　喝牛奶有讲究

喝牛奶有许多讲究，搭配不当，牛奶不但于身体无补，还可能造成一些危害。

1. 桔子与牛奶：在喝牛奶前后1小时左右，不宜吃桔子。

因为牛奶中的蛋白质一旦与桔子中的果酸相遇，就会发生凝固，从而影响牛奶的消化与吸收，在这个时间段里也不宜进食其他酸性水果。

2. 果汁与牛奶：牛奶中的蛋白质80%为酪蛋白，牛奶的酸碱度在4.6以下时，大量的酪蛋白便会发生凝集、沉淀，难以消化吸收，严重者还可能导致消化不良或腹泻。所以牛奶中不宜添加果汁等酸性饮料。

3. 牛奶与糖：牛奶中含有的赖氨酸在加热条件下能与果糖反应，生成有毒的果糖基赖氨酸，有害于人体。鲜牛奶在煮沸时不要加糖，煮好牛奶稍凉后再加糖不迟。

4. 牛奶与巧克力：牛奶含有丰富蛋白质和钙，而巧克力含有草酸，两者同食会结合成不溶性草酸钙，极大影响钙的吸收，甚至出现头发干枯、腹泻、生长缓慢等现象。

5. 牛奶与药：有人喜用牛奶代替白开水服药，其实，牛奶明显影响人体对药物的吸收。牛奶易在药物表面形成一个覆盖膜，使奶中的钙、镁等矿物质与药物发生化学反应，形成非水溶性物质，从而影响药效的释放及吸收。在服药前后1小时也不要喝奶。

训练提示：牛奶已进入千万百姓家，早晨喝杯牛奶已成为人们的一种生活习惯。

但是喝牛奶的学问未必人人知道，甚至相当多的人不知道。喝牛奶应该注意哪些问题既是一种需要，又是一种必要。这篇稿件正是针对这一问题从5个方面简明扼要地做了介绍。

例5-3 中风前有哪些先兆

尽管中风发作来得很突然，不易预测，但若特别留意，还是会发现某些蛛丝马迹的，这时就可以做一些治疗，预防中风的发生。常见的报警信号有：

哈欠连连　哈欠连连是因为血液内二氧化碳含量增加，刺激呼吸中枢引起哈欠反射所致。经研究发现，脑缺氧，特别是在缺血性中风发作前5～10天内，频频打哈欠者可达80%左右。

一过性黑蒙　即突然出现眼前发黑，看不见东西，但数秒钟之后就可好。眼底发现出现黑蒙时，视网膜会有短暂性缺血，这可能是由于微小血栓通过视网膜引起的。60%的脑血管硬化是由颈动脉硬化延续而来的。眼动脉是颈内动脉的第一条分支，受颈动脉影响最直接，所以眼的症状出现也最早。

短暂性视力障碍　和眼前发黑不一样，视力障碍是突然看东西模糊或视野缺损，多在一小时内自行恢复。出现短暂的视力障碍时可有视网膜动脉闭塞，同侧脑血流量也相应减少，但尚未出现脑神经征象。所以，它也被看做是较早的中风预报信号。

剃须修胡征　是指病人对着镜子用剃刀刮脸，头转向一侧时，突然感觉手臂无力，剃刀落地，并伴有说话不利落，1～2分钟后完全恢复。这种剃须征是转头扭颈时，引起已经硬化的颈动脉扭曲，加重了狭窄，导致颅脑供血不足，诱发了一过性脑缺血症状。尽管恢复很快，但足以提醒人们，缺血性中风随时可能发生。

短暂性脑缺血发作　表现为一过性一个肢体或一侧肢体感觉迟钝，活动不灵，发生轻瘫，只是持续时间很短，多在24小时内完全恢复。所以，仍把它看做是进展性中风和完全性中风的预兆。

一般而论，凡出现以上征兆之一者，都应及早检查，包括血液流变学、心电图、脑血流量、眼底检查及做颅脑CT等，必要时还可做脑血管造影。明确诊断后，进行系统治疗，有可能避免中风的发生。

训练提示：中风是对中老年人健康危害极大的一种疾病，如何预防中风是人们十分关注的一个问题。这篇稿件从几种征兆来分析中风前的报警信号，使人们从中获得预防中风的知识。介绍着这类稿件时，演播者在表述时应该怀着一种关切的心情，耐心而细致地告诉他们应该注意什么，怎么去做，内容要清楚，语速要适中，重点要突出。

例5-4 晚餐是否该少吃

生活中流传这样的说法:“早餐要吃饱,中餐要吃好,晚餐要吃少。”然而这“晚餐要吃少”不能一概而论,应根据不同人的情况而定。

在通常情况下,“晚餐吃得少”是以早睡为前提的,若晚餐吃得过饱会加重消化系统的负担,还会干扰大脑皮层的抑制,妨碍入睡。但是,对于学生、教师、医师等脑力工作者而言,由于晚上大多有“开夜车”的习惯,这样一来,不仅不能少吃晚餐,相反,还要适当加点夜餐。否则,经常熬夜挨饿,不仅影响睡眠质量,还会产生胃肠疾病和低血糖症状,对健康不利。

因此,晚上需要较长时间工作、学习的人,一定要将晚餐吃饱、吃好。晚餐饮食应以富含维生素C和粗纤维的食物为主,这类食物既能帮助消化,防止便秘,又能供给人体需要的纤维素和微量元素,防止动脉硬化,改善血液循环,有益于人体健康。

训练提示:“早餐要吃饱,中餐要吃好,晚餐要吃少”,这似乎是已被众人所接受的定论。但是,这篇稿子提出了一个新的说法:“晚餐要吃少不能一概而论”。服务性节目的任务就是不断为大众提供方方面面与工作、生活相关的知识,这是每一个人需要而且十分想了解的内容,演播者担负着授业解惑的任务,要想受众之所想,急受众之所急,耐心细微的表述、热情关切的交流是播好这类稿件所必需的。

例5-5 告诉你一条着装方略

着装要成为一门艺术,免不了常常借助于形式法规,其中呼应可算是最简单而易于实施的一条。

着装中的呼应,是指在组成着装的诸多因素中,有两个因素要重复地出现,它们可以彼此呼应,共同作用。如果一套衣服有许多互不相同的色彩则容易使人感觉凌乱,反之,有一种颜色多处使用,就会由呼应而产生和谐统一。如果你是一个清纯的女孩,穿了彩色印花的紧身裤,手拿了更为斑斓的印花上衣,贴身T恤的颜色也很强烈,效果就会不错,就是因为其中绿色反复出现发挥出呼应妙用。

着装中的呼应,用颜色来表现最容易生效。因为颜色是着装诸因素中最富有表现力的。但是,诸如面料的肌理和图案,款式中的一些细节,乃至服饰配件等,也能起呼应的作用。有些聪明的女孩用一块花布做了件衬衫或裙子,然后把剩下的余料做成一条带子系在头上或缠于腕间,这样,同一面料在身体的不同部位产生呼应,常使路人注目。一套没有明显呼应因素的服装,常常可以用饰品来补救。穿了红色T恤衫,就用红丝带系辫子;有了银灰色的裙,就撑一把银灰色的伞来呼应一下。诸如此类,都能产生很好的效果。

不仅是服饰,化妆也可以用来产生呼应。唇膏的颜色,如能与整套服饰中的某一颜色相同或相近,也会出奇制胜。在着装上喜欢动心思翻花样的人,甚至在环境,如春夏秋冬,如居室布置与服饰之间,也要设法造成一点呼应,才心满意足。

训练提示:在生活中衣服的搭配确实是一门学问,款式和颜色的配合都很有讲究。但是在生活中真正能穿着十分得体的恐怕也只是少数人,多数人对此缺乏了解。这条稿子用不多的文字讲述了一个众多人关心的问题,应该说是个热点问题。不妨设想一下,真正十分关心着装的恐怕多数还是年轻人。因此,在表述时语气应该轻松热情,播出情趣,因为注重着装的人应该说是那些比较自信,对生活十分热爱的人,播音情绪的饱满才会带来语言的活力。

例5-6 "磁悬浮"列车安全吗?

不久前,世人瞩目的磁悬浮列车示范运营线工程在上海浦东新区动工兴建。磁悬浮列车的最高时速可达500公里以上,是当今世界最快的地面客运交通工具。对于我们大多数人来说,它是一个新鲜的东西,因此人们在盼望它早日建成的同时,也很自然地心存一些悬念:如乘坐磁悬浮安全不安全?人体会不会接受磁辐射?列车拐弯时人体有什么感受等。

对此,该磁悬浮项目设计总工程师、上海市政设计研究院副院长汪天翔做了如下解答——

首先,人们得了解磁悬浮的运行原理。磁悬浮列车属于一种新型的有轨交通系统,它主要依靠电磁力来实现传统铁路中的支承、导向、牵引和制动功能。列车在运行过程中,与轨道保持1厘米左右距离,处于一种"若即若离"的状态。由于避免了与轨道的直接接触,行驶速度也大大提高,其正常的运营速度可以达到每小时430公里。

正是由于磁悬浮不同于上海已有的任何一种交通设施,才使得设计人员必须动用一种全新的设计规范,以确保乘坐的舒适与安全。根据市政规划要求,磁悬浮的走向必须避开张江高科技园区,这就意味着一辆如此快速的列车不可能实现直线行驶。经过精密的测算,设计人员为它"定制"了一条成正弦曲线走向的路线,即使列车在拐弯处,也不用降低车速。

磁悬浮的奔驰途中,有三分之二路程为弯道。如果拐弯处出现明显的车身倾斜,乘客还是会感到不适。于是,设计人员对弯道的每一个部位都确定不同转弯半径,使列车轨道始终保持圆滑的弧度。今后,当您乘坐车内,是绝不会有"东倒西歪"之感的。

磁悬浮列车对于精度的要求更是达到了令人难以置信的地步。设计人员举了一个例子:确保磁悬浮列车飞速行驶的核心部件之一是轨道梁,1400根轨道梁主要由两部分组成,一部分是轨道梁的功能件,另一部分是支撑结构。轨道梁上的长定子在钻孔后装上去，而每个孔位置的允许误差仅为0.02毫米，相当于一根头发丝的三分之一！

此外，磁悬浮列车沿线各装有25米宽的隔离网，列车上下均设置了防护措施，既避免各类物件落入轨道影响行驶，也防止车上有物品砸向地面。磁悬浮列车还按飞机的防火标准配置了消防设施。至于磁辐射，磁悬浮列车的磁场强度非常低，与地球磁场相当，远低于家用电器。

听了这些介绍，你还为磁悬浮的安全问题担忧吗？

训练提示：这条稿子有很强的针对性，在磁悬浮列车推出时，介绍一下这方面的知识，消除人们思想中的疑虑。对于这样一条涉及人们比较生疏的内容的稿件，特别是稿件中提供了不少数据来证明列车行驶的安全性。因此，表述时语速和重音处理就显得十分重要。语速要放慢一些，个别重音要特别强调一下。比如“每个孔允许误差仅为0.02毫米”、“列车沿线各装有25米宽的隔离网”等，这些都是保证列车安全行驶的重要依据。

例5-7　如何做性格健康的人

健全的人格和性格是心理健康的核心内容。通过综合一些专家学者对心理健康提出的标准，我们可以看出，心理健康者的性格应该有如下几个特征：

一、悦纳自我

一个性格健康的人能够体验到自己存在的价值。他们了解自我，有自知之明，乐于接受自己。而心理不健康的人缺乏自知之明，对自己总是不满意。由于所确定的目标和理想不切实际，主观和客观的距离相差太远，他们总是自责、自怨、自卑。比如有的同学对自己生理方面的一些缺陷存在自卑，诸如自己的长相平平或长相丑陋，自己的身材过低、过胖、不苗条等等。有的心理学家建议，悦纳自我应该从接受自己的身体开始。如果你对自己身体的某些方面不喜欢，那么你不妨先将这些内容列出来，然后看哪些是可以改变的，哪些是不能够改变的。若身体过胖，就可以通过进食低脂肪、低热量食品，通过锻炼身体来改变。而对于那些不能改变的身体特征，如自己的长相、身高、说话声音，则要乐于接受，因为这些特征是先天的，无法改变的。关于心理特征方面，自己要对自己的能力、气质和性格有客观的认识。一个人的智力水平、气质同先天遗传的关系较大，一般而言是不易改造的。但是人的性格则是后天形成的，是可以通过自己的能力改变的。如果你是一个智力平平的学生，但是你可以通过形成刻苦勤奋的性格特征来取得成绩，所以我们应该采取这样的态度：对那些能够改变的生理和心理特点，我们要尽量地去完善；对那些不能够改变的生理和心理特点，则采取接受、悦纳的态度。

二、悦纳他人

善与他人相处。性格健全的人乐于与人交往，乐于接纳别人，人际关系和谐，能与集体融为一体，在与人相处时，积极的态度总是多于消极的态度。而性格不健全的人则往往不合群，脱离集体，不能与人和谐相处。我国的心理学工作者黄希庭教授采用社会测量、访谈和观察等方法对大学生进行了研究，考查了有利于人际吸引与不利于人际吸引的个性特征，并进行了排序：

1. 有利于人际吸引的个性特征排序：

(1)尊重他人，关心他人，对人一视同仁，富于同情心；

(2)热心班集体活动，对工作非常负责；

(3)持重，耐心，忠厚老实；

(4)热情，开朗，喜爱交往，待人真诚；

(5)聪颖，爱独立思考，乐于助人；

(6)重视自己的独立性和自制性，谦虚；

(7)有多方面的兴趣和爱好；

(8)有审美眼光和幽默感；

(9)温文尔雅，端庄，仪表美。

2. 不利于人际吸引的个性特征排序：

(1)自我中心，有极强的嫉妒心；

(2)对班集体工作缺乏责任感，敷衍了事或浮夸不诚实或完全置身于集体之外；

(3)虚伪，固执，爱吹毛求疵；

(4)不尊重他人，操纵欲、支配欲强；

(5)对人淡漠，孤僻，不合群；

(6)有敌对、猜疑和报复的性格；

(7)行为古怪，喜怒无常，粗鲁、粗暴，神经质；

(8)狂妄自大，自命不凡；

(9)学习成绩好，但不肯帮助别人，甚至瞧不起别人；

(10)自我期望值很高，气量小，对人际关系过分敏感；

(11)势利眼，想方设法巴结领导而不听取群众意见；

(12)学习不努力，无组织无纪律，不求上进；

(13)兴趣贫乏；

(14)生活无拘无束。

通过这个排序表，我们可以清楚地看出，要想与他人相处，让别人喜欢你，你必须具有一些好的性格特征，同时，要努力改变不良的性格特征。

训练提示：这条稿子涉及一个人如何正确对待自己，如何正确对待别人的问题。这个问题处理得好，身心就比较愉悦，因而环境就比较宽松；如果处理得不好，精神总处于忧郁苦闷之中。人要有自知之明，道理容易讲，做到实在不容易。这条稿子讲的实际是做人的知识，语不惊人但情深意切，对陷于苦闷中的人来讲无疑是一帖良方。因此，要像对知心朋友一样去表述稿件内容，循循善诱，耐心开导，才能取得良好的播出效果。

例5-8　春天话护肤

春天是皮肤最易过敏的季节，原因是多方面的，就食物而言，某些人对某些食物会引起过敏。但更重要的是由于春天温差大，冷暖相差悬殊。

初春时，皮肤腺分泌功能尚低，冷暖空气交流使皮肤适应不了。比如有时气候温热，一般人认为皮肤似乎不太需要护理，停止了护肤保养，再加春光明媚充满活力，温暖天气又使内分泌旺盛，不少人就过分地使用洗面奶及去脂力强的洁肤品，这样容易导致破坏皮脂膜而缺乏抵抗力，产生皮肤过敏。许多人皮肤过敏后，又停止了护理保养，致使皮肤水分不足，容易起皱，导致恶性循环。因此，春天除了在家自己要保持每天3次温水洗脸，用特效疗肤水、疗肤霜爽肤、润肤持之以恒外，还必须借助美容院的正规皮肤测试，判断了解自己的皮肤状况，找出皮肤问题的原因，对症下药。

对偏干和混合性皮肤应该用既能起到清洁作用又可保持滋润的清洁霜、洁肤乳。化过妆的人一定要彻底卸妆，并应该进行适当的指法按摩，促进血液循环。然后针对干燥皮肤做特润去皱的精华素导入。最后用天然植物敷面，进行深层清洁，畅通毛孔，渗透营养，使肌肤紧密而富有光泽。

对油性粉刺型皮肤，可用爽滑温和的洁面乳，然后用臭氧蒸汽消炎杀菌。用针对油性皮肤的泄、排、压的原理进行指法按摩，注重淋巴排流，以泄毒、排通、点压来减轻及治愈暗疮、粉刺。然后用真空吸力喷雾吸垢黑头，疏通毛孔，并用挑针清除粉刺、黑头，做精华素导入，再用高周波消炎去疤；最后做冰河泥面膜，既对治疗暗疮、粉刺有特殊效用，又不会留疤痕及黑色素沉淀。

过敏性皮肤可选用抗过敏精华素导入，然后做消除敏感的面膜，以降低皮肤对外界的直接反应，强健敏感的细胞膜，以调节和减轻皮肤的敏感，增强皮肤的抵抗力。

另外，还需注意饮食营养的均衡。如油腻、甜食及刺激性的食物、酒均应适量。多吃维生素丰富的食物以保持体内健康。还要保持充足睡眠和必不可少的运动锻炼并保持心情舒畅。这样，才能拥有完美的肌肤。

训练提示：这是众多女性关心的问题，护肤是门学问，不讲科学必然是得不到利反而受害。这篇稿件分析了为什么要特别注意春天护理皮肤，以及对各种皮肤如何进行护理。这条稿子相对来讲比较长，但条理很清楚，指导得具体而实用。这里关键是要把具体做法交代清楚，语言的有条不紊是十分重要的，表述的有序就可以使受众提高可操作性，语气的平和、舒缓也会促进彼此的交流。

例5-9 淡茶可以养生，浓茶有损健康

茶有提神醒脑、促进消化、有益健康的作用，与人们的生活密切相关。然而，如果饮茶过浓，就会伤害身体。对于老年人来说，注意饮茶的浓度对保护自己的身体健康尤为重要。

一般来说，老年人经常性地大量饮用浓茶容易出现很多身体不适状态，比如说容易造成胃液稀释，不能正常消化。一个人每天正常分泌胃液是1.5～2.5升，这些胃液能够对一个人每天所摄取的食物进行合理消化。当大量饮用浓茶后就会稀释胃液，降低胃液的浓度，使胃液不能正常消化食物，从而产生消化不良、腹胀、腹痛等症，有的甚至还会引起十二指肠溃疡。

另外茶阻碍人体对铁的吸收。茶叶中含有鞣酸，红茶约含5%，绿茶约含10%。当人体大量饮用浓茶后，鞣酸与铁质的结合就会更加活跃，给人体对铁的吸收带来障碍和影响，使人体表现为缺铁性贫血。

而且喝浓茶易产生便秘症。茶叶中的鞣酸不但能与铁质结合，还能与食物中的蛋白质结合生成一种块状的、不易消化吸收的鞣酸蛋白，导致便秘症的产生。对于患有便秘症的老年人就会使便秘更加严重。

最后，浓茶致使血压升高和心力衰竭。浓茶中的咖啡因，能致使人体心跳加快，从而使血压升高；同时，浓茶液大量进入血管，能加重心脏负担，产生胸闷、心悸等不适症状，加重心力衰竭程度。

凡事有度。饮淡茶可以养生，饮浓茶则有损健康。为了延年益寿，安度晚年，望老年人饮茶应以弃“浓”择“淡”为佳。

训练提示：中国人有喝茶的习惯，但很少有人懂得喝茶的学问。这篇稿子以大量的篇幅分析了喝浓茶的危害，告诫大家喝茶宜淡不宜浓。俗话讲，茶余饭后，这是一个轻松的话题，不宜过于凝重，也就是和受众聊聊怎么喝茶吧！应该说，播音的状态是十分重要的，什么样的状态就会有什么样的效果，轻松的话题就必须在轻松的状态下去聊，这样才能产生一种氛围，才能达到一种效果。这篇稿子播到最后一个自然段，还是应该给朋友们留点印象，因为这是全篇的目的所在。

例5-10 劳累之后吃点啥?

许多人在紧张的劳动或剧烈运动后,常会感到浑身肌肉、关节酸痛和精神疲乏,为了尽快地解除疲劳,就买些鸡、鱼、肉、蛋等大吃一顿,以为这样可以补充营养,祛除疲劳。其实,此时食用这类食品并不利于解除疲劳。

正常人的血液是呈弱碱性的,人在劳动和锻炼后,感到肌肉、关节酸痛和精神疲乏,其原因之一是体内的糖、脂肪、蛋白质大量分解,在分解过程中,产生乳酸、磷酸等酸性物质,这些酸性物质刺激人体器官,使人感到肌肉、关节酸痛和疲劳。而此时若单纯食用富含酸性物质的肉蛋类,会使血液更加酸性化,不利于疲劳的解除。

所以,人在疲劳时,应多吃些含碱性的物质,如新鲜蔬菜、水果、豆制品等。这样,不仅有利于快速解除疲劳,而且有利于人体健康。在日常饮食中也应注意含酸、含碱两类食物的合理搭配,保持人体内酸碱度的基本平衡,以维持人体健康。

训练提示:这条稿子并不长,但是回答了人们心中十分关心的问题,即怎么尽快消除疲劳。这条稿子告诉人们在劳动和剧烈运动之后,不是随便饱餐一顿便会消除疲劳,而是要补充含碱性的物质。这个生活小常识一般人未必清楚,因为它关系到人们的健康,因此会得到众多人的关注。不要因为稿子小而不给予足够的重视,应该把为什么要补充碱性物质讲清楚,最后重点告诉大家“人在疲劳时,应多吃些含碱性的物质,如新鲜蔬菜、水果、豆制品等”。

例5-11 培养良好教养十一诀

1. 不轻易迟到。无论是开会、赴约,还是做客,有教养的人从不轻易迟到。

2. 尊重别人。即使不同意别人的观点,也不要说“瞎说”、“废话”、“胡说八道”,而是陈述理由,说明不同意的原因。

3. 不表现优越感。有教养的人在与别人交往时,从不强调自己的职位,从不表现自己的优越感。

4. 遵守诺言。即使遇到困难,有教养者也不轻易食言。

5. 善于权衡利弊。有教养的人善于分清主次和利弊,不会因为一点小冲突而和朋友断绝好关系。

6. 维护他人的面子。有教养的人,不当众指责别人的缺点,对别人的兴趣、爱好和习惯从不表现出否定态度。

7. 不随意打断别人的讲话。

8. 不表现出心不在焉的样子。有教养的人在同别人谈话的时候,总是看着对方的眼睛,而不是翻阅书、报,来回挪动什么东西。

9. 不高声讲话。有教养的人不高声讲话,高声讲话会令人厌烦,会影响周围的人,甚至使人讨厌。

10. 总是表示关心。有教养的人在任何情况下，对老人总是表示关心并给予照顾。

11. 尽自己力量和可能给予同情。有教养的人，在别人痛苦或遭遇不幸时，绝不袖手旁观，而是尽自己的力量和可能给予同情。

训练提示：教养是一个人素质的表现，必须从大处着眼，从小处着手。这篇稿子虽短，但具体、实在，如好朋友真诚的告诫。

例5-12 怎样为老人买零食

老年人由于生理功能衰退（如胃纳量减少、味蕾衰退），需要零食来点饥、刺激味觉和补充营养等，因此不少老人床边都备有零食盒。广义上说，凡是糕、饼、糖果、炒货、水果等等都属零食范畴。子女们如何为老人选购零食很有讲究。

选购既容易消化、易咀嚼又有香味的糕饼，如芒果、乳酸、巧克力布丁以及市场上适合糖尿病患者的无糖梳打饼干等，既方便食用，又能保存。尽量少买或不买奶油蛋糕、月饼等重油、重糖、不易保存的食品。

由于老人的味蕾衰退，故口味要求较浓，因此常喜欢尝尝蜜饯、炒货类食品，如乌龙茶梅、蚕豆酥、葵花子、小花生等。此外，传统的金橘饼、柿饼不仅价廉，而且具有医疗辅助作用。如金橘具有生津利咽、理气化痰、健脾消食作用，对老年人的痞闷不适、咳嗽多痰、消化不良等都有益。

糖类食品虽不宜过多，但用来调节口味也是可以的。应以硬糖（如维生素C糖）、果冻为主，其他如太妃糖等因咀嚼困难尽量避免。

老人的零食中水果是不能少的，有条件的每天应有1～2个大水果，如苹果、生梨、香蕉、橙子等，小水果可随季节选购，如枇杷、草莓、荔枝、山楂、葡萄等。

训练提示：孝敬老人是每一个子女应尽的义务，但是怎么根据老人的饮食习惯去买一些合适的零食，里边却大有学问。这篇稿子从老人的身体、口味出发列出了很多适合老人吃的食品，客观上倡导青年人在选购食品时减少盲目性，真正能把孝心落到实处。这篇稿件的表述语气应突出对老人的关切，谁都会老，老人应受到全社会的尊重。

例5-13 谨防“享受病”

过分“安逸享受”会导致身体某些基本功能发生退化。

不少人懒于从事体育锻炼，无论远近，出门必坐车。有的人在办公室坐、车上坐、家里坐，很少走路，长此以往，腿关节变得僵硬，腿部肌肉因得不到活动锻炼而逐渐萎缩。胃肠也无法得到正常蠕动，由此还会导致便秘、痔疮、肥胖等一系列疾病。

高糖、高脂肪、高蛋白等食物摄入过多，容易导致血脂及血胆固醇的增高以及在血管壁的沉积，从而引起高血压及冠心病等。

由于现代家庭空调的渐渐普及，人们贪图舒服，深居简出，大大减少与外界自然的接触及正常的活动锻炼，对外界环境的冷热适应能力大大减弱。长期生活在空调环境中，还会容易引起“空调综合征”等。

训练提示：随着生活、工作条件的改善，人们越来越追求安逸享受。由于少运动、营养过剩，形成了很多现代病，如高血压、冠心病、空调综合征等。这条稿件告诫人们要多运动，少吃三高食品，尽量回归大自然，恢复应有的健康。稿件不长但涉及的面很广，播音中绝不能因篇幅短而轻视其作用，而应该通过你的关注和热切的提醒而引起人们的警觉。

例5-14　适度饮白葡萄酒有益健康

经常适度饮用白葡萄酒有利于身体健康。这是德国弗赖堡的运动医学家约瑟夫·科伊尔和丹尼尔·柯尼希一项科学研究得出的结论。

接受试验的人先是3个星期滴酒不沾，然后在4个星期里每天喝白葡萄酒，接着又是4个星期不喝酒。对这些人的血液进行的化验表明，“坏的”LDL（低密度脂蛋白）胆固醇、血糖含量和纤维蛋白原含量的值都降低了，而这些都是引起动脉硬化的“风险因素”。所测到的血清铁含量的降低以及血清镁含量的提高也被科学家认为是对健康有利的，因为这不利于新陈代谢的不好产物“自由基”的释放，而且可起到防止心律失常和肌痉挛的作用。

“葡萄酒疗法”结束后，大多数指标恢复了原来测到的水平，这说明葡萄酒起了作用。另外还发现，葡萄酒可增加脂肪的消耗。接受试验的人的体重平均下降了1.5公斤。喝葡萄酒并非对所有的人都起了好的作用，那些本来健康指标就不好并且有着不良饮食习惯的人没有收到积极的效果。研究人员说：“不利的风险因素，不管是通过不良的饮食习惯产生的或者遗传基因造成的，都不能通过饮葡萄酒加以消除。”

训练提示：适度饮用白葡萄酒有益健康，这是德国科学家通过实验得出的结论。这篇稿件介绍了进行实验的经过和结果，雄辩地表明白葡萄酒确实对人的健康产生良好的作用。知识类稿件的一大特点是其科学性、真实性，表述语气的朴实、真实、诚恳是体现其特点的重要手段。

例5-15 咸食是祸根

一些父母习惯购买成人食品给婴幼儿吃，其中一些食品含盐量较高。儿童如果被动摄入“高盐食品”的时间较长，既会对生长发育不利，还可能对稚嫩的器官造成伤害。

食盐过多对婴儿的害处主要是食盐中的钠。婴儿的肾脏，远远没有达到发展成熟的阶段，没有能力排出血液中过多的钠，因而容易受到食盐过多的损害，这种损害造成的危害是很难恢复的。婴儿年龄越小，愈易受到食盐过多的损害。

婴幼儿食盐过多，无法自行排泄的钠会滞留体内血液中，促使血量增加，血管呈高压状态，很可能年纪轻轻就发生高血压甚至中风。美国科学家曾把市售的30多种罐装食品（成人含盐量食品）给幼鼠吃，到了第四个月，这些幼鼠即发生程度不同的高血压，而对照组没有吃加盐的同样食品的小鼠却仍保持健康。用其他幼小动物所做的类似实验，同样显示常会突然发生高血压，而且不久即死亡。研究者还发现，这些幼小动物一旦发生高血压，虽然改给低盐食物或无盐食物，然而大多血压不能完全恢复正常。美国医学组织曾调查过一些美国儿童，发现他们之中有11%在10~13岁患上高血压，而这些儿童高血压者在婴儿时代绝大多数经常吃过咸的食物。

过咸食物导致血压增高，还会加重心脏的负担，也可引起水肿和充血性心力衰竭。吃入的盐分过多，会导致体内的钾从尿中丧失，而钾离子对人体活动时肌肉（包括心脏肌肉）的收缩放松起着重要作用。钾丢失过多，对心脏功能会造成伤害，严重者会引起心脏肌肉衰弱而死亡。曾有营养学专家认为，所谓“婴儿摇篮死亡”，很可能就是婴儿常常摄入含钠过多的食物所致。其实，就是成年人如果服用某些利尿剂而致体内的钾丧失过多时，也常会引起四肢软弱无力、疲倦、心脏衰弱，甚至突然死亡。

如今，市场上出售的快餐食品，如干脆面、油炸薯片、三明治、蛋糕、饼干等，对大多数儿童极具诱惑力，不少家长也经常给孩子买这类食品吃。殊不知，这些食品很多盐量都偏高，为了使其松发和膨化，有的食品中常加有碳酸钠等钠化合物，这类食品有的从口感上可能觉得不咸，但含钠量过多，婴儿常吃无疑对健康不利。

所以，为了保证婴幼儿健康成长，父母们不要以自己的口味来调校孩子的膳食。一般而言，1~6岁的幼儿，食盐量不要超过每日14克，应鼓励孩子多吃清淡饮食，不给或尽量少给小孩子买煎炸的快餐食品。

训练提示：这篇稿件主要讲的是高盐食品对婴幼儿的危害。在日常生活中菜咸点、淡点似乎是件小事，但是如果让婴幼儿长期食盐过多会对其生长发育或稚嫩的器官造成危害。稿件从多方面分析其危害性所在，并告诫家长“应鼓励孩子多吃清淡饮食，不给和尽量少给小孩子买煎炸的快餐食品”。

对于这样一篇相对篇幅比较长的稿件，语气表达的条理和层次十分重要，在你有根有据的分析中，让家长们逐渐感到高盐对婴幼儿健康不是一件小事，而必须加以关注才行。

例5-16 快餐也要慢慢吃

生活节奏增快，使快餐食品应运而生，并被越来越多的人所接受。就在人们为贪图简便、快捷的时候，医学专家提醒那些经常以快餐食品果腹的人："快餐"也要慢慢吃！

快餐食品影响人们健康有两个方面：一是所含高热量、高脂肪、高碳水化合物被过多摄入，身体发胖，胆固醇增高，容易患上心脑血管疾病。这一点，人们已有所警觉，可以在选择快餐食品品种中来预防。二是多数快餐食品，如风行的汉堡包、肯德基炸鸡、比萨饼、沙拉烘糕等，质地松软，味道鲜美，在吃的过程中会出现明显咀嚼不足。这就是说，"快餐"快吃，缺少咀嚼，对健康危害不浅。

日本考古学家发现，他们的祖先——2000多年前的代表人物卑弥，每顿饭要咀嚼3900次，耗时51分钟；江户时代的德川家康，每顿饭要咀嚼1500次，使这在当时平均寿命只有50岁的情况下，活到75岁，成为少有的寿星。为此，专家们认为咀嚼有利于健康长寿。其原因在于：充分的咀嚼可以使大脑的饥饿中枢获得平衡，不至于必须过量摄入脂肪和糖类，以刺激纤维细胞生长因子来控制食欲；充分咀嚼后的食物，对胃、胰、胆等器官刺激温和，有助于消化吸收和预防餐后低血糖；充分的咀嚼使面部肌肉骨骼持续活动，促进局部血循环，并对牙齿有保护和锻炼的作用；咀嚼过程中，唾液充分分泌，其中的多种酶和激素，与食物混合，有助于消化吸收，并使食物中的某些致癌物质大幅度失去活性，故对防癌有特殊意义。

现今的快餐食品，要么是国外品牌，要么是承袭国外配方的品牌，大多以精、细、软为主，使很多人不由自主地狼吞虎咽，失去应有的咀嚼而不利健康。为此，劝告那些因故经常吃"快餐"者，应该不时调换其他食品，更应该慢慢吃"快餐"——每餐至少咀嚼800次以上。

训练提示：快餐在生活中就是为了节约时间，快餐也要慢慢吃这一说法颇为新颖，很能吸引人去倾听。稿件耐心地分析了快餐食品影响人体健康的两大因素，指出细嚼慢咽对人体健康的重要性，最后"劝告那些因故经常吃快餐者，应该不时调换其他食品，更应该慢慢吃'快餐'——每餐至少咀嚼800次以上"。这条稿件针对性很强，随着社会生活节奏加快，如何吃快餐已成为人们应该具备的知识。演播者对稿件的理解以及对所谈问题的脉络是否清晰决定你的讲述语气和条理性。因此，对稿件的深入分析是必须的。

例5-17 凉州三套车

武威(古称凉州)是中国历史文化名城之一,位于甘肃河西走廊东端,是古丝绸之路自东而西进入河西走廊的第一重镇。

凉州"三套车"即凉州肘子行面+卤肉+土咖啡(茯苓茶)三位一体的一条龙配套餐饮及服务。说起肘子行面要先说行面,它选用筋道的精粉加淡盐水反复揉和,一次可以揉和十几斤或几十斤面,待面揉好分剂后抹上一层油,需醒20分钟以上方可拉面入锅。面熟后,需捞入凉开水盆内浸一下,然后捞入碗内,浇上一勺由肘子肉片、葱花、芡粉汁三合一制成的卤汁,配上一小撮熟胡萝卜丝、芹菜或菠菜,再调上一小勺蒜泥、油泼辣子、醋卤,即成为一碗香喷喷、筋道滑溜的肘子行面。

经营卤肉的摊主为确保自家的品牌和声誉,都要购买经卫生检验的猪肉,清洗后用开水煮20分钟左右,去其血沫和猪腥味,捞出后再放入装有老卤汁的锅内,加若干调味料卤熟切成薄片,然后根据客人数量、食量和需求,上一盘或几盘。大多数的卤肉摊主想方设法弄些名家陈年老卤,年代越久,卤出来的肉越好吃,香嫩可口,回味无穷,即使是肥肉也是肥而不腻。

吃着碗里筋道滑溜的行面,夹着盘子中美味可口的卤肉,饭后还要喝上两杯热腾腾、甜滋滋的土咖啡,解了油腻,又助消化。土咖啡也就是茯苓茶,茶摊主选用质量上乘的茯苓茶,在茶壶内配以桂圆、红枣、枸杞、杏干、葡萄干等10种干鲜果,然后在茶炉上熬煮20分钟,倒茶之前在茶杯里放入一定数量的冰糖或白糖。茯苓茶与干鲜果经熬煮后,倒入茶杯时颜色呈咖啡色,再加上人们在喝咖啡时也有放糖的习惯,因此,武威人戏称其为土咖啡。加了干鲜果的茯苓茶营养丰富,具有生津止渴、健脾开胃的功能。

训练提示:这篇文章介绍甘肃省武威地区一种名小吃,即凉州三套车。甘肃省武威处于大西北,对那里的风土人情很多人是陌生的,所谓凉州三套车是众多人闻所未闻的。正是因为如此,人们在你津津乐道的介绍中才会对这种食品有个了解并跃跃欲试。对这类稿件,演播者的饱满情绪、语气的生动到家是必不可少的,自己要有尝尝的欲望,才会使听者垂涎三尺。

例5-18 抗感冒药不可滥用

一般认为感冒是由于受凉、淋雨、过度疲劳、老幼体弱或呼吸道有慢性炎症使全身或呼吸道局部防御功能降低,原本存在于上呼吸道的或从外界侵入的病毒迅速繁殖而引起的。因此,避免上述发病诱因,增强机体的防御功能,是防治感冒的关键。然而,现在市场上、医院里的各种名目繁多的抗感冒药,虽能部分减轻病人的发热、头痛、鼻塞、流涕等症状,却降低了机体对病毒的防御能力。

抗感冒药物主要是阿斯匹林、扑热息痛、扑尔敏及它们的复方制剂。最近,美国的一些医学专家对感冒及其治疗进行的研究表明：病毒感染引起感冒，并不是因为病毒本身，而是由于病毒诱发人体合成一种蛋白质，导致发热、头痛、鼻塞、流涕等症状的出现。现行使用的抗感冒药，虽然能减轻这些症状，但不能阻止这种蛋白质的合成。研究还发现，阿斯匹林、扑尔敏等能明显减低机体抗病毒抗体的产生，使机体的防御能力下降。同时，使用这类药物还能使患者更为疲乏、困倦、嗜睡，工作效率下降。高空作业、驾驶员及一些重要岗位上的人服用这类药物容易出现安全事故。癫痫病人服用了含扑尔敏的抗感冒药，易诱发癫痫发作。

又如，老年患者使用此类抗感冒药，易使血压降低，造成脑供血不足。幽门梗阻、前列腺肥大、膀胱颈阻塞患者用此类药后会使原有上述疾病复发或加重。

总之，感冒多为病毒感染所致，是一种自限性疾病，7天左右患者多自行康复，现尚无特效药物治疗。治疗的关键是休息，增加营养和多饮开水，在医生指导下合理用药。除非发热、头痛等症状非常显著，一般不主张使用目前市场上常见的抗感冒药物。

训练提示：现在在一般家庭里如果哪个成员得了感冒都是随便选几种熟悉的药服用一下完事。岂不知抗感冒药是不能随便乱吃的。这篇稿子正是从抗感冒药的成分入手来分析为什么不能随便服用抗感冒药，明确指出，“增强机体的防御功能，是防治感冒的关键”，这是这篇稿件重点所在。

例5-19 操作电脑注意合理饮食

我们使用电脑越来越广泛。电脑虽给我们的工作、学习和生活带来方便，但是对人体的健康也有一定副作用。电脑操作者在缺水、营养不良、缺乏维生素的状况下工作，身体对辐射的抵抗力下降，就容易患病。为此，电脑工作者应注意合理膳食。

早餐应吃好，营养充分，以保证旺盛的精力，并有足够的热量。

午餐应多吃含蛋白质的食物，如瘦猪肉、牛肉、羊肉、鸡、鸭、动物内脏、各种鱼、豆类及豆制品。

晚餐宜清淡，多吃含维生素高的食物，如各种新鲜蔬菜，饭后吃点新鲜水果。

多吃含磷脂高的食物以利健脑，例如蛋黄、鱼、虾、核桃、花生等。

有意识多选用保护眼睛的食物，防止近视及其他眼疾。健眼的食物有各种动物的肝脏、牛奶、羊奶、奶油、小米、核桃、胡萝卜、青菜、菠菜、大白菜、西红柿、黄花菜、空心菜、枸杞子及各种新鲜水果。

训练提示：在当今社会，电脑已成为不可缺少的物品，但是任何事物都是一分为二的，往往在有利的一面背后就是不利的一面，电脑在给我们工作生活带来方便的一面背后，即是对身体的辐射以及对视力的损伤。这些问题是很多电脑操作者不大注意的事情。这篇稿件正是从调整饮食的角度来实现电脑操作者的自我保健。这篇稿件虽然不长，但涉及一个很大的群体，演播者应心中有数，知道这篇稿件播出后的影响和作用，应给予相当的重视。

例5-20 平衡心理十要诀

一、不要对自己过分苛求。每个人都有自己的抱负，有些人要求自己过高，根本非能力所及，于是终日郁郁不得志，这无异于自寻烦恼。有些人做事十全十美，有时对自己要求得近乎吹毛求疵，往往因小瑕而自责，结果受害者还是自己。为了避免挫折感，最好还是明智地把目标和要求规定在自己能力范围之内，懂得欣赏自己的成就，自然会心情舒畅了。

二、对他人期望不要过高。很多人把希望寄托在他人身上，尤其是妻望夫、父母望子成龙。假如对方达不到自己的要求，便会大感失望。其实，人各有志，每个人也都有自己的优缺点，何必非得要求别人迎合自己的要求呢？

三、疏导自己的愤怒情绪。当人勃然大怒时，很多错事或失态之事也就油然而生了。与其事后懊悔，倒不如事前明智地自制。当然，把愤怒转移发泄于其他方面，如打球等体育活动中去，就会轻松许多。

四、偶尔也需要屈服。成大事者处事无不从大处看，只有无见识的人才会去钻牛角尖。明智的有识之士只要大原则不受影响，在小处则妥协让步，既无碍大局也减少了自己的烦恼。

五、暂时回避。在生活中受到挫折或打击时，最好暂时将烦恼放置一边，去做自己喜欢的事，如运动、睡眠、娱乐等，等到心境平和后，再重新面对自己的难题。

六、找人倾诉烦恼。把所有的抑郁埋藏在心底，只会令自己郁郁寡欢，不如把内心的烦恼告诉自己的知己好友，心情会顿感舒畅。

七、为别人做点事。助人为快乐之源，帮助别人不仅能使自己忘却烦恼，而且可以确定自己的存在价值，更可获得珍贵的友谊。

八、不要处处与人竞争。有些人心理不平衡，完全是因为他们处处以别人作为竞争对象，迫使自己经常处于紧张状态。其实人之相处，以和为贵，只要你在心理上不把别人看成对手，别人也不一定与你为敌。

九、对人表示善意。我们经常被人排斥是因为人家对我们有戒心。如果在适当的时候表达自己的善意，多交朋友，少树敌手，心理上的压力自然缓解，心境会自然平和。

十、娱乐。这是消除心理压力的最好方法。其实，娱乐的方式并不重要，最要紧的是要有令人心情舒畅的效果。

很多人也许会认为以上要诀十分平常无奇，但扪心自问，您能做到多少？“知而不行，等于不知”，要想真正有效地解决心理问题，还在于身体力行。

训练提示：现代人面对众多的压力，心态往往失衡，在心态失衡时失望、悲观、苦恼就会接踵而来。这篇稿件正是从十个方面讲述了保持心理平衡的要领，讲得实在、客观。要想播好这类稿件就必须是有理解、体谅他人的心态。因为只有理解、体谅别人内心的痛苦和困惑，才能实现与对方坦诚的沟通，这里需要暖暖的真情、娓娓地开导。

例5–21　初进职场怎么穿

无论你来自哪个领域、拥有什么样的学历，步入社会正是你大展身手的时候。充实的内在固然非常重要，然而你更需要一个明确而专业的个人形象助你一臂之力，让你在成千成百条件相当的竞争者中脱颖而出。

身为一位新进人员，当务之急便是要融入公司的文化。所以，请观察上司和同事的穿着习惯，同时为了给人专业感，最好穿着西装外套。别为了怕老气而坚持着学生时代的清纯造型，看似永远像中学生的你要叫人托付重任也难。尤其初进公司的头三个月正是关键时期，每个人都在观察你，期待你的表现，这时若被人错误地定了型，将来想翻身也不容易。一些传统礼貌要注意：像穿丝袜、薄施脂粉等，老板真的很在意。

那么，刚走出校园的人怎么穿？

一是，睡前先把第二天的上班服准备好，每天从从容容、光鲜亮丽地走进办公室。

二是，前面几个月的薪水，除了吃饭付房租之外，应该用来买上班穿着的行头，这是事业上的基本投资。

三是，如果昂贵的套装不在预算之列，不要紧，一件价廉物美的套装，经过谨慎挑选，找到适合自己的款式与颜色，保持干净平整，比买昂贵的名牌货却不好好保养、穿得皱巴巴要明智得多。

四是，穿丝袜，记得薄施脂粉，并擦上颜色自然的指甲油。这些小地方都暗示了对自我的悉心照护。

五是，上班族坚守四点不露原则：(1)手臂不露：不穿无袖上衣；(2)不穿超短迷你裙；(3)脚趾不露：只穿包鞋，高度介于一至二英寸间；(4)不穿低胸或太过透明的上衣。

训练提示：现代社会，人们越来越注重自身的衣装，但是，对于刚进职场的年轻人来讲应该如何穿戴确实是个头疼的问题。这篇稿件正是介绍初进职场的人如何修饰自己，其内容具体而实用。演播者以知心朋友的身份耐心而贴切地给予指导。

第六章

文艺播音

第一节　理论概述

广播电视作为一种现代化的传播媒体，已经深入到千家万户，新闻、文艺、专题是构成广播电视的三大支柱。随着社会的发展，人们对精神生活的需求越来越高，因此，对广播电视文艺节目从量到质都提出了新的要求。从近几年广播电视的发展趋势来看，媒体越来越关注受众的口味，文艺节目的娱乐功能体现得愈加充分。节目样式不断翻新，时段不断调整，广播电视文艺与大众生活已经形成了一种休戚与共的特殊关系。

一、文艺节目的形式

广播类文艺节目中：音乐节目，包括歌曲、器乐曲、音乐知识及名家介绍等；戏曲节目，包括京剧及各地地方戏曲、戏曲知识及名家介绍等；曲艺节目，包括相声及快板、评弹等各地曲艺；文学节目，包括小说、诗歌、散文等。

电视类文艺节目中：各类文艺专题；各类综艺节目。

二、文艺节目的任务

艺术是一种特殊的意识形态，艺术不等于生活，一切艺术既是社会生活的反映，又是人的心灵创造和情感的表现。广播电视文艺是一种新型的艺术形态，它不受地域和国界的局限，通过先进的传播手段，它把品种繁多的艺术形式迅速传达给受众，这是其他艺术形式无法媲美的。我国从20世纪80年代以后，广播电视文艺节目日趋丰富，特别是电视文艺更是异军突起，到了90年代一批在观众中颇具影响的电视文艺节目，如《综艺大观》、《正大综艺》等综艺栏目的推出，更确立了电视文艺在传媒中的地位。与此同时，综艺栏目的推出也带动了专题性栏目的发展，如中央台20世纪90年代以后推出的《文化视点》、《电视市场》等，这些风格各异的文艺节目都拥有一定的观众群，潜移默化地影响着他们的情感世界，改变着他们的价值观念和心理结构。

近十年来，全国电台、电视台播出的文艺节目无论从质量上还是数量上都得到了很大的发展，中央电视台的《同一首歌》不仅为全国观众所喜爱，而且享誉世界。除此以外，《星光大道》、《神州大舞台》、《激情广场》、《曲苑杂坛》等一批优秀的文艺节目，拥有庞大稳定的观众群。与此同时，各地方台也推出了一批在当地和全国颇具影响的文艺节目。如内蒙电视台的《草原音画》、河北电视台的《真情旋律》、山西电视台的《轻松一刻》等等。

那么，广播电视文艺节目的功能无非是两个方面，一是娱乐群众，二是引导教育群众。文艺节目发挥娱乐功能应该说是天经地义的事，这既是节目内容、形式所决定的，又是受众需求所决定的。当今社会搞经济的要研究市场，搞宣传的同样要研究市场。应该看到，市场变了，我国正处于从计划经济向市场经济转型时期，加入世贸更加速了转型的步伐，人们正从温饱即安的状态进入激烈竞争的角逐，种种不适应会给人们心理上造成极大的压力。同时，一部分人先富起来对另一部分人来讲既是憧憬也是困惑，人们需要宣泄，需要暂时忘却现实的烦恼，甚至想在文艺节目中去拼争以体现自身的价值，而文艺节目的娱乐功能正是从多方面满足了他们的需求。但广播电视作为大众传播工具其政治功能是绝不可以忽略的，绝不能把文艺节目的功能仅仅停留在使受众得到娱乐和消遣上，更重要的是要给人以启迪、鼓舞、震撼，达到党所要求的那样——“以高尚的精神塑造人、以优秀的作品鼓舞人”。实际上，广播电视文艺的娱乐功能与教育功能是无法分割的，寓教于乐、雅俗共赏一直是我们提倡的，广播电视的平民化趋势更使一些高雅艺术走下神圣的殿堂，进入了万千百姓家，因此，文艺节目同样要体现信息传播、社会教育、文化娱乐等多种功能。比如，中央电视台的“心连心”艺术团深入老、少、边、穷地区，深入各地重灾区，她既带去了丰富多彩的文艺节目，娱乐了群众，同时，更重要的是带去了党中央对这些地区群众的关怀，从而鼓舞他们生产自救、抗灾夺丰收的信心和决心。2008年年初，南方大片土地遭遇到冰雪的袭击，停电、停水、交通断绝，给群众生产和生活造成了极大的困难。在大灾面前，成千上万的子弟兵及公安、电信、交通战线的干部职工，响应党中央的号召，奋战在抗灾第一线，有的甚至献出了宝贵的生命。丰富的现实生活孕育出了一批感人肺腑的文艺节目，这批文艺节目如强劲的东风激励着全国人民同心协力去夺取抗灾斗争的胜利。因此，我们必须把广播、电视的娱乐和教育两个功能有机地结合起来，真正给群众以美的享受、美的教育，满足群众多方面的需求。

三、文艺节目的审美特征

文艺节目是指广播电视中艺术性、娱乐性很强的节目，它不同于新闻类、教育类、服务类节目，它是运动艺术形态构成的节目样式。文艺节目中包含了创作者浓重的情感和情绪，编导们通过节目内容流溢的情感去感染受众，以引起受众的共鸣。综合起来，广播电视文艺节目主要有以下三个特性。

1. 可听性、可看性

广播是一门听觉艺术，电视则是一门视听兼备的艺术。尽管电视以其先进的传播手段后来居上，但广播的优势依然存在。实际上许多艺术门类更重“听”而不重“看”。例如，评书及各类曲艺节目、歌曲器乐曲等则是以听觉为主的艺术，更不用说广播的独特品种广播剧了。当然，电视更具直观性，不仅能听其言而且能观其形，这是广播所无法比拟的。正是由于广播电视传播手段的不同，使各自播出的文艺节目分别具有鲜明的可听性和可看性。

2. 多样性

无论是广播还是电视，其文艺节目的形式几乎包揽了所有艺术门类，其中包括音乐、戏剧、曲艺、舞蹈、杂技、电影、绘画等。广播电视文艺节目形态多样化的形成是受主客观条件驱使的，从主观来讲，社会进步了，人们已不满足于物质生活的需要，更多地关注自身的精神生活，对文艺节目的种类、样式、质量都有新的要求。这是受众市场的变化，无论是广播还是电视经久不衰的节目越来越少见，粗制滥造的节目越来越受到冷落，这种来自受众市场的压力无疑促使传媒的编导们挖空心思去构思新的节目、新的节目形式，这就带来了广播电视节目的多样化。从客观上来讲，由于广播电视传播手段的先进以及制作设备、技术的精良，使它可以打破地域甚至国界的阻隔，通过引进、移植把更多新的艺术形式推上广播电视，从而大大丰富了文艺节目的品种。

3. 群众性

广播电视是大众传播工具，其收听、收看人数之多是任何一种新闻媒体无法比拟的。特别是像一年一度的中央电视台《春节联欢晚会》更是全国人民同看一台戏。随着编创人员平民化意识的增强，他们更注重广大群众的口味，更体谅广大群众的情感需要，无论是从节目内容到节目形式都在不断地进行调整，他们的视角已转向受众的各个层面，尽量满足不同层次听众、观众的需求。《星光大道》的变化就是一个生动的例子。它的群众性体现在栏目的平民化，在央视这个大舞台为百姓中的文艺爱好者搭建了一个圆梦的舞台。同时，央视综艺栏目又是一个高端的舞台，布景的华丽、灯光的绚烂，这对参与者和广大观众都是一个强烈的吸引。

四、文艺播音应该遵循的创作原则

这里首先要给文艺播音下个定义，所谓文艺播音就是把广播电视的文艺稿件和解说词变成有声语言的再创造。

文艺播音是广播电视众多播音样式中的一种，有其自身的特殊性。这种特殊性是来自文艺播音的主体——文艺节目。文艺节目尽管也是大众传媒中的一种节目形式，但它与新闻节目有质的区别。新闻节目是对新闻事实直截了当的报道，而文艺节目则是采用各种艺术形式来进行宣传；新闻节目是通过传达最新的信息来教育、引导、服务于群众，而文艺节目则是运用艺术典型来感染人、教育人。文艺也讲真实，但这是指艺术的真实，这与新闻的真实不是一回事。正是由于文艺播音的主体——文艺节目具有鲜明的个性特征，因此依附于主体的文艺播音也不同于新闻、专题类节目的表达方式，有其自身特殊的规律。

1. 文艺播音创作的基础是稿件和文艺节目

对新闻专题类节目来讲，播音创作主要依据是稿件，而对文艺节目来讲，播音创作的主要依据是稿件和文艺节目本身。文艺播音从根本上讲是一种“解说”，是对文艺节目的一种补充，不管是文艺专栏还是现场综艺主持，实质上都是对节目内容的一种“解说”，主要起到串联、解释、说明、补充、丰富、推进完整节目的作用。

既然稿件和文艺节目是文艺播音创作基础，那么熟悉稿件和文艺节目是必做的案头工作。这里首先要熟悉所介绍的文艺节目，了解节目内容、节目形式，从中悟出作品的艺术倾向，概括出作品的主题。这个过程是播音员、主持人对所介绍的艺术作品边理解、边感受的过程，也是丰富内心世界寻求恰当表达方式的过程。理解、感受得越深，表达就会越贴切。当然作为一个演播者应该在日积月累中掌握较多的艺术形式和具备最基本的知识，这对我们不断提高鉴赏水平，增强对节目的适应力是大有助益的。

另外，对稿件要认真准备，在准备的过程中去理解、把握编导的意图。一个节目或一台节目，编导们会根据宣传目的进行精心的安排，从主持人的选择、节目的顺序到节目样式的拼合都贯彻了编导的意图。1992年中央电视台《春节联欢晚会》的主持人有六位，他们是赵忠祥、杨澜、倪萍、中国台湾的李庆安、中国香港的梁雁翎和新加坡的张永泉。第一次彩排时，做惯新闻主播的李庆安，声调无论如何也“激昂”不起来；唱歌出身的梁雁翎嗓音无论如何也“洪亮”不起来，至于香港普通话和标准普通话穿插在一起，似乎也不那么协调。但彩排结束后导演说：“要的就是这种感觉，两岸三地的不同文化融合在一起，更能显示出华人普天同庆的气氛。”可见，领会、贯彻导演的意图在文艺播音创作中是不容忽视的重要一环。

应该看到，文艺稿件不仅是对文艺节目的串联和解释，更是编导贯彻创作意图的园地，许多点睛之笔正是其中的亮点。因此，演播者要"吃透"稿件，把创作意图具体化，例如基调的确定、情感表达的分寸、语气的把握及用声的方式等，力求使有声语言的表达与节目协调一致。

1997年的除夕夜是令人难忘的，因为从1997年7月1日这天的零点开始，中国将恢复对香港行使神圣的主权。因此，除夕之夜的春节联欢晚会更是高潮迭起。其中，主持人有这样一段表述：

倪　萍：1997年的春天来了。
赵忠祥：在这沁人心脾的春风中散发着五千年的馨香。
倪　萍：1997年的春风给古老的史书翻开了新的扉页。
赵忠祥：1997年的春风吹绿了中华沃土，吹暖了颗颗赤子心。
倪　萍：为了形容1997的春天，我们翻遍了所有的词曲，但没有找到尽如人意的辞藻。
赵忠祥：倪萍，你知道吗？当笔墨无法形容时，才更显示出1997年厚重的内涵。
倪　萍：是的，就让我们从1997年开始——
赵忠祥：手挽手，心连心，走向21世纪的辉煌。
[主题歌音乐响起，刘欢唱主题歌《手挽手，心连心》]

主持人这段串联词是《春节联欢晚会》上的一段开场白。1997年是历史上具有特殊意义的一年，这年的晚会既逢中国传统佳节，又逢香港即将回归，真是喜上加喜。主题歌《手挽手、心连心》更是反映出全国人民奔向21世纪的雄心壮志。面对这样一个特殊的节日，主持人对稿件的处理没有仅仅体现在欢乐上，而是在体现欢乐的同时，更融入了民族的自豪感以及对未来的美好憧憬。两位主持人在表述这段串联词时，声音松弛、情绪饱满，一种由衷的欢跃融于其中，给人以鼓舞和信心。

2. 节目是文艺播音的主体

如前所述，文艺节目、文艺稿件是文艺播音的创作基础，那三者之间谁占主导地位呢？以电视文艺节目为例，目前，电视文艺节目正出现一种栏目化的趋势，由主持人主持串联，把众多文艺样式组合在一起，给观众以娱乐和艺术上的享受。在文艺栏目里主持人是必不可少的，而且主持人的外在美和内在的文化气质、艺术修养对栏目影响极大。但是，一台晚会要想获得成功，关键还在于节目内容的选择、设计和安排，即使是电视专题文艺节目，它也是通过文艺形式来实现其专题性的，因此，在三者之间文艺节目始终是主体。至于串联词更是从节目内容出发，起到承上启下、前后关联的作用。显然，文艺播音的创作基础只能是节目和稿件，文艺播音只是对文艺节目的一种补充说明，是处于从属地位，受众要欣赏的是节目，解说只是帮助受众欣赏好节目。因此，演播者就是要处理好自己与节目的关系。首先节目是中心，播音创作不能脱离节目内容，情感的抒发、语言的处理必须以节目内容为依据，做到有感而发，如果游离了节目内容而完全从自我出发，其表达必然是无源之水，无本之木。再就是既然节目是中心，演播者必须摆正自己的位置，始终处于从属的地位，不能与节目争中心。具体来讲，演播者要把握好一个"度"。所谓"度"就是要掌握好分寸，一方面演播者的表述要依据节目本身的需要，充分发挥好串联、解释、说明、补充的作用，使节目更丰富、更完整，气氛更浓郁，但不能超越节目，颠倒主次；另一方面也不能因为演播者处于从属地位而削弱表述"浓度"，使"旁白"变成"旁观"。

演播者"度"的把握决定于两个方面：一是对节目的熟悉、理解程度，能否准确、鲜明地把握住作品的主题和编导的意图，这是准确表达的前提；二是自身对节目的适应能力，包括语言能力、知识结构、临场反应能力等。

3."一切从内容出发"是文艺播音创作的基本原则

我们知道，文艺播音的主体是文艺节目。文艺节目品种繁多、内容丰富，音乐类就包括歌曲、器乐曲、音乐电视等；戏曲类包括京剧、评剧、越剧等众多地方剧种；曲艺类包括相声、快板、评弹等，而且每首歌、每出戏、每个相声内容都不一样，因此从文艺播音来讲演播者不但要注意节目形式，更要关注节目内容，因为不同的内容反映出不同的主题，不同的内容传达出不同的情感。应该说，除艺术形式外，不同的内容给演播者的感受是不同的，他需要通过自身的感受、感悟来寻求与节目基调的一致以及节奏的协调。特别是对于由众多节目组成的一台晚会，不管是同类组合还是非同类的组合，节目的挑选必然体现编导的创作意图，体现出一个主题，熟悉节目、找出节目间的共同点以及编导的编排意图是文艺播音创作的重要一步。中央电视台邓在军导演说："一台成功的晚会，离不开给予人们以深刻印象的过硬节目。如果我们把美好的晚会形容为一串珍珠项链，那么，晚会的每一个节目就应是一颗颗晶莹夺目的珍珠。"

不难看出，文艺播音"一切从内容出发"的创作原则，实质上是要从节目出发，再引申一步就是要从文艺节目所描绘的人物、情节、艺术境界出发。众所周知，艺术的最主要的特点，就是用生动的形象来表现人们的感情，表现人们的思想，而电视艺术则是通过塑造鲜明的屏幕形象，达到以情感人为目的的屏幕艺术形态。艺术形象不是凭空臆造出来的，它是以客观存在的生活原型为基础，经过艺术家重新审视、提炼而予以重构的。艺术形象绝不是现实生活的简单重复，它具有相当普遍的概括性特征。艺术形象之所以闪光且具有永久艺术魅力，正因为它揭示了人性、社会、历史蕴含的一般性特征，是个别性与一般性的高度统一。《背影》是朱自清的一篇著名的散文，在他笔下塑造了一位感人的父亲形象。故事发生在火车站这样一个特殊的环境，而且是年迈的父亲送儿子去北京读书，离别的凄苦，父亲对儿子的挂牵、忧虑以及难以割舍的情思交织在一起，展现出一幕幕似乎平常却催人泪下的画面。主人公"父亲"是一个胖子，"戴着黑布小帽，穿着黑布大马褂，深青色棉袍"，从穿着看生活并不宽裕。故事的情节是围绕送儿子上车展开的。首先是尽管儿子已经20岁，但他怕茶房不妥帖坚持要亲自送到车站。到了车站，他忙着看行李、与脚夫讲价钱、帮儿子在车门边选了一张椅子并为儿子用紫毛大衣铺好座位，并千叮咛万嘱咐要照顾好自己。到这里“父亲”的形象开始鲜明起来，但真正催人泪下的笔墨是父亲穿越铁道去为儿子买橘子。朱自清是这样描写的：“蹒跚地走到铁道边，慢慢探身下去，尚不大难。可是他穿过铁道，要爬上那边月台，就不容易了。他用两手攀着上面，两脚再向上缩，他肥胖的身子向左微倾，显出努力的样子。”可当他把橘子一股脑儿放到儿子皮大衣上时，却拍拍泥土做出很轻松的样子。到这时“儿子”终于忍不住热泪夺眶而出。

《背影》勾勒出了一位真实而感人的父亲形象，它使人们体验到父爱的执著、朴实，与母爱一样纯朴而无微不至。这就是艺术作品的意蕴，这种艺术意蕴是随着情节的展开、艺术形象的逐步鲜明而愈来愈深厚的。《背影》给人们展示了一幅人生的美丽画卷，揭示了无限悠远的人性深度。可见，文艺播音创作不同于新闻播音创作，既然是艺术作品就要遵循艺术创作的规律，要把“一切从内容出发”的基本创作原则具体化，这样才能真正深入到作品中去，比较准确地把作品表达好。

五、文艺稿件的种类及表达方法

从目前广播电视文艺稿件的形式来看，主要有三种，即串联词、解说词、评介稿。

1. 串联词

串联词的作用是承上启下，起到使前后节目相连接的作用。串联词一般有句无段、有段无章，不能离开音像素材而独立存在，它的语言生动活泼、简明扼要，极富吸引力和启发性。串联词可以根据它与节目连接的方式的不同大致分成下面四种形式：

（1）介绍形式。

这种串联词主要是帮助观众熟悉、了解节目，只要是节目需要都可以介绍。

1994年9月，上海电视台《今夜星辰》第74期在台北录制。摄制组来到了台视王牌综艺节目《龙兄虎弟》的拍摄现场。台湾红主持张非、费玉卿是兄弟俩，趁录像的间隙，叶惠贤采访了他俩。

叶惠贤：观众朋友，这里是台湾收视率最高的综艺节目《龙兄虎弟》的拍摄现场。这个节目在台湾播出三年之久，很受观众青睐。我来介绍一下这个节目的两位主持人，这位是台湾的头牌主播张非，弓长张，是非的非，据说是一张嘴就非同寻常。这位是他的搭档，也是他的亲兄弟，上海观众非常熟悉的歌星费玉卿先生，他的歌声非常悠扬，如诉衷肠。两位是一兄一弟，配合默契，一说一唱，相得益彰。

短短一段话就把台湾两位主持人的特点介绍给了大陆观众。

（2）描述形式。

以描述的形式出现是串联词连接功能的又一种表现形式，这样既可以展现节目内容，又可以抒发主持人的情感，从而大大增强气氛的渲染。

2008年初的雪灾中，湖南是重灾区，断电、断水，连大动脉京广铁路也一度中断，给群众的生产、生活带来了前所未有的困难。在大灾面前，温总理来了，人民解放军来了，全国的支援来了。在湖南卫视赈灾晚会上，主持人李湘、何炅、汪涵等有一段开场白，情词恳切，抒发了人民群众夺取抗灾斗争胜利的信心，表达了对抗灾斗争中无数奋战在一线的无名英雄的敬意，告诉大家，只要在党中央领导下，团结奋战，严冬即将过去，春天就会到来！

（3）引导形式。

串联词的连接功能的另一种表现形式是引导形式，也就是通过节目主持人的铺垫把节目自然地推出来。在串联词中这种形式运用得最多。我们不妨来看看周涛和亚宁在1997年《春节联欢晚会》上的两段串联词：

周　涛：观众朋友，富裕后的农民开始对美有了新的追求。您瞧，我这身服装就是关东红高粱模特队送给我的，由此可见，他们不仅在经济上步入小康，而且在精神面貌上也发生了可喜的变化。瞧，队长赵本山率领他的红高粱模特队来啦！

[赵本山等表演小品《红高粱模特队》。]

[亚宁身着20世纪30年代制服上。]

亚　宁：您一瞧见这台手摇留声机和我这身服装，就会联想到几十年前。不同的文物都会构成不同的历史轨迹。不同时期的歌曲，也能唱出我们人生漫长的旋律。先请您欣赏脍炙人口的老唱片。

[播放《老唱片》曲目。]

这两段串联词并不长，但却包含着主持人借节目内容这个题而发挥的个人感受，这种感受切题、引题，使节目的推出顺当、自然。

（4）交流形式。

在综艺晚会上往往采用二人或四人的主持形式，其目的是增强交流、营造气氛。

1991年上海电视台和苏州电视台联办元宵电视晚会，晚会上，叶惠贤向观众风趣地介绍了刚从新加坡载誉归来的三位“江南笑星”：王汝刚、李九松、许海俐。

叶惠贤：我给大家介绍一下：这位就是王汝刚，平头圆脸，模样可爱；扮演人物，多姿多彩；机智俏皮，妙语不断；看他表演，不笑才怪。这位是难得的女笑星许海俐，她的特点是擅长于唱，什么越剧沪剧花鼓戏，京剧锡剧黄梅戏，南腔北调，令你着迷。这位是王汝刚的黄金搭档，老一辈的滑稽演员李九松，他的“捧哏”火爆、扎实、恰到好处。生活中也是个大好人，人称“老娘舅”，非常大方。

叶惠贤这段串联词是直接与观众交流的，目的是向观众展示三位笑星的不同特点，以调动观众的情绪，这是主持人的一种交流方式。另一种方式是主持人之间的沟通交流，这种调侃的目的也是为了介绍节目、引出节目。1997年《春节联欢晚会》上朱军和程前有这样一段串联词：

[程前、朱军身着大褂上。]
朱 军：今儿个由我们两个表演相声。
程 前：(广东话)很好的啦——
朱 军：哎，说相声得用普通话。
程 前：我这是普通话的啦——
朱 军：普通话？
程 前：对，广东普通话，简称广普。
朱 军：您这广普没法说相声。
程 前：我就不信的啦。
朱 军：好，不信咱就试试。我就说一句绕口令。
程 前：你说好啦。
朱 军：出西门走七步，拾块鸡皮补皮裤。
程 前：说呀。
朱 军：完啦。
程 前：(大笑)太简单的啦——
朱 军：说吧。
程 前：出西门的啦，走了七步的啦——
朱 军：不许再说的啦，节奏还要加快。
程 前：没问题的啦。
朱 军：又来了。
朱 军：七步！
程 前：多一步怕什么的啦？好，依着你，出西门，走七步，拾块鸡皮补牛仔裤。
朱 军：牛仔裤呀？
程 前：牛仔裤流行的啦！
朱 军：你算了吧！咱这相声没法说了。
程 前：我这是和你开玩笑。说相声必须得用普通话。好，下面欢迎真正的相声演员为我们表演，而且这次表演是独出心裁的。

朱　军：没错儿。歌曲有联唱，音乐有联奏。这次相声来个联说，愿您喜欢！
[师胜杰、赵保乐等表演《相声联说》。]

朱军、程前这段串联词实质是在引出《相声联说》前的一段调侃，其目的是把观众情绪从上一个节目中引到这一个节目中来，在《相声联说》开场前先营造一个轻松欢乐的氛围，以增强节目的演出效果。

2. 解说词

所谓解说词实际是一种旁白，是为了解释、补充、说明节目的。如电影录音剪辑的解说词、电视专题片的解说词。解说词必须以音像素材为基础，为音像素材服务。解说词与串联词一样是不能独立存在的，它只有依附音像素材才有意义。

解说词的作用主要体现在三个方面，首先是弥补音像素材的不足。从广播来讲，其特点是只闻其声、不见其形，一些原始音响无法表述的内容必须由解说词来承担，这在广播剧、电影录音剪辑中运用最多。从电视来讲，由于画面受时空局限，不可能展现事件的全过程，为了帮助观众了解事件的前因后果，就必须借助解说来完成。

在庆祝建国40周年的大型文艺节目《我爱你，中国》中有这样一段解说：

[纪念碑。]
[一群人的背景，正在瞻仰纪念碑的浮雕。]
赵忠祥：巍峨的人民英雄纪念碑是我们华夏民族的魂。今天我们请来了40年前参加这一伟大工程的老工人、老技师、老艺术家们！请他们谈谈感想。这位是当年雕塑组长、设计处长、今年已85高龄的刘开渠老先生。
刘开渠：40年前的今天，1949年9月30日，第一届政治协商会议，一致通过了建造人民英雄纪念碑的决议。当天下午，毛主席和其他领导人在这里破土奠基建造这座丰碑。我们很荣幸，当年参加了这一伟大工程。这位是当年的施工处长，这几位是当时的老石匠、老工人、老伙伴！我们平时各忙各的，也难得见面，今天在这里相会，真是感慨万千……

赵忠祥与刘开渠的这一段话丰富了画面内容，让观众对人民英雄纪念碑的建造历史有了新的了解，这就弥补了画面的空白。解说正是以其独特的优势，跨越时空来完美画面由于时间和资料的不足带来的缺憾，使画面不再单薄，而且愈加丰润。

解说词的第二个作用是借景抒情。这里说的景是指画面。画面语言可以抒情，但毕竟没有有声语言来得直接、坦诚、炽烈。画面语言的抒情比较含蓄，需要观众去领悟，这就带来一定的局限性，由于观众领悟程度的不同，必然造成画面语言的淡化。因此，必须借助解说把编导者隐藏在画面后的情感抒发出来，以丰富、补充、强化画面语言。

在《让历史告诉未来》中有这样一段解说词：

男：创业五年，弹指一挥间。人们为之奋斗、牺牲，期待了五年寒暑的这一天，终于来到了。1964年10月16日，周恩来总理、聂荣臻元帅久久地守候在电话机旁。下午3时正……

男：昔日黄河戈壁中的艰难和沉重，奋斗与欢乐，此时此刻化作了一种激情。他们有理由欢呼蹦跳，他们有理由拥抱流泪。

女：那冲上云霄，使世界重新估量我们民族的巨大的蘑菇云，包含着多少自豪和力量啊！

男：这不再是那个西方大国的首脑们喝杯咖啡就能决定它命运的民族了！巨龙已经搅动方水，从耻辱的泥潭里起飞，一支强大忠诚的武装力量是它的脊梁，任何人再不能任意宰割它、凌辱它、侵犯它。百年梦想已经变为现实。

主持人的这段倾诉，道出了中国人民胜利后的喜悦和豪迈，千百年来压在中国人民心中的屈辱随着一声巨响化为灰烬，这种欢乐、这种扬眉吐气的感觉是画面难以表现的，只有靠解说痛快淋漓地一吐胸中块垒。

解说词的第三个作用是提炼主题。从广播来讲，由于表达手段单一，单靠现场原声、音乐、效果等还难以深入到事物背后揭示出事物的本质；同样，电视虽然是声画结合的艺术，表现手法相对丰富一些，但画面内涵的挖掘还是要靠解说来完成。解说的直率、尖锐以及高度概括能力可以起到升华画面、深化主题的作用。影片《百万农奴站起来了》有这样一个镜头：拉萨街头，一个双目失明的农奴正在把动物骨头敲碎装进铁罐里。这里配了一段解说词："他们想从这些骨头里敲出一点骨髓来吃。可是他们自己的骨髓，却被领主们吸干了。"短短的几句话把封建农奴制度的黑暗残忍揭露得淋漓尽致。

3. 评介稿

评介稿是指对演员、作品或节目进行议论、评说的稿件。评介稿可以以纯文字形式存在，也可以和音像素材配合在一起，但文字本身同样能自成章节、独立存在。

在著名评弹作家陈灵犀先生诞辰一百周年，沈鸿鑫写了一篇文章《评弹一支笔》来纪念评弹大师陈灵犀。在这篇文章里沈鸿鑫分析了陈灵犀先生评弹创作的鲜明特色：一是作品的结构艺术。陈先生对一部书乃至一回书的起承转合，情节的组织，点子的设置，铺垫与高潮的处理，正面描写与侧面映衬烘托的安排都非常重视，因此他的作品给人的感觉是结构严谨、浑然一体。二是人物形象的刻画。评弹刻画人物以细腻著称，陈先生很好地继承了这一传统手法，而运用细腻手法努力刻画人物的心理活动尤为突出。三是唱词的写作，陈先生文辞修养很高，所写唱词既注意口头文学的通俗易解，同时又写得优美而有文采。

沈鸿鑫的这篇文章从三个方面分析了陈灵犀的创作特色，同时在文中结合作品进一步进行引证，读了以后使人对评弹作家陈灵犀有了一个比较明晰的认识，这就是评介稿的作用。

4. 串联词和解说词的表达

串联词和解说词在写作上有共同的特点，即都是有句无段、有段无章，且都依附于音像素材，因此，在表达上有许多共同之处。首先串联词和解说词都有介绍的功能，因此，表达上清楚、准确是不容忽视的。第二要注意与所介绍节目的衔接和融洽。串联词和解说词都是补充说明节目的，节目是主体，串联词和解说词不能与节目形成两张皮，表达的语气必须与节目自身展现的内容、风格相适应。不同的节目由于内容与表现形式的不同，必然富有不同的色彩，演播者要从节目内容出发，调动自己的情感，驱动语言贴近节目营造的氛围，否则就会出现貌合神离的局面。

《话说长江》有这样一段解说词：

长江，伟大的长江，你的浩瀚而甜蜜的乳汁，养育着世世代代的炎黄子孙。

儿女，伟大的中华儿女，必将以非凡的聪明才智，制定并实施治理长江的最佳规划。

江河不废万古，不愧为世界巨川的长江，必将永远托举着一队又一队名副其实的巨轮，驶向世界五大洲四大洋！

长江，伟大的长江，你流经神圣的中华大地，你多次奔流在亿万中华儿女的心上。

这一段解说词不仅是对长江的歌颂，也是对中华民族的歌颂，更是对祖国的歌颂。对这样一段词语，演播者必须是发自肺腑的由衷地呼唤，才能与浩瀚长江的宽阔胸怀相吻合。

第三是情要抒但要注意适度。在文艺串联词和解说词中大量的是叙述性语言，但相当一部分是抒情性语言。所谓抒情适度也就是在抒情过程中要掌握分寸，既要充分调动情感，又不能超越节目，应力求与作品的内容与风格相统一。

在大型文艺节目《我爱你，中国》中有这样一段解说：

甲：对我来说，中国是什么？是沉淀在心底的缕缕深情。

乙：是天安门广场上空悠扬的鸽哨。

甲：是南疆归来的燕子又飞回屋檐下的旧巢。

乙：对我来讲，中国是什么？

甲：是缀在红旗上的镰刀、斧头和金星。

乙：是南极长城站、风云一号卫星送回的珍贵信息。
甲：是远渡重洋海外归来的赤子，捧起故乡泥土流下的热泪！
二人合：中国！中国！那么深远，那么辽阔，关于你，难以用语言说尽，关于你，可以谱写无数的歌。中国！中国！我们心中的中国。

在这段解说词里运用了大量的比喻来抒发对祖国的热爱，其情之真、其情之深，溢于言表，只有把这种真情实感抒发出来，才能丰富引申画面语言的表现力。但是绝不能出现解说抢画面的局面，因此表述适度是极其重要的。

5. 评介稿的表达

对评介稿的理解应该包含两种意思：一是评论，二是介绍；或者说是在介绍中评议，在评议中介绍。在评介稿的表达前既要注意到稿件，又要注意音像素材，更要弄清稿件与音像素材的关系及其衔接的方式。要做到内容清楚，表述连贯，文字与素材组合完整。要做到这一点，熟悉稿件、熟悉音像素材是十分重要的，并在熟悉的过程中去感悟编导的意图，去挖掘、把握主题，展现出节目深刻的内涵。

由于评介稿涉及面很广，很多艺术门类可能是比较生疏的，比如音乐、戏剧、电影、文学等等，要想播好评介稿，平日的积累显得十分重要。对很多艺术门类很难做到精，但应力求懂，懂才不会讲外行话，懂才能给人以信任感。在备稿的过程中要做到细致、周到，特别是专业术语必须弄懂弄通，只有准备工作做得充分，表达起来才能得心应手。

应该看到，评介稿不同于串联词、解说词，文字的表达比较讲究，评议、介绍有一定的深度，具有相当的理论色彩。评介稿的主要任务是帮助受众欣赏好作品，从中获取新的知识，提高对文艺作品的鉴赏能力。但是评介稿一般来讲专业性比较强，缺乏趣味性。因此，演播者情绪的投入就显得格外重要，只有情绪集中投入，才能把自己对作品的理解付诸有声语言，生动多变的语言才能为节目披上一层迷人的色彩。

六、文艺播音创作必须运用形象思维

艺术创作是一项独特的审美创造活动，它是以形象思维为主体，通过具体概括来反映客观世界的本质。文艺作品不是通过说教来教育人，而是通过优美、正确、鲜明的形象来感染人、鼓舞人。

形象思维具有很强的具象性、情感性，它以具体的形象作为思维的主要材料，以情感作为思维的中介和动力，使其逐渐衍生并不断完善为艺术形象。在艺术形象形成的过程中已经融入了艺术家浓郁的思想情感，而艺术家的思想感情已经超越了个人感情而富有社会性内涵。当这种情感包容在艺术形象中，必然引起人们感情上的共鸣，从而达到感染人、激励人的效果。

形象思维在文艺播音创作中的作用主要是在于启迪和激活演播者的思路，通过想象、联想实现情景再现，使演播者的情感进入作品规定的情景中去，感悟作品、理解主题，进而促使思想感情不断地运动起来。著名的山东快书演员高元钧在谈到他的创作体会时曾经说过："在分析作品时，必然会激起我们的想象，而这些连续不断的想象画面，也就是我们内心视觉里所看到的东西，然后，再把这些领会到的东西渗透到语言中去。"这一段话不长却阐明了一个道理，即语言的形象来自内心的视像，内心的视像又引发出创作者的真情实感，正是这真情实感造就了形象化的语言。

在文艺稿件中大量运用了抒情描述的手法，选词造句也极富形象性，在播音创作过程中应该抓住事物的个性特征，既能把事物的外部形态描绘出来，又能把人物的内心世界揭示出来。在朱自清《背影》中有这样一段文字："父亲是一个胖子，走过去自然要费事些。我本来要去的，他不肯，只好让他去。我看见他戴着黑布小帽，穿着黑布大马褂，深青布棉袍，蹒跚地走到铁道边，慢慢探身下去，尚不太难。可是他穿过铁道，要爬上那边月台，就不容易了。他用两手攀着上面，两脚再向上缩；他肥胖的身子向左微倾，显出努力的样子。"这段文字朴素而真切，在朱自清笔下活灵活现地展现出一位父亲的形象，从他简朴的装束可以看出他境遇不佳，从他过铁道的艰难可以看出他年事已高，再加上肥胖行动已是力不从心，但是正是透过他行动的艰难深刻地揭示出一位父亲的内心世界，即对远行的儿子的难以割舍。简洁的文字给我们展现了一幅生动的画面，我们仿佛看到了他，看到了他的儿子，仿佛看到了那布满皱纹的额头下那双忧郁的眼睛，也仿佛看到儿子流出了辛酸的眼泪。他不能不使我们想到自己，想到自己远在他乡的年迈的父亲，想到与父亲在一起时一幕幕难忘的情景，不知不觉泪水夺眶而出，这时才能说理解了作品、进入了作品。俗话说，触景生情。人是有情感的，形象思维要求与炽烈的感情色彩相伴随，在这里感情是推动力，促使大脑去想象、联想，这样创作主体就会很快进入形象思维的状态中去，被调动起来的情感就会渗透进稿件中去，使艺术形象愈加丰满、生动、真实。

电视片《山茶花》有这样一段解说词："春节前后，当祖国的北方还是朔风凛冽、雪飘冰封的时节，而在春城昆明，已经是繁花遍地了，尤其是那火一般的山茶，花团锦簇，竞相开放，争奇斗妍，蔚为奇观。"

"朔风凛冽、雪飘冰封"描述的是冬天北方千里冰封、万里雪飘的壮观画卷，而同样是严冬，在昆明却是万紫千红的花的世界。画面没有冬天北方的场景，但短短的八个字却形象地勾勒出北方隆冬的严寒，仿佛让我们听到那呼啸的寒风，看到那没膝的积雪以及那光秃秃的枝头，但当那火一般的山茶花出现在画面上时，你不禁被它的浓烈、艳丽所吸引，甚至被眼前的美景所震惊，鲜明对比的点击使情感的长河决了口，一种赞美、自豪的情感油然而生。

七、文艺稿件表达的基本要求

播音创作的最终体现是有声语言，制约文艺播音的因素之一是文艺稿件，因此，文艺播音创作必须遵循艺术语言的规律。具体表现在以下几个方面：

1. 要注重语言的形象感

在文艺稿件中，抒情性语言、描述性语言占着很大的比重，这两种语言一是揭示人内心世界的情感，二是展现人或物体形象。这两种语言是以叙述性语言为主体，因此，在表述时突出语言的形象感显得格外重要。例如王之涣的《登鹳雀楼》：

白日依山尽，黄河入海流。
欲穷千里目，更上一层楼。

诗的前两句已描绘出了一幅壮丽的画卷，第三、四句则揭示出了诗人博大的胸怀以及对祖国山河的热爱。要想使语言具有形象感，就要运用语气、节奏、重音、停顿等手段，通过对关键字、词、句的处理来再现画面、传达情感。演播者在朗诵这首诗时内心不应该是空白的，应该通过想象、联想看到诗中描写的景象，感悟到诗人躁动的情怀。在朗诵“白日依山尽”这一诗句时，演播者仿佛看到一轮红日贴着山峦缓缓降落的美景，“黄河入海流”更是展现出奔腾浩瀚的黄河注入大海的不凡气势；此时此刻，对祖国大好河山的热爱之情便油然而生，于是对诗人“欲穷千里目，更上一层楼”的情怀不是感同身受了吗？由此可见，对演播者来讲，在表达文艺作品时，如果没有具体、真切的画面、场景，就唤不起相应的情感，没有情感的伴随和激发，语言的表述就会失去色彩，最终失去文艺作品通过塑造艺术形象打动人、启发人、教育人的目的。

为了增强文艺作品的形象感，就要善于捕捉作品中的关键词。在《登鹳雀楼》第一句中的“依”和“尽”，正是形象地展现了夕阳徐徐降落的场景，“依”和“尽”两个字简洁、准确地描绘出夕阳贴着山峰渐渐消失的过程，颇具动感。而第二句中一个“入”字则是描绘出了宽阔的黄河流入大海时的坦荡、豪迈，给每一个中国人内心注入一种质朴、坚韧的情丝。第三、第四两句中的“欲”和“更”则是揭示了诗人对祖国大好河山的热爱之情。诗人由于受眼前景物的刺激，内心激情涌动，对眼前的美景不肯割舍，于是继续攀登，饱览壮丽河山。此情此景，仿佛让我们看见了诗人潇洒、飘逸的风采，感悟到他热爱祖国的拳拳之心。

2. 要提高语言的夸张能力

现实告诉我们，大量的文艺作品是通过塑造艺术形象来反映社会性的情感活动。因此，对于艺术语言来讲，强化抒情性是达到以情感人的必备条件。我们知道，人的情感是极其复杂的，要想表达好人类丰富的情感世界，就必须设法调动受众艺术性的思维，要让他们随着有声语言展开想象和联想，因此，文艺播音语言必须相应具备夸张和渲染的能力，成为激发受众想象、联想的推动力。

我们这里提到的所谓夸张，也就是在有声语言表达时不但要突破一般生活语言的常规，而且要突破一般播音语言的常规，要求在进行文艺播音创作时，演播者要加大思想感情运动的幅度，加大声音对比的幅度，语言色彩要更加鲜明，语气节奏能在更大幅度范围内展开变化，重音、停顿处理更加多样、灵活。例：

道路（歌词）

想一想过去，看一看如今，人生道路就是这样
风风雨雨，弯弯长长；
看看现在，想想未来，挺起胸膛努力开创，
道路将充满阳光；
生活中哪会没有苦甜，
生活中哪会没有波澜，
它会使你变得更加坚强。

整个歌词可以分成三个部分，第一、二行为第一部分，可以理解为“回忆”；第三、四行为第二部分，可以理解为“展望”；第五、六、七行为第三部分，可以理解为“感悟”。三个部分有不同的内容、不同的感情色彩。回忆过去让人感慨万千、心绪难以平静；展望未来又让人抚平伤疤，信心百倍，深信未来是美好的。前后对比让人悟出生活的真谛，人只有经过风浪和生活的摔打才会成为强者。

如果按常规以叙述语气为主来表达，这段歌词必然形成声音和情感跨度不够，与歌曲的旋律、气氛不和谐，情感偏“淡”，缺乏感染力。因此，演播者必须在深刻领会歌词内容的前提下，使自己的思想感情运动起来，让语流运动起来，把歌词所要体现的精髓展现出来，启发自己、激励别人。

对“回忆”部分的处理情感的主色调应该是感慨、深沉，用声相对平稳而舒缓；对“展望”部分的处理则有别于“回忆”部分，主色调应该是舒展、昂扬，充满信心，用声突破平稳，高昂中透着自信；对“感悟”部分的处理情感的主色调应该是坚定而刚毅，用声又回到平稳，但平稳中透着自信。在短短几句歌词的表达中，情感和用声出现了如此大的跨越，这是内容和形式决定的，只有这样才能把歌词的精髓揭示出来，实现原创的意图。

3. 语言要富于美感

文艺播音的创作依据是文艺稿件和文艺作品，文艺稿件、文艺作品不同于新闻稿件和新闻作品，其特点是以抒情为主，文艺稿件的遣词造句注重色彩，因此，文艺播音的语言要富于美感，给人以美的享受。

（1）要力求语言美。

我们知道，电视艺术作为一种视听艺术，画面与有声语言是相辅相成的，艺术与文学的不可分割性决定了电视艺术必须要从文学领域汲取丰富的表现方法，目的是要让画面和声音更有诗情画意。同样，广播作为一种听觉艺术也要通过解说词的文学形象，音乐的旋律、节奏，给人以美的艺术享受。

在文艺稿件中，大量的文字是起到介绍、解说的功能，解说词的文学特性，要求其能产生艺术的感染力，通过有声语言描绘物体形象，给受众以丰富的想象空间，让其进入艺术欣赏的殿堂。下面是对清朝画家虚谷《松鼠图》的一段解说："在葡萄架下，一只清新自如、惹人喜爱的小松鼠正跳跃其间，机敏的双目，灵巧的四足以及毛茸茸的身体，虚谷那支神奇的笔将小松鼠轻盈灵巧的神态表现得活灵活现。配上周围葡萄叶的滋润、沉稳，愈发显出松鼠的活泼可爱。"这段话把纸上的小松鼠描绘得惟妙惟肖，呼之欲出，强化了人们的视觉感受，给人以赏心悦目的感觉。

文艺播音因受内容的支配要求其必须有独特的语言格式和叙述格式。在文艺播音中往往需要运用抒情、描绘、议论几种语言样式，几种语言样式运用得体才能体现出总体美。因此，抒情语言要"真"字当头，力求质朴、酣畅；描绘语言要"活"，力求生动、逼真；叙述语言要"柔"，力求舒展、自然；议论语言要"平"，切忌高声大气。作为一个演播者应该从节目内容出发，正确地运用技巧，积极展开思维，增强语言的感染力和表现力，最终实现语言表达的流畅完美。台湾著名节目主持人凌峰是个极富魅力、幽默十足的人，他在1990年的春节晚会上曾有过一段精彩的独白："在下凌峰，我和文章（台湾著名歌星）不一样，虽然我们都得过'金钟奖'和'最佳男影星'称号，但是，我是以长得难看出名的。两年来，我们大江南北走了一趟——拍摄《八千里路云和月》，所到之处呢，观众给予我们很多支持，尤其是男观众对我印象特别好。因为他们认为本人长相特中国，中国五千年的沧桑和苦难全都写在我的脸上。"凌峰幽默、洒脱的语言换来了全场观众的掌声和喝彩声。凌峰的这段独白形象地告诉我们什么是语言美：质朴、酣畅就是美；得体、逼真就是美。因为语言丰富的文化内涵是能够将语言作为一种刺激物，让人们在获得信息的同时，引起审美想象，从而受到文化的陶冶和美的享受。

在谈论语言美时还不能忽略节奏，因为语言的艺术表现力和音乐性，很大程度上取决于节奏。物质运动的节奏体现在起伏、张弛、动静、快慢上，解说词的节奏，就词语来讲体现在对偶句、排比句、长短句上。从这里不难看出节奏产生于对比，节奏是层次的规律性。当推动节奏运动的力加大时，节奏就如大海中的波涛汹涌澎湃；当力小时，节奏就表现为细细的波纹。这推动节奏变化的外力就是情感，正是情感这只无形的大手推动着节奏前进，从而造就了语态的千变万化。《话说运河》中有这样一段解说词："你看，这长城是阳刚、雄健的一撇，这运河不正是阴柔、深沉的一捺吗?长城和运河是中国人为人类所创造的两大人工奇迹。巍峨的长城，是我们祖先用自己的骨和肉铸造的。深沉的运河，是我们祖先用自己的血和汗灌注的。"在这段解说词里由于采用了对偶句，从而增强了节奏感，产生出一种和谐美、音韵美。

（2）要追求意境美。

所谓意境是指文学艺术作品通过形象描写表现出来的境界和情调。

朱自清在散文《荷塘月色》里用极富神韵的笔触描绘出了夜晚荷塘的美景，"月光如流水一般，静静地泻在这一片叶子和花上。薄薄的青雾浮起在荷塘里。叶子和花仿佛在牛乳中洗过一样；又像笼着轻纱的梦。虽然是满月，天上却有一层淡淡的云，所以不能朗照；但我以为这恰是到了好处——酣眠固不可少，小睡也别有风味的"。短短的一段文字仿佛把我们带到了夜色笼罩下的荷塘，在月光下张张荷叶就像亭亭舞女的裙，使我们感受到了夜晚荷塘的静谧，慢慢走进了梦幻般的意境。

高尔基说："艺术靠想象而存在。"文艺作品都是用形象来表现社会生活和作者的思想感情的。演播者就是要通过有声语言对这些形象的描绘让受众获得教益和美的享受。但是，鲜明的形象不是凭空产生的，它必须在创作过程中，通过丰富的想象才能获得，而丰富的想象又是建立在对作品深切的感悟中的，也就是说，演播者不但要看到文字所描绘的"景"，更要感悟到其中的"情"，只有真正唤起了内心视像，作者的感觉找到了，产生了作品所蕴含的情感，此时，也就感受到了作品的意境。这时的演播者已处于情丝萌动的状态，要大胆向往，大胆追求，紧紧抓住关键词语加以渲染，把受众带进作品规定的情景中来，让他们有身临其境的感觉。

（3）要讲究声音美。

声音是语言和情感的载体，声音本身的质地以及对表达的适应性决定着最终的效果。由于文艺稿件所涉及的内容十分宽泛，要求演播者的声音具有极强的适应性。有时为了绘声绘色地讲一件事必须夸张用声来达到生动表达的目的；有时为了塑造一个人物，声音要化装，有相应的语言造型，用声会靠前或靠后；有时为了表现人物的特定情态需要形成具有一定意义和情感色彩的声音，在广播剧演播和影视配音中"无语言表情声音"更具独特的作用。例如，唐代大诗人杜甫的诗《闻官军收河南河北》：

剑外忽传收蓟北，初闻涕泪满衣裳。
却看妻子愁何在，漫卷诗书喜欲狂。
白日放歌须纵酒，青春作伴好还乡。
即从巴峡穿巫峡，便下襄阳向洛阳。

这首诗充满着兴奋欣喜的心情，节奏流畅明快，把诗人内心欢悦的张狂跃然纸上。诗人是在毫无准备的情况下突然听到胜利的消息，内心的激动使他"涕泪满衣裳"、"喜欲狂"，要表现诗人情感急剧的变化就必须借助声音的烘托。"忽传"声音要表露出意外的惊喜；"涕泪满衣裳"表现诗人激动而不能自持；"愁何在"、"喜欲狂"用声要轻快而放纵；"须纵酒"、"好还乡"、"即从"、"便下"几个字充分表现了诗人听说叛军平息，急于要回故里的心情，用声要轻快、流畅。

李白的诗《静夜思》描写了诗人孤独一人思念着故乡的山山水水，思念着故乡的亲人的情景：

床前明月光，疑是地上霜。
举头望明月，低头思故乡。

"床前明月光"描绘的是身在异乡的诗人，孤寂的夜晚只有淡淡的月光陪伴着他，用声要低沉而委婉，声音中透着几分凄凉；"疑是地上霜"的重点字是"疑"，诗句透着一种无声的寂静，用声要透出一种意外和疑惑的语气；"举头望明月，低头思故乡"用声再回到深情和眷恋的色彩中。

由此可见，声音的可塑性是表达好各类文艺稿件的基础，演播者应该具有能适应不同风格、不同感情、不同人物性格以及不同艺术形象作品的能力。单一而缺乏变化的声音是没有感染力的，优美而富于变化的声音会给文艺作品增添绚丽的色彩。

第二节　实践练习例稿及训练提示

例6-1　文学"圈外"的新人——刘育新

在北京琉璃厂东街的尽头，有一爿不大的文物店，叫聚宝斋。这个小店没有堂皇的规模，也没有稍加铺陈的装修。就是这样，来这儿的人不算少，但大多是来讨教路数的。所以，这里谈不上火爆却也热闹。小店的店主叫刘育新，今年已经六十开外了。

从外表看，刘先生不像个经商的，更像是个做学问的。"谈不上做学问，倒是教过七八年的书，喜欢文字。"刘先生一边沏茶一边谦和地说。记者和刘先生相识有几年了，不过相互间一直客客气气。"真不好意思，老舍文学奖的事我后来才知道……不应该的。"记者有点尴尬地说。刘先生笑笑："这没什么，你们都很忙……你还好吧？"

去年六月，首届老舍文学奖中的长篇小说奖只有两名得主，一个是《梦断关河》的作者凌力，再一个就是刘育新，他的《古街》最终上榜。从当时的情形看，角逐者甚多，名气都比刘育新要大。为此，有媒体还特意炒作了一番，闹得热窑似的。刘育新在这个圈里，只能算个“新手”——年届花甲才开始写小说，一两年的光景，就有四部作品实实在在摆在了案头。而且，首届老舍文学长篇小说奖就被刘先生划到了自己的名下，这多少有点离奇。

这次采访刘先生，事先没有明确的主题，由头倒是有一个，那就是他的两部新作《告别美国》和《红菱》已经付梓，5月份由作家出版社推出。

“您怎么想起写小说的呢？”尽管是熟人，记者还是套用了正规的采访格式。

“还就是喜欢吧。以前教过书，对文字感兴趣，就想把我的经历写写……要说直接的原因，可能有这么一件事，对我触动挺大。那是几年前的事了，东北有一个姓谢的好友突然病故，我连夜打车过去奔丧告别，去的人挺多。在那儿，我又见到一个多年未见的姓孔的朋友，寒暄了几句，然后他很认真地问我：‘大哥，你身体还挺好的？’当时那场合听了这话，很不是滋味，也挺受刺激，我都快六十的人了，说不好听的也快奔这条道上去了……不行，我得干点事了，趁着我还有这精力，干点我喜欢的有意义的事。”

“说起来，我这多半辈子，干了不下三十种职业，提着糨糊桶满大街贴广告，当过搬运工，干过杂役，教过书……‘文革’的时候，单位闹派性，我被打成反革命，四处流窜。那次，跑到内蒙古草原，后又到了林区，整整三天没吃一口东西，饿得腿都动不了了，后来，找到一个鸟窝，里边有七个鸟蛋，这就成了我的救命餐了。

“更惨的是家里人。孩子都失学了，有一次，还被脖子上挂了大牌子去游街，替我顶罪。家里没吃的，就去菜摊旁捡菜叶吃，真是很惨的。这么说吧，人能吃的苦我都吃了。”

“是因为有这些经历，才有写作的念头吗？”记者问。

“跟经历有关，其实，我可能算是最早经商的。80年的时候，我就在东北开始经销小商品，后来，开了个电器小店，那时钱还好赚。90年，我到了北京，租下了这爿店，开始经营文物。我想，干点带有文化色彩的经营更符合我的意愿。我写书，也是我骨子里喜欢文字。”

我记得有位作家做过这样一个比喻：当一个女人有了孩子，那么孩子就成了她的一切，而现实是，成功就是很多人的孩子。这也是很可悲的。“大哥，你身体还好吧？”这么简单的一句话，让刘育新感受到了刺激。当我们处在一个特定情景中的时刻，再品味这句话的时候，就能有了不同的理解。

天色很晚了，我告辞的时候，刘先生执意要把我送到街口。“也谈不出来什么……你要常来，我们聊聊别的。”

的确，这次简单的采访，没有涉及文学的话题，主要是谈以往。也没有什么大道理，实在的白活。我倒是想，平实，最接近真实。为什么我们非要追求不一般呢？

训练提示：刘育新严格说不算文学圈内的人，年届花甲才开始写小说，居然在一两年写出了四部作品，而且获得了老舍文学奖，确实有点传奇色彩。但是，这篇人物专访想告诉我们什么呢，不是为了告诉我们刘育新得了老舍文学奖这件事，而是通过刘育新平平常常的过去和平平常常的现在揭示了一个生活的道理，即人是要有追求的，但不要太刻意，正如稿中提到的："当一个女人有了孩子，那么孩子就成了女人的一切，而现实是，成功就是很多人的孩子。"

例6-2　介绍节目主持人——李咏

中长发、一般男人不敢穿的新潮服装、提花颈巾以及有点夸张的主持风格，李咏被认为是中央电视台的"另类"主持人。

李咏很贫，看过他的节目的人都这么说。"贫"也不一定是不好的词，很机智的人才会很贫嘴。看着他整天在《幸运52》嬉笑快乐的样子，单从外表，或许认为他是个前卫的坏男人。李咏却大呼冤枉："其实我是个恋家的男人。"

恋家男人

"爱情很短暂，就那么一会儿，婚姻是延续爱情的唯一出路，如果你想保住已经得到的爱情就非结婚不可。"有8年婚姻经验的李咏对爱情有这样一段精辟的论述。

1987年李咏考上了北京广播学院，1988年1月和当时的同学现在的妻子恋爱了，1992年两人结婚。她现在是中央电视台《生活》栏目的主编。

李咏说："我们的性格差别很大，她生活的态度比我理智，玩似的就把活干了。我事情一多就乱套，都要她帮忙。"

"我俩一个台前一个幕后，还挺好配合的。但我们有个纪律：回家不谈工作。即便是谈也是家常话。虽然我们是一个台的，但领域不一样，难免互相不理解。生活中分工也很明确，她毕竟是女人嘛，别管她多有能力，她决定'上层建筑'，我发展'经济基础'，但经济基础要决定上层建筑，这是不可改变的。

"上大学时我们就分工很明确，谈恋爱花费大了，我得出去赚钱，这样逃课就多了。她负责做好笔记。大一时我是全班成绩最差的，毕业时我是三好学生，并拿到一等奖学金，全都因为她笔记做得好。

"最近我们在装修房子，我跟设计师说：我们的房子要一间红色的，一间黄色的，一间蓝紫色的。具体落实就要靠她了。

"有时我也非常情绪化，但她很冷静。她让我明白生活需要营造，但不能太刻意。我不会为了某个日子买花送花。偶尔看见漂亮的花买一束扔在车后座上，可能我都忘了，她一上车看见，'唉，花！送你的？'这样才有意思。而她给我买东西、买礼物已变成一种生活的必需了。

“有时我们也会有矛盾，原则是吵嘴不过夜，为了不过夜我就得先认错，一百件事我就会认一百次错。睡眠是对白天的总结调整，睡觉前要解不开怨气，潜意识里会把事情搞得更复杂了。

“婚姻对我很重要，每次录完节目第一件事就是回家。我们的家很简单，也从不做饭，但我很依恋。家庭生活对我塑造非常大，所以，无论做什么事，我内心都是稳定的。”

换一个风格

李咏1991年从北京广播学院毕业分到中央电视台，当年他在北广学的是播音，想过做主持人，但他在中央电视台当了好几年的编辑，一直到1996年，程前离开《天涯共此时》后，领导对他说：“你学的是播音，干吗不试试？”他这才开始在电视上露脸。1999年《幸运52》节目开始运作，由于是与国外版权合作节目，李咏就常和几个朋友泡在一起研究。2000年初，博彩节目《幸运52》开始火起来，观众也注意到了李咏不一样的独特风格。

“录这个节目很有趣，现场场面比电视上看到的激烈许多。我经常喊哑了嗓子。我对现场的要求是不乱不足以平‘民愤’。家里有什么事，班上有什么你说出来，喊出来。中国的观众比较内向，得找个人领头。做主持人的就要玩得起来，自己玩起来了，观众才会和你一样兴奋。当然，不论怎么闹，一切还必须在我的控制之中，要不然，就真乱了。”李咏说。

经过了差不多10年的时间，李咏才在中央台崭露头角。但一切对于他来说不是“一夜成名”那么简单。现在观众对主持人的要求很高，主持人自己的发挥余地也很大，对李咏来说这是很有挑战性的新领域。

李咏认为享受成熟过程，把握成功机遇，是个人成长中非常重要的事情。另外，懂得随遇而安的人生态度，也会使生活快乐很多。

李咏确实形成了自己的主持风格，他相信《幸运52》不能缺两部分人，一是电脑编程人员，一个就是现在的主持人。不过他也清醒地认识到节目老化得很快，那么在观众还没开始烦他的时候，他会自动消失。“毕竟，主持人不是我终身目标！”李咏笑了笑。

追求品牌

许多人对李咏精致、色彩款式新潮的服装非常感兴趣，不知道台上、台下他对服装的态度是什么样的？

“宝姿向我提供出镜服装，因为中央台规定我们不可以做广告或品牌代言人，所以我们只是合作关系。每次做新衣，我都会把款式和尺寸从北京寄过去，再和他们讨论面料，所以看起来会精致一些。我认为服装合体是非常重要的一件事，不合体，再好的衣服穿上身也会走样。”

“生活中，因为没有很多时间，所以上街买衣服会一次买很多。通常只买自己认定的品牌，我认为在有条件的情况下衣服还是要穿品牌的，这不是心理作用。品牌意味着有一定质量的保证，但具体在什么样档次的要看平时的爱好，我比较喜欢随便一些的款式。”

那天李咏拿着一只很贵重的包，他说是老婆送的，她比李咏更追求质量而不是款式。

生活就是从个个细节中丰富，个个细节中享受，李咏用他的一种平淡又自我的方式生活着。

训练提示：节目主持人是公众人物，名人的生活轶事往往是公众感兴趣的，中央电视台的《幸运52》是一个非常火爆的节目，作为这个栏目的主持人李咏也理所当然地受到公众的关注。这篇稿子从李咏的家庭、主持风格、着装等方面以朴实、真实的笔触对其进行了详细的介绍，让人看到了台下的李咏。但以编导的写作目的来看，介绍李咏不是最终目的，李咏的生活态度倒是值得许多人借鉴，正如李咏说的，把握成功机遇，是个人成长中非常重要的事情。另外，懂得随遇而安的人生态度，也会使生活快乐很多。李咏的人生哲学造就了快乐的李咏。

例6-3 文艺丛谈：一切从寂寞开始

喜欢听一些老歌，一些在上世纪80年代就浮出水面的音乐人的早期作品。喜欢那些唯美的旋律，坦诚的自白，感性的声音，喜欢那些与生俱来的质朴与真切。那是从歌者内心深处最脆弱最敏感的部分流出来的，同岁月一道在琴弦上静静地走过，在每个听者如初的情怀里驻足停靠，不貌似深刻，不哗众取宠，只要一份真实，寂寞的真实。

寂寞可以创造诗，寂寞也可以创造音乐。四方漂泊的潘美辰在孤独无依的深夜用一把吉他弹奏出感人至深的《我想有个家》。陷入感情旋涡的罗大佑耗尽5年时间为张艾嘉写下广为传唱的《童年》。还有李宗盛的《寂寞难耐》，黄大炜的《让每个人都心碎》，郑智化的《别哭，我最爱的人》等等好歌，都是在他们不被了解不被认可的寂寞时分用心写就的心血之作。那时候他们都年轻，对音乐只有热忱没有功利。不矫情更不世俗，在钢铁水泥的丛林里，在人情淡薄的现实中，他们是善感的一群。内心的悸动需要排解，需要倾诉，音乐成了最好的知音。一腔热血和一颗激越的心，没有什么能比这些更有力量。

如果时光可以停留在最初，如果罗大佑在《恋曲80》、《恋曲90》之后不再推出不知所云的《恋曲 2000》；如果李宗盛在《生命精灵》之后不再为痴男怨女写俗艳的情歌；如果郑智化在《单身逃亡》之后不再吟唱假情假意的《夜未眠》，该有多好。他们都曾给过我们空前的感动，却不能为我们留下绝后的情思，还有很多很多人，是他们教会我们怎样去聆听好的音乐，却又甘心在浪得虚名之后与最初的愿望背道而驰，把自己推向尴尬的境地，因为他们早已不再寂寞。浮华与掌声，情色与名利，湮没的不单单是一种声音，更重要的是吞噬了一颗颗曾经滚烫的心。

从无声到有声，台湾流行音乐的华彩乐章就像每个人都必须经历的青春岁月，一去再也不肯回头。在这之后，内地迅速推起的摇滚乐，曾给我们一丝惊喜和慰藉，但那仅仅是一瞬间，是一根火柴的光亮，还没来得及做燎原之势，便急速熄灭在黎明前的黑暗里。

崔健的出现曾经让无数人激动不已，他以深刻、大气、悲天悯人的斗士情怀开启了一个摇滚时代，从《新长征路上的摇滚》到《解决》再到《红旗下的蛋》，摧枯拉朽的人文精神贯彻始终。那时候的崔健已不再只是他自己，而俨然成为一个变革时代最强有力的音乐符号。只可惜当时光流转至1997年，他和他的实验音乐完全地迷失在《无能的力量》里，尽管依旧好评如潮，但那只不过是出于对一个摇滚老前辈的尊重与辛辣心酸的现实啊。天才诗人九楚曾被誉为中国摇滚先锋中最具人文精神的一个。他的《bpmf》、《将将将》、《西出阳关》不知冲垮过多少音乐青年的孤傲与自负。只是他早已不再孤独，更不会觉得可耻，他如今正坐在造飞机的工厂里拿着一张红桃3发呆，音乐是什么，似乎与他无关。还有《黑梦》之后的窦唯，《垃圾场》之后的何勇，打着摇滚旗号搞流行的“零点”，酷似朋克的“花儿”，摩登天空下的“舌头”、“木马”等等，我们都应该理解并原谅他们，因为在这个急功近利的年代里，他们同样也是受害者。

郑智化在《落泪的戏子》的宣传文案中曾经这样写道：“要么被社会遗弃，要么被现实同化，别无选择。”多么残忍的事实，真实得触目惊心。

这总让我想起初来和早已混迹北京的十几万住地下室吃方便面的音乐同僚们。他们之中真正喜爱音乐的有之，为名为利为出人头地的肯定也不在少数。真心希望他们都能在寂寞的等待里沉下心来，用最好的音乐，演绎生活，也许这只是一个关注内地音乐发展的年轻人多余的担心。

一切从寂寞开始，这是流行音乐不幸中的万幸；一切以浮躁告终，这是流行音乐万幸中的不幸。但愿沉入水底的未来音乐人都可以守住寂寞，即便是在功成名就之后，也能以音乐的名义，做好自己。

训练提示：笔者在文中从老歌谈起，老歌经久不衰，多少年过去了听起来依然那么动人，因为那是从歌者内心深处最脆弱最敏感的部分流出来的，它具有一份寂寞的真实。笔者在文中谈到了寂寞可以创造诗，寂寞可以创造音乐，当音乐人处于不被了解、不被认可的寂寞时分，由于内心的悸动创作出了很多旷世之作；但当音乐功成名就之后，他们不再寂寞，浮华与掌声，情色与名利围绕着他们，他们原本一颗浪漫的心被吞噬了。笔者希望音乐人都可以守住寂寞，“即便是功成名就之后，也能以音乐的名义,做好自己。"这是全篇的重心所在。

例6-4 文化之旅:夜渡洱海

风花雪月,历来为人们视做文人骚客宣泄情感世界的滥觞。然而,勇敢的大理人却宣称:"风花雪月"是大理州美好风物的极致,领略过大理"下关风、上关花、苍山雪、洱海月"的人,无不为大理风光旖旎的景色所陶醉。

车到大理的那天,正赶上顶头风,天空的流云,浩森的洱海,还有那舒展拂动的秀木都在风里,这时,才真正领略到风从八方来。我要去的地方,还有好几里的路程,幸亏对习惯于在野外行走的我来说,这点路程也不算什么。

就像贪恋美酒的醉汉一样,我贪恋洱海的景色。不知不觉走入黄昏;直到发现自己孤零零地独处在洱海边时,周围的房屋早已消失在苍山的阴影下。远处,有一盏灯从天边飘来,越来越近。那是一只小渔船,橘黄色的桅灯下站着一个少年郎,当他知道我迷失了路途时,请我登上了他的小船。他笑着说前面已经没路了,你走在海边,留下了很长的影子,我想你一定是走丢了,不熟悉这地方的陌生人很容易迷路的。

少年郎一身白族打扮,看模样也不过十五六岁,浓浓的眉毛下一双明亮的大眼睛,难怪他能远远望到岸边的我。木桨轻轻地划着,船离了岸。少年说:洱海边的旅馆恐怕住满了,你可以到我家里住一宿,不远,一个钟头就到。

风,也许是刮累了,夜,分外宁静。皓月下的水面泛动鱼鳞似的银光,尖尖的小船,像一把镀了银的梭子,在水波上扯出一道素练。坐在船上,看着月儿在走、苍山在移,远方,繁星点点的渔火,映出彩色的洱海夜色。

少年似乎很懂我的心,止住木桨,听凭小船在洱海上荡漾,月亮一圈圈的光晕射入水底,融在峰峦叠嶂的倒影中,用手浣洗船舷边皎洁的月影,不由得沉浸在遐迩联翩的畅游中……

古代洱海被称为"叶榆泽",那时的洱海水域要比今天广阔。洱海南北长约40公里,东西间的距离约8公里,西面苍山的河水汇流入湖,北面蓄纳弥茨河的水流,然后经西洱河流向漾濞江,再汇入澜沧江。洱海的湖岸线很像是一只线条分明的耳轮,据说,世代居住在洱海之畔的白族,根据湖的轮廓取名耳朵海,后来,不知哪一位来此泛舟的文人,为它留下了这么一个雅致的名字。如今,这个传说已经成为浪漫的典故。

入夜的洱海,被月光凝结住,白日里酥暖的风穿不透微寒的薄雾。月光下,少年郎凝视着沉思中的我,唱起了民歌,悠扬的歌声是唱给我的。这歌声是为了驱走夜幕的凉意,还是慰藉远客的寂寥?歌如酒,令人酣醉,忘却归处。而此时的我,听着他古朴的咏调,思绪早已飘游到皑皑白雪的苍山之巅。

苍山落日的余晖早早隐遁在群壑之中。明月下,玄青色的山峦格外地清瘦,无论冬夏都戴着白色俏帽的苍山以永恒的姿势屹立着，俯视亘古不变的洱海。雪月交相辉映的夜景，别处只有在冬天才能显现，在洱海的苍山下，雪月交映之景终年可见。

坐在轻轻摇曳的船上，亦如在梦中，茫茫然，不知身在何处，缥缥缈缈，无始无终，月境也就是仙境。

追缅历史，五代至宋代时，大理国辖领云南全境及四川西南一带，世事沧桑，几多悲欢离合随着蹉跎岁月而去，留下来的苍山洱海却一如往昔，洗尽岁月的敷粉铅华，送迎痴迷于它的游人。而我，早已为景仰它而憔悴。

小船在歌声中往岸上漂，好像一直漂到了路上，路边的石屋，一盏灯挑出窗外，少年郎的家人正在等待他的归来。

少年对窗前的一个女孩喊道："金花，快来帮姐姐拿行李……"

训练提示：这是一篇文笔非常优美的散文，在作者笔下大理的风光如画般地展现在我们面前，特别是泛舟洱海的历程更是如同梦境一般。作为演播者应有亲临其境之感，怀着与作者一样的心情去讴歌苍山、洱海的美景。

例6-5 徐帆：人艺的戏就像老家具

才结束了上一部话剧《风月无边》，徐帆又将在人艺复排的保留剧目《蔡文姬》中扮演蔡文姬，由此开始了漫长的准备过程。在《风月无边》第一场演出前，我和徐帆面对面地谈起来了……

我很早就奇怪：人艺为何很少有女人戏

以男人戏见长的北京人艺只有几个戏中女人是绝对"主力"，《蔡文姬》、《王昭君》、《阮玲玉》，用徐帆的话讲《风月无边》只能算半个，在这三个半戏中，徐帆拥有两个半，不可谓不幸运了。正是演了这么多戏，徐帆才总结出男人戏与女人戏的规律，并对此颇有见地。

"人艺四十多年来，一直都是以男人戏居多，这个问题，我从很早就开始奇怪了。人艺确实擅演男人戏，那些戏中也有女人，可女人一般只是配角或群戏中的陪衬，有的甚至没什么女人，虽如此，有些男人戏还是挺好看的，像《狗儿爷涅槃》等等。"

《蔡文姬》与《王昭君》一个是郭老的杰作，一个是曹禺的手笔，《阮玲玉》和《风月无边》则是近年的新作，这是不是人艺也注意到了市场的需求了呢？你看现在一部戏里女人必不可少，强拉硬拽也要有个女人介入才行。徐帆对此颇有同感："这还真的与市场有些关系。以前的人写戏可能不太考虑市场，更多是从文学性与艺术性上考虑。这并不是说现在的戏丢掉了太多的文学性与艺术性，而是注意到了市场的需求，男女同台演出能满足观众的不同需要。"

演得怎么样：这是上心的事儿

徐帆在舞台上演的女人戏中的女人确实颇具光彩，各有特色。阮玲玉是一代明星，雪儿是李渔戏班中的戏子，蔡文姬又把她拉到了遥远的汉王朝，这几个重量级的角色让徐帆不但过瘾而且陶醉，也赢得了观众的认可。

“其实挺难的，演多了总要有区别，好在《阮玲玉》和《风月无边》中的阮玲玉与雪儿已经区别开了，这次蔡文姬又得与那两个女人不同，这不，我正在想办法呢。人艺的这几部以女人名字命名并以女人作为第一主角的戏虽年代不同，却都是在写女人的命运，几个人物有悲有爱，在表演时得去感受，去释放情感才行。说起来容易，要做还要做得有区别便是难上加难了，每一次演总要对自己特长的东西发挥得极致一些。”

“《风月无边》中的雪儿在原剧本中就是一个龙套、大群众，但她是戏班中的戏子，有唱段、有身段，我以前学了那么多年京剧，得展示一下，别闷一辈子呀。再说那时有近两年没演话剧了，特想演，机会来了，自然不肯错过。这个龙套雪儿是在排练中愣被提成半个主角的，也才有了这半部女人戏。导演林兆华不断地提要求，自己想办法达到的过程中一点点丰富，雪儿终于弄出些模样。你看人家黄宗洛老师演的都是小角色，可演得特棒，人也十分有名，这呀，就是一上心的事儿。”

别让《蔡文姬》把我的油水儿榨干

也许正是做到了“知己知彼”，徐帆在排练《蔡文姬》时，用的“招数”很有些与众不同。“我从没看过原来的《蔡文姬》，没提演这个戏的时候吧，没想到要看。现在排上了，倒是有意不去看。我想先别把自己的油水儿榨干了，多看了难免有依赖，还是到差不多的时候再去看吧，那时也就起个辅助作用。尽管以前的《蔡文姬》那样成功，自己又是第一次演这样一个人物，但没多大心理负担，导演不怕，我就不怕。导演考虑的是整体，演员相对简单一些，展现出来就行了，这会牵扯到表演方式。《蔡文姬》与我演的前两个女人不同，它要求有诗意的感受。

人艺的戏就像老家具，不是很流行，摆在家里却耐看

在人艺演了十年戏，徐帆对剧院特有感情，话题刚一扯到人艺风格上，徐帆更加滔滔不绝：“人艺的风格以前是焦菊隐带出来的，现在以林兆华为首的导演们在延续并带出了新的风格。现在人艺的风格有转变，却不是刻意转变，而是以戏带思想，不管是《绝对信号》也好，《阮玲玉》也好，都有创新，但并未脱轨太远，没让人觉得特没谱儿，能让人接受。从去年开始，人艺开始恢复排老戏，观众十分喜欢，我们继承下来的是经得住推敲的。我觉得就像老家具，不是很流行，摆在家里却也耐看。我认为我们这一代人在舞台上延续人艺的风格其实就是老艺术家们的认认真真、真实地演戏。

训练提示：演员与观众很少有沟通的机会，其实演员很想知道观众在想什么，观众也很想知道演员有什么打算。这篇稿子就是通过“我”把著名演员徐帆的一些情况和想法介绍给观众。因此，“介绍”是这篇稿件的基调，介绍徐帆对人艺戏路子的看法；

介绍徐帆对艺德的看法；介绍徐帆排练《蔡文姬》的感觉。听完了介绍，观众对徐帆在忙什么、想什么有了了解，与此同时对徐帆这个人也有了新的认识。

例6-6 郑晓龙谈影片《刮痧》

这是一个真实的故事

1994年，我听到朋友讲了这样一个真实的故事，一对台湾移民夫妇因为给孩子洗澡时不慎摔了孩子，被社会福利机构控告虐待。那时，我们虚构了“刮痧”这个故事，来到美国请朋友帮我们丰富内容。没有想到——

交谈中，美国的朋友告诉我们，1996年在匹兹堡，真的有一对华人移民夫妇因为给自己的孩子刮痧祛病，被当地福利机构指控虐待儿童，剥夺了其对子女的监护权。随之而来的漫长官司让这个家庭饱经磨难，一时间搞得所有的媒体都沸沸扬扬，很多报纸、电视都对这一事件大加报道，显示出美国社会对于华人社圈、华人文化广泛的不理解与不接受。

实际上，即使是在现在的美国，类似事件仍然比比皆是——南美移民经常会打孩子，在院子里被邻居看到直接就打电话报警；我们中国人经常说“打是疼、骂是爱”，但孩子受了体罚如果到学校跟老师一说，比较“善”的老师会打电话到家里警告家长，而一般的美国人会直接通知社会福利机构或报警。所以说，美国真的是个“爱管闲事”的民族，但我们必须看到，这也反映出根植于每个普通美国人心里的法律意识和社会责任感，大家互相监督，社会就会安定得多。我们中国人在这种小事上，则往往习惯——“事不关己，高高挂起”，“跟我又没关系，我惹那事儿干嘛呀”。

在教育孩子——我们中国人认为这么私人、这么细微的一件事上，东西方观念上也有这么大的差异！我们认为孩子是自己的一部分、自己的财产，无论我们怎么管教他都是为了他好；而美国人就会认为：孩子是社会的财富，是独立的，他有行动的自由，作为家长有义务照顾和保证其受教育的权利，忽略或粗暴对待孩子的行为是绝对不被接受的。教育孩子这种行为属于社会行为，不是你关上门就了事的！类似的很多这些事，让我想到的是观念的不同，文化的“不同”。而不是简单地厚此薄彼，评头论足……我渐渐感到：真的应该做些什么了。

《北京人在纽约》的不足

六年前我拍了《北京人在纽约》，我一直认为它有很多不足的地方，因为它主要表现的仅仅是新一代移民刚到美国时的生存艰难，讲的是如何在物质上立脚，但缺乏对于不同文化碰撞的较为深刻的描述与剖析。后来因为《北京人在纽约》在国内引起极大轰动，我没再好意思把自己的想法大声讲出来。我一直耿耿于怀，很渴望有机会来探讨“王启明”们后来怎么样，现在生活得如何，他们在想什么，在做什么，有什么新的遭遇，人生和信念有了什么变化，他们还好吗？

寻找真正的美国

既然是要拍中美文化冲突，为了丰富“刮痧”这个故事，下一个要解决的问题，就是要在美国定下故事发生的地点。决定拍《刮痧》之初，圈内的朋友们就建议我把拍摄地点最好选在纽约或者洛杉矶。原因很简单，除了拍《北京人在纽约》，我也曾经在纽约生活过，在那里朋友、熟人很多，对那里的大街小巷也是了如指掌。而洛杉矶是美国的电影拍摄制作基地，那里的人们十有八九是靠电影吃饭的，无论是餐馆里端盘子的，还是街上扫马路的，都有可能告诉你他在某部片子里饰演过小角色，或者是懂得化妆、服装、摄影、灯光。人工和拍摄成本可以降得很低。这两个国际知名的大城市让我确实有些心动。

但当我把《刮痧》的创作意图讲给我的一些美国朋友听时，他们几乎众口一词地说：忘掉纽约和洛杉矶吧，这两个城市都太国际化了，它们根本不能代表真正的美国文化。在美国人眼中它们什么都不是，要寻找典型的美国人的生活、美国人的保守和对其他文化的排斥，应当到美国的中部去，到美国的中小城市去，那里才是真正的90%以上的美国人过的日子。于是我开始寻访美国的南方、中部和西部——最后确定了以居民的顽固著称的密苏里州。

哪儿哪儿都是英语，正是他们生存的环境

《刮痧》讲述的是发生在当代美国的一个新移民家庭的故事。全程在美国拍摄完成，影片采取的是大量英文对白（超过影片长度的2/3）。我们也知道，国内观众对于英文有语言障碍，很多国内的观众对于看字幕、对于一部影片采用这么长时间的英文对白肯定会感到不习惯——以致会使影片票房受到影响。但为了更真切地反映身在美国的华裔移民的生活遭遇，喜悦、艰辛、痛苦、孤立、奋斗、无畏，为了让观众能够置身其中，我们特意保留了这个“障碍”！哪儿哪儿都是英语，正是我们的海外同胞每日每时置身其中、无可回避的语言环境，我们希望更多地还原真实！

当然，考虑到中国的实际和绝大多数观众的观看习惯，我们在后期又制作了一个全部用中文配音的版本。这个中文版本，更加容易帮助大多数不习惯阅读字幕的观众理解影片的故事情节。但如果想最大限度地体会那些身在大洋彼岸的同胞的切身感受，建议大家再去看一下英文的字幕版本，原汁原味，它毕竟会不一样。

当时全场都在大声说：“NO！”

当时《刮痧》的后期刚刚制作完，正赶上圣路易斯有个电影活动。那里的人们非常希望我们能够参加，希望能够一睹中国的电影摄制组全程在美国拍摄的第一部故事片的风采。盛情之下我们同意展映一场。消息传出去，《刮痧》的电影票在放映前一周就被观众一购而空。放映那天，场外聚集着数百名等待购买退票的人群，当地人士评论：这在圣路易斯确实前所未有！

片子放映过程中，我一直在观察周围美国观众的反应，发现尽管影片表现的是中国移民在美国的种种遭遇，但情节对观众的吸引力是显而易见的，他们时而随着故事的曲折发展发出同情的叹息，时而随着人物的精彩对话发出会心的笑声。当演到圣诞夜白人醉汉持刀抢劫许大同钱财，并贪心地要夺走许大同给儿子准备的圣诞礼物时，全场观众几乎不约而同愤怒地大声说："NO!"

我坐在黑暗中感到一种满足。美国人是溢于言表的民族，他们一个"不"字，清晰地让你知道，虽然文化背景不同，人类在是非爱憎上是共通的。

训练提示：这篇稿子详细介绍了《刮痧》构思、摄像以及播映的过程，从中得到一个结论，即人类在是非爱憎上是相通的。这篇稿子是以第一人称写的，表达时要有身临其境的感觉，好像在讲自己的经历、自己的设想、自己的感受，这样才能取得好的效果。

例6-7 殷承宗与钢琴伴唱《红灯记》

尽管钢琴传入我国已经有一百多年的历史，但这朵音乐奇葩在中国真正地开花结果，还是在新中国成立后的这50年间，而当我们回眸50多年来中国钢琴艺术的发展史时，一个个响亮的名字就会跃然而现：周广仁、傅聪、刘诗昆、郭志鸿、顾鉴婴、殷承宗、李名强、洪腾、鲍惠荞……他们是中国最早的一批琴坛翘楚，也是最早一批赢得国际声誉的钢琴家。这其中，殷承宗的名字显得尤为突出。他爱钢琴，爱得如醉如痴。因为爱，他成就了自己的事业和赫赫声名。同样因为爱，也导引出他生命中一段段曲折的经历和感人的故事……

厦门，鼓浪屿，中国南部沿海一个方圆不足两平方公里的小岛。这里风光旖旎、四季如春。1941年12月16日，殷承宗就出生在这个美丽的小岛上。

殷承宗的祖上经营实业，其父母也不是音乐家。那么，他又是怎样学上了钢琴的呢？

"鼓浪屿不仅风光秀美，人文环境也不错。那里有教堂、有钢琴、有星期天人们做礼拜时唱的赞美诗。"殷承宗回忆道："当时岛上的许多音乐活动都在教堂里举行，我对西洋音乐的最初认识就是从那时开始的。我的姑夫林文庆是厦门大学的第一任校长，他家里的钢琴有一段时间放在我家里。那时我刚刚3岁，记得琴来的那天，我非常高兴。此后，每当姐姐们弹琴时，我总是坐在一旁聆听，有时也悄悄地自己在琴上试着弹一会儿。就这样，我渐渐地爱上了钢琴，也期待着能有一台属于自己的琴。"

7岁那年，殷承宗终于有了属于自己的钢琴，而且还是两架。他的同父异母的哥哥殷祖澜要从上海迁居香港，遂将两架钢琴运回了鼓浪屿。这下，他如鱼得水，整天弹琴不止。当时岛上没有正规的职业钢琴教师，只有一位牧师的太太懂些乐理和弹琴。于是殷承宗跟她学了一个月的琴，学会了识谱和一些最基本的钢琴指法练习。此后，便无师自通地靠几本教材和乐谱自学，但进步很快。9岁时，他在岛上的育德女中礼堂首次举行了独奏会，其超凡的演奏才华博得听众热烈好评。

1954年，殷承宗小学毕业，钢琴也已自学了6年。此时的他，热爱钢琴已到痴的程度，并立志将来一定要做钢琴家。于是，他决定走出小岛，报考上海音乐学院。上海音乐学院是当时中国唯一的两大专业高等音乐学府之一，其钢琴师资雄厚、人才济济，号称中国钢琴家的摇篮。殷承宗报考该院附中的那一年，全国有2000名考生前来报考，可谓盛事空前。结果，殷承宗以各科全优的好成绩考得第一名。当主考老师得知他的自学经历时，大感惊讶。从此，殷承宗开始了他正规而扎实的练习生涯。

1959年，18岁的殷承宗在"第七届世界青年和平联欢节"钢琴比赛中获得金牌，名扬海外。翌年，他从上海音乐学院附中毕业，随即赴前苏联留学。在列宁格勒（今圣彼得堡音乐学院），他一面随著名女教授克拉芙蓉柯学琴，一面还学了作曲和指挥。遂使演奏技艺、音乐学养和艺术视野得以大大提高和扩展。1962年，在令人瞩目的第二届柴科夫斯基国际音乐比赛中，他以超凡的琴技赢得第二名。当殷承宗以一名钢琴新星的姿态出现在领奖台上时，世界乐坛开始把目光集中在这位年轻的中国钢琴家身上。

1967年，时届新中国历史上的"文革"时期，当时传统文化、尤其是西方文化艺术受到极大的扼制和冲击。钢琴的命运也在所难免，被当成废品处理或查封搁置。那时的殷承宗已经学成回国，被分配到中国中央乐团担任独奏演员。作为柴科夫斯基国际音乐比赛的获奖者，他虽然是当时中国屈指可数的几位著名青年钢琴家之一，但仍被下放到农村而无法弹琴。然而，视钢琴为生命的他又怎能离得开音乐和钢琴呢？于是，在那些没有琴弹的日子里，他便凭着自己对键盘的记忆和内心听觉，来对着各种乐谱默默地练琴。同时，他也常常在想，怎样"给钢琴找一条活路"（殷承宗语），让它重返舞台？

经过一番苦思冥想，他终于想出了一个别出心裁的方式——将钢琴搬到天安门广场，在那里演奏当时最流行的一些革命歌曲。于是，他连演3天，听者众多，大受欢迎。

正是在天安门广场演奏的当际，有听众问殷承宗："你能不能用钢琴来演奏京剧？"话虽简单，但"弹"何容易？京剧艺术唱念做打，仅就为唱腔伴奏的那套打击乐家伙，就不是一台钢琴能拿得下来的，何况还有其他各种重要环节？不过，既然人们有这样的听赏需求，而且如果"洋为中用"地用钢琴给京剧（确切地说是当时的"样板戏"）伴奏，岂不是又给钢琴拓出一条新活路？况且，这也的确是一种新的艺术尝试。于是，殷承宗便开始着手这方面的探索和创作。

他深入到中国戏曲学院和中国京剧院，一面频频听戏、看排练，一面和李维康、刘长瑜、钱浩梁等演员，以及唱腔设计者共同商议切磋。经过一番努力，很快新创作出京剧唱腔的毛泽东诗词《咏梅》和《红灯记》中的三首唱段。1967年国庆节首演后，颇得赞誉，被评论为"诞生了一个新的艺术品种"。不久，便由当时的中国唱片社录制出版了唱片。而后，经过进一步修改和唱段的扩充，遂正式成为一部由12首唱段组成的钢琴伴唱《红灯记》。1968年7月1日，该作品在北京人民大会堂正式公演，之后很快声名大振，不仅通过电视和电台而广为流播，还被拍成了彩色影片，成为当时风靡全国的一道音乐风景。

1983年，殷承宗移居美国，开始其世界性的演奏生涯。他先后4次在著名的卡风基大厅举行音乐会，并已经在美国和欧洲各地演出过数百场。1990年，在纪念柴科夫斯基诞辰50周年的盛大演出活动中，殷承宗作为特邀艺术家回到当年他留学的母校，举行了音乐会。《圣彼得堡日报》的评论说："涅瓦河畔又响起这位中国钢琴家的美妙琴音。对新一代听众来说，殷承宗带来无比的惊喜。而对于老一辈的听众，他的琴声唤起了许多记忆……"

近年，随着殷承宗的影响不断扩大，他的演出势头更是稳中有增，美国之外，英国、德国、俄罗斯、芬兰、加拿大、新加坡、日本、韩国、菲律宾、马来西亚等国，以及一些有影响的音乐节都频频邀他登台演奏。其精湛的演奏均获得听众和评论界的赞誉。演奏之外，他还在俄罗斯、美国和新加坡的几所大学担任客座钢琴教授。

身在异邦的殷承宗，从未忘记自己是中国人，也始终致力于中国民族的演奏和传播。"我在美国主要有三项工作：一是登台演奏和录音，二是尽力介绍和推广中国的钢琴作品，三是教学。"殷承宗说："刚来美国时，中国的钢琴作品还上不了我的音乐会节目单，只作为返场曲目。后来在我的力争下，中国作品才成了正式的曲目。像《百鸟朝凤》、《夕阳箫鼓》、《梅花三弄》、《平湖秋月》和《春江花月夜》等，都是我常演的曲目。我录制的唱片中，有一半是中国作品。"

不久前，殷承宗与李维康、耿其昌、王淑芬三位京剧艺术家合作，又重新录制推出了钢琴伴唱《红灯记》。相隔30多年，再聆听这部中西合璧的杰作，除了感受其独具的艺术魅力，也会唤起一份珍贵的往日情怀。

岁月如流，往事如歌。从9岁首次登台至今，殷承宗的演奏生涯已经有50年之久。50年，整整半个世纪，殷承宗以他对钢琴的深情厚爱以及不懈的追求和努力，为自己营造出一派事业的辉煌，也谱就出一曲钢琴与生命的多彩篇章。2001年元月，他在卡内基大厅举行了自己演奏生涯50周年纪念音乐会。

训练提示：著名钢琴家殷承宗是国内观众颇为熟悉的，他的精湛的演奏技巧更是令人折服。这篇稿件介绍了殷承宗的家世和他学艺的经历，让人从中悟出艺术造诣不是凭空得来的，而是艺术家用生命和血汗换来的，这对每个人来讲都是十分有益的启示。

例6-8 人物风采：齐越当年做检讨

20世纪50年代初的一天晚上，新闻节目中有一条消息是周恩来总理接见资本家，人名、职务一大串，有如绕口令，齐越播得有些吃力。忽然，连他自己也不知怎么回事,把"周总理"播成"周总经理"了,他立即发觉,特意重复一遍予以改正。新闻播完,齐越将错误事实登在"临听表"上,并写了检查。

在党支部大会上和工会会员大会上,齐越说,"这条消息是周总理接见各私营企业的经理,通篇都是这个经理,那个总经理,……我就顺口溜,播错了。"

首次检查没有通过。总支书记、中央台副总编辑温济泽问他:"1948年,你播3000字的中央文件时为什么没有出错?现在播一条几百字的短消息反而出错呢?"

齐越回想,那是1948年5月29日在张胡庄,《中共中央关于1948年土地改革工作和整党工作的指示》3300字,编辑部主任温济泽指定齐越播,并写了一封短信:"今天播送的中央指示十分重要。主席亲笔指示,不要播错一个字。请你们万分注意。"时间紧迫,离播出只有一个小时,齐越不敢有丝毫懈怠,集中精力阅读和领会文件精神,同其他播音员研讨具体播法,结果圆满完成任务,一字不差!而今短短几百字,怎么就错了呢?以致后来在新闻总署首届工会会员大会上,副署长范长江以他一贯幽默的口气批评道:"咱们国家又不是开铺子,哪来的经理,怎么能有个总经理呢?不应当出这样的错!"哄的一声台下全笑了。齐越没笑,他心里难受。

齐越此后采取了措施,为了保证播音时有充沛的精力,他合理安排作息时间。准备稿件时,为了正确表达语气,不出错,一定要在稿件上用符号标明,前后句须连贯的地方,决不草草浏览,仓促上阵。遇到拗口或容易念错的字句,标好警觉符号,格外小心。他兢兢业业,一字一句体会稿件中的思想感情,全身心投入广播事业。

训练提示:齐越当年是中央电视台的播音员,熟悉他的人都知道,他把事业看得比命还重要,对工作更是精益求精。现在把发生在50年代初的一次播出差错拿出来讲,无非是号召人们向齐越同志学习,学习他知错就改的精神。因此,语言表达应是给予肯定,给予推崇。

例6-9 人物风采:李保田——幽默的宣言

或许是因为长相丑,当年的李保田永远是舞台上的反角。这一方面给他的心里留下了一点儿阴影,觉得自己仿佛生来是块边角料;另一方面却也刺激了他的认识,即事实上正派、反派的角色划分是错误的,人性的丰富性、复杂性岂能以"好"、"坏"两个字概括!因此当年他演"坏人"并不简单的"坏",就像后来他在影视片中演主角并不是简单的"好"一样。

在几年前轰动一时的40集电视连续剧《宰相刘罗锅》中,李保田演的刘墉是个大忠臣,正直、机智。虽貌丑体残(罗锅),却极具人格魅力。提起这个角色,李保田仍然很心动:"拍完这个戏已经很久了,但我直到今天还对'刘罗锅'进行各种各样的反省。可以说,我对自己是比较满意的。我想让大家来看看,或者说这是我的一个宣言,即什么叫幽默,什么叫喜剧。我不想对别人进行任何指责,只是想通过我自己的努力使人们看到，真正的幽默是从人物的内心里来的，而绝不是那些外部的花活儿、那些雕虫小技。”

说到“刘罗锅”，必然要提起那段只能演反角的日子，考到中央戏剧学院之后，学校里演话剧，李保田是当然的反角，也是当然会演出彩来的反角。台下的观众看着他的表演乐上一乐，可台上的他心里很清楚，这是自己正在尝试用真正的幽默感来打动人，而绝不是简单的滑稽效果。所以，当《宰相刘罗锅》的剧本摆到保田面前时，他立即明确地感觉到了它的价值：“演‘刘罗锅’，就是把这些年来我所进行的有关幽默的自我训练，通过这个形象，初次比较完整地展示出来。”

在艺术面前，李保田是个极其执著的人，为了角色、为了戏，他不怕得罪人。很多合作者都领教过他这个习惯，多半也能理解他，这使他渐渐地会去考虑对方的处境，“让别人也能过得去”。在《宰相刘罗锅》的拍摄过程中，也曾有过因对“刘罗锅”性格理解上的分歧而出现矛盾的时候。这时大家便停下工作，冷静一阵，再取得沟通。现在想起这件事，李保田坦然承认自己也是做了让步的，否则戏会拍不下去。但内心里，他仍然坚持自己的想法。

艺术家必须要有自己独特的个性，要在心灵中保有一块纯洁天真的天地。李保田喜欢离群索居，在孤独中接近他的艺术梦想：“对每一个新角色，我都是全部投入其中，用一种全新的感觉对待它。全新的人物需要全新的方式、全新的思维。”

蜗居于斗室之中，面对满桌满壁自己的美术作品和书籍，他的思想常如天马行空。作为群体中的“异己分子”，多年来他早已习惯于保持沉默，在心灵的世界里自问自答。久而久之，思路独特，观点新奇，与人交往寥寥数语，便可见其特立独行之处。

训练提示：李保田饰演宰相刘罗锅给观众留下了深刻的印象，提起李保田总是让人和幽默挂起钩来。李保田形象不佳，被人认为只能演反角，但是他耐得寂寞，认真实践总结演反角的经验，终于刘罗锅这个人物使他把有关幽默的自我训练比较完整地展现出来。这篇稿子告诉人们艺术领域的任何一次攀登都是艺术家执著的结果。

例6-10　人物专访：访节目主持人徐俐

徐俐于1992年在中央电视台一露面，就为一向最容易落入枯燥刻板的新闻口播赋予了极富感染力的热忱与明快色彩。许多本来内容平淡的新闻条目，只要经她一番“权威”播出，就完全变成了另一种视听享受：口气持重大器又不失斯文细腻，语言节奏张弛有度又内含嗓音的婉转与丰润，用一个不尽贴切的形容来比喻——徐俐几乎是在严格的“规定动作”限制之下，完成了优美的“自由体操”。我个人不敢妄言徐俐就是现今中央电视台最出色的新闻播音员，但她确已在无形中树立起一种崭新的主持风格。

一次碰巧在中医研究院专家门诊部里看到徐俐在那里看病，只见老中医将食指放在徐俐右手腕儿上轻轻那么一搭，片刻间又安详一笑说："你这是典型的小姐脉，又细又弱……"我走到近前细细打量一番身高不足1米60娇小玲珑的她，不禁愕然于走下《中国新闻》的徐俐，竟和电视上咄咄悍然的她能形成如此强烈的反差。我问徐俐："作为一名公众女性，为人办事什么最为首要？"她当时用那双澄澈晶亮的眼睛直视着我说："真诚。如果女人身上稍带一丝一毫的虚假，其他就什么也谈不到了。"

平日生活中，徐俐是一个随性情而生活的人，不能算是熟读诗书，但基本上知书达理，对文化始终有一份深深的崇仰。只要在完成本职播音之余有空闲，读、想、写——才是她个性与魅力充分挥洒写意的天地所在。这种持之以恒的精神汲取与内心锤炼，又在她豪爽自信的风格之中，自然而然融入了浓厚的文化意味。这种意味甚至已默默潜入她独往独来逛商场的购物行为之中，每当她走进一家时装精品店，为自己挑选上电视所必需的职业女装时，也常常显得"醉翁之意不在酒"，那一刻看她抱着两肩噘起嘴唇乜着眼神长久左右审忖的欣赏形态，与其说那是在花钱买"包装"，还不如说她在选衣服的同时，完成了一种对服饰文化的内心审美。

又问她作为一个女人怎么活着才算有乐趣？她爽然再答道："活得纯粹就最有意思，我希望能通过我的本职工作和平常生活，尽可能地让人尊重让人欣赏，同时也能让人感到亲和。我相信自己将会为此终生不渝。"

训练提示：徐俐作为一名新闻播音员应该说是十分出色的。她有自己独特的风格，无论是圈内还是圈外对她都是肯定的。应该说她有一定的知名度。作者对她播音的评价很专业，对她为人的描述也恰如其分，使公众对徐俐有了一个更全面的了解，但是最揭示徐俐内心世界的还是她自己说的话，"活得纯粹就最有意思，我希望能通过我的本职工作和平常生活，尽可能地让人尊重让人欣赏，同时也能让人感到亲和。我相信自己将会为此终生不渝。"

第七章

节目主持人

第一节 理论概述

一、什么是主持人节目

主持人节目，顾名思义就是在这个节目里出现了主持人，“但是主持人节目播音使用的时候，要赋予它们以主持的形式。主持人节目中的播音员直接向受众表达自己的情感，直接向受众陈述自己对某个问题的看法、观点，必要的时候还可把受众请进直播间，面对面地交换看法、意见。这些形式在非主持人播音中是看不到的”①。

我国第一个主持人节目应该出现在1981年元旦，中央人民广播电台台播部根据台胞这一特定对象的需求改变了《空中之友》的播报方式，此节目成为第一个主持人形式的节目。之后，主持人节目如雨后春笋遍布大江南北。中央电视台朱军主持的《艺术人生》以其坦诚、真挚深深打动了观众。王小丫主持的《开心词典》以其热情、机敏得到了广大观众的喜爱。李咏主持的《非常6+1》、《幸运52》更是把观众带进了欢声笑语中。

除中央电视台推出了一批优秀的主持人节目外，各地方台也相继推出了一批主持人节目，同样受到广大听众、观众的欢迎和好评。

二、主持人节目的特点

一是，显然，主持人节目必须有一个主持人，这个主持人在节目中是以第一人称“我”出现的，这个“我”在节目进行的过程中不仅仅是讲解员、是导游，他更应该是节目的主人，是使节目有机推进的动力。如王刚在北京电视台主持的《天下收藏》栏目，

① 张颂主编：《中国播音员》，北京广播学院出版社1994年版，第461页。

现场有鉴宝者、来宾、专家,每个人的心态是不同的。王刚始终秉承去伪存真的宗旨把握着节目的方向。作为一个主持人,他是那么成熟,显得那么得心应手、运用自如,他的机敏、洒脱、诚恳、风趣把一个原本专业性很强的栏目主持得那么有声有色、趣味无穷。从这里不难看出,一个主持人节目必须要有一个主持人,而且这个主持人应该是具有驾驭节目能力的人。

二是,由于节目形式的变化,主持人的表达方式应以谈话体为主。在众多的主持人节目里,交流对象就在你面前,交流对象的形象、情感的变化历历在目,主持人与对象之间的思想交流瞬息万变。在这样的环境里,以第一人称"我"出现的主持人显然只能以"谈"、"说"这种方式来进行交流,因此,交谈式的表达方式成为主持人节目的一大特征。

三是,主持人节目为主持人提供了一个比较大的创作空间,主持人的个性化与栏目的特征实现了完美的统一。从编创人员的意图来说,每个栏目均有其特色,如《实话实说》栏目无非是想通过一个一个话题的讨论唤起人们对社会、对生活的关注,澄清一些认识,因此,这个栏目的特色在于"实"。这个"实"字最初选中了崔永元这个貌不出众、语不惊人的老实人。同样,崔永元在主持《实话实说》以及如今的《小崔说事》的过程中逐渐形成了自己朴实无华、真挚动人的风格。这就是栏目造就了主持人,主持人又为栏目增了色。

三、什么是节目主持人

所谓主持人即是以第一人称出现在广播电视节目中驾驭节目进程的人。应该说主持人是节目的主人,是节目的组织者。

节目主持人与主持人节目是两个交叉的概念,主持人节目是指节目形态,节目主持人是指职业门类。但二者关系极为密切,节目为主持人提供了创作的舞台,主持人又为节目添彩增色。

四、节目主持人的任务

节目主持人的根本任务在于有效地传达节目内容,以感染听众、观众,达到预期的效果。

节目主持人要想做到有效地传达节目内容,首先必须深入地了解节目。比如说,《实话实说》这个节目,它的受众定位应该是老百姓,想老百姓之所想,急老百姓之所急应该是节目的追求。掌握节目定位后,节目主持人就应该融入节目中去,变百姓的需求为自己的需求。很难想象一个对所主持的节目缺乏深刻认识的主持人能把一个节目主持好。

主持人的目光始终要盯住“有效”两个字。以谈话节目为例，谈话节目本身并非电视的优势，由于谈话节目画面简单、信息量小，容易使观众感到乏味。正因为如此，节目主持人就应该对节目进行精心的策划，在话题确定后，主持人应该考虑如何引导嘉宾和来宾展开话题，话题展开后又如何逐渐过渡到主题的展开上，随着节目的行进主题又如何得到深化。在这个过程中，主持人还必须注意到谈话节目中观点的对立是有助于为节目增色的，有了不同观点才能引发争论，有争论才能谈得深、谈得透，从而激发起全场来宾及电视机前观众的情绪。谈话节目的主持人在讨论的整个过程中是灵魂人物，他对火候不够的发言要催发，对过头的发言要调整。恰当的提问、及时的提醒、善意的玩笑等多种方法的交叉使用会使现场气氛适时转换，从而高潮迭出，使得话题的讨论步步深入。

五、主持人的语言

由于节目主持人与播音员在节目中所处地位与身份的不同，节目主持人的语言与播音员的语言有一些不同。节目主持人在节目中是以“我”的身份出现的，他的语言表达方式是交谈式，而播音员是以第三人称出现的，他的语言表达方式主要是播报式。主持人语言有其自身的特点，归纳起来有如下四点。

1. 主持人语言极具个性化特色

节目主持人在节目中是以“我”的身份出现的，这个“我”是真实的、具体的，主持人以真实的面目与受众交流是主持人节目的一大特色。由于主持人受年龄、学历、内涵、性格以及对节目感情程度的不同，这个“我”是极富个性化的。以上世纪90年代风靡一时的综艺节目《综艺大观》为例，从倪萍算起，倪萍的主持有其特色，她在主持的过程中极其投入，从用声、体态语的运用到情感的调动，其幅度都非常大；她的主持热情奔放，业内人士称她善于“煽情”；她对场面的控制能力极强，能与观众水乳交融。周涛则不同，她的主持热情但透着娟秀，她的感情没有倪萍那么大的起伏，但从她娓娓道来的陈述中，依然真切地感受到她朴实的情怀。曹颖的主持风格则是独辟蹊径，她的表述热情、洒脱、自然、轻松，言语之中透着一种机敏，似乎她总在告诉观众生活是美好的！同样，《天下收藏》栏目的主持人王刚也是个极富个性的主持人，他的主持洒脱自如，语言幽默得体，他能不露声色地把话题引入预定的内容，又能不露痕迹地把话题提升到一个新的高度。从这里足以看出王刚主持功力的深厚。从以上例子不难看出，主持人每个人的情况是不同的，每个主持人都有他自己的个性，这是问题的一个方面。

问题的另一方面是，由于每个栏目的宗旨、内容、形式的不同，又决定了主持方式的不同，这种由栏目带来的差异更强化了主持人节目的个性特征。例如，《开心词典》

是一档知识竞猜类节目，这档节目既含知识性，又含娱乐性，王小丫主持得轻松自如，场内的紧张气氛中又洋溢着欢乐。《艺术人生》是一档颇具内涵的访谈类节目，节目中充满着对人生的感慨，有成功的欢悦，有挫折的悲凉。朱军的诚恳、真挚给栏目披上了一层和谐动人的色彩。正因为栏目个性的差异，从而决定了主持人主持方式的差异，其中包括语言表达、情感跨越的转换调整。

2. 主持人语言的表述宜用谈话体

主持人要想主持好一个栏目就必须努力成为受众的知音，要擅长和受众交朋友，以坦诚之心与受众交流思想、沟通感情；持豁达之态与人共享欢乐，成为受众的知己。真诚重在说理，真情重在交流，要说理、要交流，那就必须凭借语言。主持人的语言应该平和自然、亲切到位，以平等姿态与观众探讨交流。对于主持人来说，显然呆板的宣读、居高临下的“教化”是不合适的，主持人的表述只能采用谈话体。

应该看到，主持人采用谈话体与受众交流，与传媒的人际化现象是分不开的。从传播角度看，主持人节目人际传播因素十分鲜明，由于节目主持人是以真实的个人身份出现在节目里，从而使传媒人格化了。这种传播方式消除了节目主持人与受众之间的屏障，由间接传播变成了面对面的直接交流，这种交流方式增强了二者交流的直接性，使其感悟到一种与人际传播相仿的感觉。

另外，由于受众的参与更强化了传媒的人际化。在现在的广播和电视节目中，受众往往出现在现场，或通过热线电话与主持人交流，这无疑营造出一种浓郁的人际传播气氛，使更多未能参加的受众获得更具人际性的传播感受。中央电视台的《开心词典》是一档集娱乐和知识于一体的主持人节目。在这档节目里，嘉宾可以求助于现场观众，也可通过热线电话求助于亲友，这样一来就把对节目关注的群体大大扩大，这无疑给观众以更强烈的感染，使更多的观众如身临其境，参与感、交流感因此得到强化。

由此可见，主持人节目中主持人与受众之间的交流方式决定了主持人的表述必须口语化，而谈话体的显著特征使交流直接、对象明确，充分体现了口语松弛、自然、平和、多变、生动的特征。大家知道，传者与受者之间的关系是“一对一”，这不仅是我讲你听的关系，而且也有你讲我听的关系。这种关系确定了交流是双向的，要求“说”、“聊”的味道更浓，而且由于接受对象的不同，“说”、“聊”的语气、节奏的变化有很大的差异。这种差异主要来自两个方面的因素：一是交流对象的不同，这种不同表现在年龄、职业、文化修养等诸多方面；二是表现在谈话内容的差异上，这种差异体现在由于谈话内容的变化而引起的情感的波动上，谈话体所具有的口语化的特征正是适应了这些变化，从而使主持人与受众之间的感情实现了和谐以致融合。例如，中央电视台的《现在播报》是一档颇受欢迎的新闻节目，之所以受欢迎，其原因除了内容新鲜、实在、丰富、贴近百姓之外，其播报风格也是一大因素。海霞在新闻播报中加大了“说”

新闻的成分,"说"替代了呆板的"播",新闻内容有了细致的处理,内容表现得更明晰、更醒目了。同时,又借助了体态语,尽管是单向传播,但她的热情、松弛、洒脱拉近了传播者与受传者之间的距离,产生了一种家庭的氛围,使人倍感亲切。香港凤凰卫视的主持人鲁豫,从1998年4月起担任新闻节目《凤凰早班车》的主持人,她以"说"新闻的方式,在温和与轻松的气氛中,向观众讲述世界各地的最新消息。她追求自然、松弛,因此颇受港澳和内地观众的好评。

综上所述,主持人由于传播方式有别于播音员,因此,他的表述应采用谈话体。但是,我们必须注意到,主持人采用的谈话体并不等同于日常的生活用语,这种谈话体有其自身的规律性,表现在三个方面:

(1)主持人的语言应该是标准的、规范的。

如果说主持人在话筒前的表述也是一种"说话",那么,应该看到这种"说话"与生活中一般人的说话是不同的。首先,主持人是传媒的代言人,他不能随便说话,他说的话要受到节目、稿件的制约;第二,广播电视的传播环境与日常生活中的说话环境是不一样的,现代化的传播手段使主持人的说话超越了在公众场合下说话的范围,他的只言片语必须纯正、声音要悦耳、表达要准确,这是对主持人说话的基本要求。

(2)主持人要讲究说话艺术。

我们主张主持人要采用谈话体并不是要主持人回到生活语言的原型中去。生活语言的不规范,语音的混杂,语句的残缺,语意的模糊显然是主持语言所不可取的。而谈话体正是吸收了生活语言的精华,即生活语言的自然、松弛、生动、极富交流感的一面。应该说生活语言是生动的、极富形象性的,主持语言应该是生活语言的升华,不是生活语言的重复。尽管每个主持人身处固定的栏目中,但是随着栏目内容的变更、观众群体的不同以及嘉宾身份的不同,主持人的语言不应该是固定不变的。主持人要根据栏目的个性来确定自己的定位,要十分明确自己与交流对象的关系以及身处的语境,要讲究语言表达的艺术性。

主持人说话的艺术性主要体现在两个方面:一方面,作为节目主持人应该熟悉语言,熟悉语言表达的技巧,能够根据节目的要求灵活多变地使用各种语言表达形式,而且能够做到运用自如。《天下收藏》栏目的主持人王刚谙熟鉴宝者内心矛盾的心态,准确地把握各个时机,把一个原本枯燥的专业性很强的节目主持得生机盎然。作为一个颇具主持经验的名主持,王刚儒雅的风度、风趣的谈吐、机敏的反应、落落大方的举止为《天下收藏》栏目大为增色。《开心词典》的主持人王小丫的主持显现出了她良好的专业修养和熟练的主持技巧,她的语言生动而富有活力,朴实机敏而不乏真诚。另一方面是主持人要讲求语言美。对语言美的理解可以分为两个层面:一是主持人的语言要脱"俗",这个"俗"字即庸俗的意思。主持人的语言不能追求低级庸俗,不能靠说一些有失大雅的话来追求主持效果,更不能靠一些庸俗的动作来赢得一点廉价的掌声。二是主持人要追求声音美。声音是语言的载体,吐字清晰、声音圆润、气息自如是进行语言传播活动,实现传播目的的必要条件。

(3)主持人的语言要繁简适度、准确得体。

主持人应该具备良好的口才,会说,有的说,但并不是说主持人可以信口开河随便说,或者不管栏目是否需要,也不管受者是否接受就絮絮叨叨、喋喋不休,如毛主席在文章中批评的像懒婆娘的裹脚布又长又臭,这种会说恐怕无得体可言、无美感可言。因此,主持人语言的得体是十分重要的,是主持人自身素质、专业修养的具体体现。《小崔说事》的主持人崔永元主持语言十分简练但颇有情趣。一次春节特别节目里,在表演拿手厨艺环节时,有一位参与观众的绝活是擀超薄面皮,崔永元风趣地说:"擀这么薄的面皮是不是有欺骗顾客的嫌疑?为什么擀那么薄?什么用意?"场内观众笑了。这位观众说:"做什么事都要有个性。"另一个观众的绝技是背手包包子,崔永元说:"这不是自己跟自己过不去嘛,正着包多好。你怎么想起来反着手包?"观众又是哄堂大笑。崔永元的主持表面上看起来不温不火,但他总能在瞬间机敏地捕捉到语言交汇的亮点,在与观众的碰撞中溅出耀眼的火花。

在某台的一次直播现场会上,主持人邀请赞助单位的代表和几个小朋友上台做游戏。由于小孩子太紧张,一个胖小子一上台就被同伴绊了一跤,哇哇哭起来。这时场上气氛很紧张,只见主持人乐呵呵地跑上台把胖小子扶起来,边扶边说:"好好,大元宝滚进来喽!看来今年我们在场的各位和电视机前的朋友们都会财源滚滚。"几句话把台上、台下全逗笑了,场上气氛立刻活跃起来。

3. 主持人语言应该具有鲜明的个性特征

节目主持人是以个人身份出现,直接面对受众的节目的驾驭者、处理者、播讲者。在主持人节目中最有效、最有厚度的传播手段是语言。主持人的语言应该有个性,个性化的传播正是现代传播的必然趋势。

主持人个性化语言的形成是由诸多因素决定的,首先是由主持人自身语言表达素养所决定的。节目主持人最基本的功力之一,是语言表达的基础。在主持人节目中,有相当多的内容与主持人所听、所见、所感相关,但每个主持人通过思考、分析所获得的感受是不尽相同的。同时主持人的兴趣、爱好、性格、心境都会对最终的感受产生不可忽略的影响。说到底,主持人的语言表达是口头作文,看过后想,想过后说,说就是表达。尽管语言有特定的内容,由于"想"的有差异,不同的人就会有不同的表达方式。

其次,不同的生活阅历也会对主持人个性语言的形成产生不容忽视的影响。生活阅历是一个人对社会、对人生真谛认识的过程,也是一个人文化和经验积淀的过程。不同的生活阅历必然造就不同的知识结构和思想内涵。说话是人类一种高级复杂的活动,说话的过程是一个循环过程,即说话人要做的第一件事,就是整理自己的想法,决定要说的内容,并将这些内容变为语言形式。由于每个人的生活阅历不同必然形成不同的思维模式,不同的思维模式又决定了不同的语言表达方式。

再次，应该看到，主持人个性化语言的形成与栏目的个性是分不开的，主持人的个性化是对栏目个性风格的肯定和认同，栏目的个性化又是对主持人个性的一种强化，二者必然融为一体。上海电视台著名节目主持人叶慧贤是相声演员改做节目主持人的，丰富的生活阅历使他形成了独特的主持风格。他多才多艺，知识面很广，应变能力也很强，是上海观众熟悉的朋友。1994年9月在庆祝上海市政协成立四十五周年文艺晚会上，在全场观众的热烈要求下，当时任上海市长的黄菊走上舞台，即兴演唱了一首《敢问路在何方》，热情洋溢的美声唱法，赢得了观众的掌声。黄菊同志笑容可掬地正欲走下舞台，叶慧贤留住了他。叶慧贤说："市长，您一曲《敢问路在何方》字正腔圆，声情并茂。作为一个上海市民，敢问市长，上海人民的改革致富路在何方?"台下一片笑声。黄菊回答说："路在一千三百万上海人民的脚下！"台下一片喝彩和赞叹声。

1993年5月叶惠贤被邀请主持"金华小姐"评选决赛暨文艺晚会。经过竞争和筛选，台下只剩下5位佳丽。马上就要宣布决赛最后结果，熟悉观众心理的叶惠贤向佳丽们发出了最后一问。叶慧贤问佳丽们："你们认为谁最有希望获得'金华小姐'的称号?"甲小姐光笑不说话，叶慧贤说："不说话，我明白了，沉默是成功的法宝。"问到乙小姐时，她犹豫了一会儿说："我觉得我有希望！"叶慧贤称赞说："好！自信是胜利的武器。"问到丙小姐时，她说："不管谁能当选，对我来说都是学习的机会。"叶慧贤赞同地说："嗯，谦虚是进步的钥匙。"

从以上两个例子不难看出叶慧贤多年从事相声艺术的功底，使他与综艺节目的内容形式一拍即合，相得益彰，取得了极好的播出效果。

许戈辉是观众熟悉和喜爱的主持人，1991年她在中央电视台举办的全国青年主持人大赛中夺魁，从此进入电视传媒领域，从1991年到1995年她先后在中央电视台主持了《十二演播室》、《正大综艺》、《东西南北中》，1996年加盟凤凰卫视中文台。她在谈到主持人语言时是这样说的："我不是那种特干练、说话犀利的人，咄咄逼人更不会。我是这样想的，一个不成熟的访谈节目主持人，才会去处心积虑地找所谓尖锐的角度啦，观点的交锋啊，太刻意，那不自然。更多的时候，我是一个平和的对话者，我代表观众在提问，因为有些访谈对象，他们从事的领域是大家比较陌生的，我就得问一些常识性的问题，可能有的人认为幼稚。我是在该提问的时候提问，该探讨的时候探讨，有时是一个倾听者，有时是一个挑战者，简单、清晰、自然就好，我很反感那种七拐八拐的提问方式，用很多生僻的词汇，让人紧张，不够放松。"观众对许戈辉主持风格是认同的，她拥有稳定的观众群。屏幕上的许戈辉甜美而文静，语言舒缓而充满魅力，她在叙述一件事情时，浅浅的笑容里流露出无限的温柔，她是观众的朋友，一个可以信赖的好朋友。

《实话实说》中的崔永元的形象在观众心中是难以抹去的，他的语言朴实无华，他的装束平平常常，但他身上所具有的平民色彩却与栏目交相辉映、光彩照人。崔永元在谈到主持人的角色意识时是这样说的："我要是综艺节目主持人，也想弄得光彩照人一点，因为那是表演性质的节目，它就要与众不同，新鲜一点儿，大气一点儿，大牌一点儿。谈话节目呢，是老百姓选出来的一个代表，老百姓中间站一个人给他们调和，把这方的意思传达过去，再把那方的意思介绍过来，干的是衔接。如果谁渴了，给他倒一杯水，就这么个角色。”在他心里，《实话实说》栏目的主持人只不过是老百姓选出来的一个代表，头顶上的这个光环不是个人的，是媒介的光环，自己只不过是百姓中的一员，一个平常人。正因为崔永元始终怀着一颗平常心，所以他的一言一行时时流露出一种朴实、真诚、友善。他的话语中，尽管没有华丽的辞藻，但依然在百姓的心中掀起情感的波澜，给大家留下众多的欣喜和感悟。

4. 电视节目主持人的语言是口语和体态语的有机融合

电视是一门视听兼备的传播艺术，观众既要听更要看，主持人在主持节目的过程中是全方位展现在观众面前的，因此，我们在研究主持人语言时，不仅要研究有声语言，更要讲究无声语言即体态语。传播学者认为：人们在面对面传递一条信息时，从有声语言处获得的信息只占35%，而从形体语言处获得的则要占到65%。因此，电视节目主持人一旦离开形体语言，就违背了视听艺术的规律，也就失去了自身的魅力。

实际上，在日常生活中，人际交流没有借助体态语的情况是很少的，特别是一些性格外向、善于言辞的人说起话来更是眉飞色舞、喜形于色。那么，工作在媒体的节目主持人为了加强与观众的交流沟通，增加信息传递的生动性、形象性、直观性，也必然要通过有声语言与体态语的相互作用，密切配合，以求取得最佳的传播效果。

同时，节目主持人应该意识到自己不仅是信息传播者，同时也是美的传播者，主持人应该根据不同节目的需要，尽力发挥自身体态语的优势，更好地展现自我，塑造出美的形象。目前常用的体态语有：眼神、表情、手势、坐姿四种。

(1)眼神。

眼神是一种语言，是传递信息、交流情感的一种手段。俗话说：“眼睛是心灵的窗户”，这足以说明眼神是一个人内心世界的生动体现。因此，主持人要学会和善于运用眼语来说话。中央电视台《晚间新闻》的主持人海霞是善于用眉目向观众传递信息的高手。从她的眼神里可以寻找到热情的期盼、会意的欢悦，她的眼神是对她有声语言的一种有效的强化，也是对所表达内容的进一步解读。中央电视台的著名主持人沈力说得好：“与观众交流一是靠语言，二是靠眼神。如果仅仅是背稿，眼神必然是呆滞的。”在所有的“非语言”传播中，眼语是最丰富、最耐人寻味的，也是最具魅力的。

可见，眼语的使用对主持人来讲是极其重要的，但是主持人是媒体的工作人员，他与普通人在日常生活中习惯地使用眼语是不同的，他必须与栏目、与所播讲内容的需要联系起来。主持人使用眼语有两种情况，一是在演播室面对摄像机说话，再就是外出采访时直接面对被采访对象。在摄像机面前说话的特殊性是面前没有实实在在的交流对象，注意力容易分散，也就是业内人士常说的容易“跑神”。这时，主持人眼语的运用显得格外重要，面对摄像机，主持人的眼神不能虚，他必须透过摄像机真切地看到电视机前的观众，只有目中有人，心中才有情，眼中才会有神采。而在外出采访或现场主持时，主持人是直面嘉宾和观众的，这时的主持人应该像遇见老朋友那样真实、自然，目光眼神也应该随着有声语言的情感变化而灵动。

无论是在摄像机前还是在采访、主持现场，主持人始终不能忽略与对象进行目光交流。主持人要坦荡地迎接交流对象的目光，以形成平和畅通的交流渠道，并在目光交流中沟通情感，实现彼此的理解和认同。当主持人面对众多观众时，切不可左顾右盼，眼神飘忽，不要以为这样就能照顾到全场观众，实际上这样做的结果是主持人失去了与全场观众交流的机会，因为他始终面对的是一个空间而不是具体的人。一个聪明的主持人当他面对一个群体时，他会始终把目光投向某一个人，这样做的结果是使他最终实现了与全场观众的交流。

（2）表情。

在日常生活中，人们往往把脸形容成一张晴雨表，因为人的面部表情包含着丰富的情绪内容，不同的表情可以反映出不同的情感色彩，传递不同的信息。心理学家曾有过这样的说法，语言的影响力7%来自语言，38%来自声音，55%来自面部表情，所以电视节目主持人要善于运用丰富的表情语“说话”，使观众通过表情语获知复杂情感的细微变化。但是主持人不是演员，他是新闻媒体的工作人员，因此，真实、自然始终是不可失去的。要做到真实、自然就必须摆脱表演和矫揉造作。实践告诉我们，情感是表演不出来的，主持人的面部表情应该是内心情感的真实流露。在众多主持人中，倪萍的主持是最动情的，她除了用丰富和富于魅力的语言与观众交流外，还用那种细微动人，有时甚至是只可意会而难于言传的“非语言”（表情语）与观众交流，她把自己的内心世界真实而坦荡地展现在观众面前。海霞是一位善于运用表情语的主持人，她始终保持热情、活泼、快人快语、亦庄亦谐的主持风格，从她的脸上观众可以感受到主持人对新闻内容的感悟和对观众的真诚。《开心词典》的主持人王小丫热情、机敏、活泼的主持风格是颇受观众赞赏的。她在与嘉宾交流中那神秘的微笑给观众留下了深刻的印象，从而使节目更富戏剧性和跳跃感。

（3）手势。

列宁给我们留下的最深刻的印象莫过于那神奇而富有魅力的手势，也许这种手势是习惯性的，但确实给他那富有感召力的演说锦上添花。由此可见，手势是强化有声语言、增强语言表现力的一种有效手段。作为公众人物的节目主持人，在塑造公众形象的过程中，应该重视并善于运用手势来表达自己的思想感情。

水均益在采访外景时经常用手势来解释语言、传达情感；王小丫在主持节目时总习惯屈起左臂握紧拳头以警示嘉宾一轮新的竞答开始；崔永元在主持中总是用单手或双手示意观众，落落大方、自然得体。不难看出手势确实是有声语言的辅助，但必须用得恰当，不可过多，如果过多、过频地使用相同或类似的动作，人们就会产生厌恶感，从而失去手势语的作用。

（4）坐姿。

坐姿对节目主持人来讲是一种重要的体态语。无论是栏目主持还是现场访谈，坐姿都必须端正，但现场访谈时由于交流对象具体实在，坐姿应该自然放松，甚至随着交谈内容和气氛的变化，随时调整坐姿，以形成和谐宽松的氛围。

另外，主持人应该注重坐姿的美感，侧坐或分开双腿则显得不庄重和不合乎社交礼仪。对于栏目主持人来讲，镜头前上半身僵直则显得十分拘谨呆板，说起话来摆头晃脑、左顾右盼更显得忙乱而不稳重。因此，主持人的坐姿应该追求庄重、大方、自然。

现场访谈的主持人还要注意与被采访对象的距离，两人坐的距离不宜过近也不宜过远，坐得过近会使对方感到不自然、不舒服，过远又让对方感到疏远。如果采访对象是异性，坐得过近甚至会使对方产生反感，也显得不够庄重。

综上所述，体态语在主持人语言表达中是不可缺少的一部分，应该给予足够的重视。在体态语使用时，要遵循以下原则：一是，体态语是有声语言表达的一个补充，体态语的使用必须服从有声语言表达的需要，并成为有声语言表达的有机组成部分，二者必须默契、和谐。二是，体态语的使用要适度，它受情感表达的制约，超越了情感表达的限度就会失真，给人以虚假造作的感觉，这样不仅损害节目，也损害主持人的形象。三是，体态语的使用应该具有个性特征。由于每个主持人年龄、相貌、阅历、性格、生活习惯等各方面的差异，体态语使用方式也不尽相同，每个主持人应该根据自身的特点和节目的需要，有个性地去使用体态语，以更真实、生动、形象地展现自我。

不难看出，主持人的语言应该是每个主持人关注的重要课题，无论是广播还是电视，对主持人来讲，有声语言的表达都是最重要的手段，如果语言运用不好是当不好节目主持人的。

六、主持人的风格

1. 什么是主持人的风格

所谓风格就是个性，也就是主持人在长期实践中表现出的稳定的个性特征。由于主持人是以“我”的身份出现在栏目里的，这个“我”与那个“我”是不同的，每个人由于性格、气质、生活阅历、文化素质等诸多因素的差异，形成了各自不同的个性，当每个主持人的个性逐渐体现在节目里时就会形成形态各异的独特的主持风格。徐俐的干练聪慧，白岩松的敏锐犀利，鞠萍的俏丽活泼，张悦的温文尔雅，崔永元的朴实诚恳都给观众留下了深刻的印象。应该说，每一个成功的节目主持人都应该有自己独特的主持风格，可以说没有风格就没有成功。

2. 主持人风格应与栏目特色融为一体

可以这样说，节目主持人的风格对栏目特色的形成有举足轻重的作用。无论广播还是电视，节目主持人都处于一线，直接与观众、听众见面，特别是电视节目形象直观，观众可以从屏幕上清晰地看到主持人的一举一动，主持人给观众留下的印象直接决定着观众对节目的印象和评价，观众是透过主持人的个性风格进而领悟到节目特色的。

鞠萍被孩子们亲切地称为鞠萍姐姐，她在少儿节目中的出色的主持赢得了全国千千万万小朋友的喜欢和爱戴。鞠萍正是抓住了孩子们的心理特点，在与孩子们交流时运用儿童化的语言，实现了与他们心灵的沟通，再加上她甜甜的笑容，舒缓亲切的细语，更是受到小朋友们的喜欢。鞠萍的主持自然清新，俏丽活泼，她鲜明的主持风格赋予了栏目一股浓郁的童气。

中央电视台《幸运52》的主持人李咏按他自己的说法，他是一个非常情绪化的人。他真正“火”起来还是在主持《幸运52》以后，这是一个与国外版权合作的节目。李咏是这样看待这个节目的，“录这个节目很有趣，现场场面比电视上看到的激烈许多。我经常喊哑了嗓子。我对现场的要求是不乱不足以平‘民愤’。家里有什么事，班上有什么事你说出来，喊出来。中国的观众比较内向，得找个人领头。做主持人的就要玩起来，自己玩起来了，观众才会和你一样兴奋。当然，不论怎么用，一切还必须在我的控制之中，要不然，就真乱了。”有人把李咏列为中央电视台“另类”主持人，李咏能闹，没有一丝拘谨，更没有做作和表演，他和全场观众一起乐，一起闹，正是这种洒脱、生活化的主持风格使《幸运52》这个节目充满紧张、诙谐、欢乐的气息。

从以上例子不难看出，节目主持人对一档节目特色的形成具有直接和决定性的影响。确实，具有鲜明个性风格的主持人可以赋予节目以魅力和生命力。但是，我们在强调节目主持人能动一面的时候，绝不能忽视主持人与栏目间的互动作用，也就是说不能过分夸大主持人对节目的影响力、支配力，主持人的个性展现是要受到他所主持节目的内容和性质的制约和限制的。也就是说，主持人可以挑选节目，但终究是节目造就了主持人，只有当节目主持人的个性风格与节目宗旨相吻合时，主持人的个性才能得到最充分的展现。

事实上，每个主持人由于受到自身素质的局限，他对节目的适应能力也是有限的，全方位的主持人可以说是不存在的。《开心词典》的主持人王小丫现在越来越被观众认可，她在谈到对栏目的选择时是这样说的：“我可能还是主持新闻或评论类的节目稍合适一点吧！要真让我做文艺节目就可能会有点吃力。文艺类晚会那种一上来就得感情特别充沛，气势特别昂扬，连声音都得一下子拔上去很高，这我真不行，也太吃力了。所以，我还是愿意先做经济类节目。”

中央电视台著名主持人张悦也谈了类似的看法：“主持人不是万能的，没有金刚钻别揽瓷器活儿。这个道理其实在很多主持人身上都印证过。我走过这一路，感受也特别深。现在总结我自己,除了语言上的一些特点以外,表达上也存在一些特点。我在一个安静单纯的环境里,比如一个人在话筒前、镜头前的状态是最松弛自然的,思路特别清晰,语言也特别流畅;如果让我在一个热闹的现场,我反而有点手足无措。《与你同行》是一个暴露我弱点的节目。这个节目有现场,需要调动气氛,但我的性格特点、语言节奏、现场反应能力和即兴语言能力都有力不从心的地方。这个节目要求主持人最好能呼风唤雨,但我呢?只能做到润物无声,所以找不到感觉。”

因此,一个清醒的节目主持人应该始终记住自己的任务是有效地去传达节目内容,节目是主持人生存的土壤,离开了节目,主持人便成了无源之水、无本之木。

3. 节目主持人风格的形成

许多优秀的主持人的成功经验说明,一个节目主持人要想形成自己的风格不是一朝一夕的事情,也绝不是在课堂上所能造就的,他需要经历一个思想和精神的成长过程,经历一个对技巧逐步掌握熟练的过程。主持人风格的形成是要受到主、客观条件的制约的。从主观讲,受主持人自身的形象、气质、生活阅历、文化艺术修养等方面的制约;从客观讲,受节目类型、节目内容的制约。任何一种因素的变化都会对主持人风格的形成产生影响。

(1)主持人自身的定位。

由于每个主持人的性格、年龄、气质、学识、修养的不同,形成了各自不同的个性,个性的差异渗透到主持风格中就形成了风格的万种千差。

赵忠祥是观众熟悉的电视播音员,他给人的屏幕形象是诚挚、憨厚,没有修饰的痕迹。他站在台上似乎很“生活”,甚至显出大智若愚的憨直。但是他具有担当一档节目的能力,他演过话剧,对传统文化也很有修养,甚至会唱京剧、京韵大鼓,再加上几十年新闻播音、电视解说的实践使他练就了扎实的语言功底,积累了丰厚的文学艺术修养。赵忠祥在主持节目的时候善于营造一种亲密无间的和谐气氛,把观众带进轻松愉快的氛围。他曾经讲过一段自己“减肥”的故事:

> ……我说我怎么控制不住,吃什么好像喝凉水都长肉啊?我就去找一位熟悉的王医生。他给我开了个方子:“你每天只能吃两片面包。”好啊,什么药都不要,只吃两片面包。我挺高兴就走了。走老远,我又赶紧转了回来,怕人家下班,就赶紧跑着喊:“老王……王医生,我有点儿事……”我有点不大好意思,人家不是说遵医嘱吗,可我有些话得问清楚呀!我就问:“您开的药方子,让我吃两片面包,倒是挺好的,可是,是饭前吃呢还是饭后吃?

赵忠祥这种“自嘲”式的幽默,既反映出主持人豁达开朗的心境,又增强了节目的娱乐功能。

赵忠祥虽然较早地显露了他作为主持人的才华，但他并不是一举成名的，而且在很长一段时间里没有被固定在一个相对稳定的栏目，只是到了20世纪90年代初与杨澜联袂主持《正大综艺》后，主持人的个性形象才得以确定。

《七巧板》主持人鞠萍把自己的形象定位于孩子们的姐姐上。她认为，孩子们总是爱和自己最亲的人在一起，姐姐和孩子们是平辈，玩玩闹闹什么都成。鞠萍把栏目主持人的形象定位在"姐姐"这样一种身份，无疑拉近了与孩子们的距离，得到了孩子们的认同。

"姐姐"这个身份，对鞠萍来讲不仅是荧屏形象定位，而且也是自身心理定位的依据。这个心理定位不断提醒主持人与孩子们是平辈、是朋友，要用孩子们习惯的语言表达方式去与他们交流，要学会尊重孩子、理解孩子、关心孩子，在鞠萍身上洋溢着她对孩子们的一片真情。

鞠萍做少儿节目主持人不是偶然的，这位幼师的高材生曾是少年合唱团的指挥、团长，她多才多艺，说、唱、弹、跳、做样样在行。这些才能使她动作化的主持充满童趣、充满激情、充满欢愉。确实鞠萍有一颗真诚的童心，她的心同孩子们的心是息息相通的，她在为拓展儿童节目主持艺术的实践中找到了自己的位置。

从赵忠祥、鞠萍身上可以看出，一个人的个性特征必然会在你主持节目的过程中显露出来，你必须从自身的实际出发去选择适合自己的节目，不要勉强去做那些做不到的事。一旦节目选定了，就要有意识地去把自己个性中与节目内容和形式相适应的部分加以强化、巩固，弱化不适应、不协调的部分，使个性特征得以稳定、发展，以致形成自己的风格。

（2）提高主持人对节目的适应力。

不同类型的节目，由于内容、形式的不同都会显露出自身的特点，就是同一类节目由于选材、时段的不同也会显露出相当大的差异。节目所固有的这种个性化特征必然要求主持人有与之相统一的主持风格，只有当节目主持风格和节目宗旨特色融为一体时，节目主持人的个性风格才能得到观众的认可。著名相声演员姜昆曾和杨澜同台主持过《正大综艺》，二人默契配合，把节目主持得妙趣横生。但是《正大综艺》是个知识性很强的杂志型节目，作为相声演员的姜昆感到从长远看无助于自己塑造喜剧形象，于是，他急流勇退了。

著名节目主持人倪萍虽然已经离开了《综艺大观》，《综艺大观》也带着一个时代的综艺节目的成就与衰退离开了电视荧屏，但是当年《综艺大观》中的倪萍的形象却难以从观众心中抹去。你看，每当《综艺大观》开场的掌声响起时，端坐在主持台的倪萍那真诚、亲切、甜美的笑容是那么富有神采、那么令人振奋、那么赏心悦目。倪萍了解《综艺大观》这个节目，她能够恰如其分地找到自己的位置，她的成功在于始终把自己定位于观众的朋友，甚至是"公仆"，通过与观众平等、坦诚的交流来实现彼此的沟通。可以这样说，倪萍作为主持人，她已经融入了《综艺大观》这个节目，实现了节目风格与主持风格的高度统一。

倪萍是位话剧、影视剧演员，她对自己从事多年的这些艺术门类十分熟悉。但是现场直播的电视综艺节目毕竟有其自身的规律性。编导的意图就是想通过一台这样的综艺晚会让观众度过一个愉快的夜晚，让观众在笑声中既得到艺术享受，同时又受到心灵上的启迪。为了实现编导的创作意图，真正"融入"节目中去，倪萍首先在很短的时间里完成了从"非我"到"自我"的转变。所谓"非我"是指戏剧艺术典型形象，而"自我"则是主持人荧屏上的直观形象。这是一个巨大的跨越，是倪萍从一个演员变成一个电视节目主持人迈出的坚实一步。接着，倪萍又从《综艺大观》这个节目的个性特征出发，立足于"真"、立足于"实"，努力塑造"真实、真诚"的荧屏形象。我们可以从她主持风格中真切地感受到"角色意识"已被消除，尽管也有表演技巧的运用，但更多的是本色的流露，她以自己近乎纯情的"坦诚"赢得了观众的信赖。

从倪萍走过的路可以清晰地看到，节目主持人对节目的适应能力正是其整体素质的体现，也是主持人个性风格和节目个性特征相融合的过程。主持人离不开节目，虽然我们强调主持人要逐步形成自己的风格，但主持人毕竟要受节目类型和节目内容的制约。所谓提高主持人对节目的适应能力就是要求主持人必须从节目的实际出发，从编导的创作意图出发不断地调整自己，有意识地巩固、强化有利于展现节目的某些方面，削弱或收敛与节目宗旨相违背的某些方面，以求与节目的协调、吻合。

主持人要提高对节目的适应力需要做到：

第一，注重积累。

积累对任何人都重要，对主持人尤为重要。主持人行业有它的特殊性，更需要厚积薄发的深厚功力。这种积累主要集中在两个方面，一是知识的积累，另一个是生活经验的积累。

一个节目主持人只有积累了渊博的知识，谈问题才能有深度，才能有独到的见解。对知识的理解有广义的，也有狭义的。从广义上讲，节目主持人应该通过书本及其他途径广泛地去获取知识，提高知识层面，做不了专家也要做杂家。从狭义上讲，主持人必须有的放矢地去补充与节目有关的知识，虽然不能完全成为内行，但也不能完全是外行。经济类节目的主持人总应该多学点经济知识、经济政策，不讲外行话吧！体育类节目的主持人起码是个球迷，对比赛规则、对战术、对球星应该了如指掌吧。

除了知识的积累外，就是生活经验的积累。主持人是与人打交道的，他必须了解、理解、打动自己的服务对象。这种积累是要在人际交往中去体验、去感受、去总结的。生活磨炼人、苦难历练人生，一个节目主持人只有具有这样的生活积淀后，才能提高观察问题的深度，获得敏锐的观察力。

第二，调整语言习惯。

语言是一个主持人文化品位与个性特点的最好体现，也是他面对受众与之交流的重要工具，语言是体现主持人个人风格的一个重要手段。

节目内容、风格决定主持人采用什么样的语言，最终目的是使节目内容通过有声语言完整、准确地传达出去。不同的节目主持人要说不同的话，主持人要注意语言的明晰、内涵的准确，把遣词造句的优美与语意表达的自然、平和有机地统一起来。每个主持人由于受生活环境及地域的影响会形成一定的语言习惯，这种语言习惯往往会下意识地在主持节目时流露出来，从而影响准确表达。因此，主持人必须清醒地审视自己的语言习惯，与自身身份及节目个性特征相一致的则加以保留，并努力与节目相融合，在实践中逐步形成自己的个性风格。

总之，主持人风格的形成绝不是一朝一夕的事情，要靠不断的总结、提高、积累，在风格形成的过程中还要逐步得到受众的认同。一个主持人要想形成自己的个性风格，就要清醒地审视自己，善于发现自身独特的优势，并有意识地巩固它、发展它，这样才能逐步显露出自身的个性魅力。

再就是要注意扬己之长、避己之短。主持人个性的展现不是“自我”的全部展现，适宜节目需要的部分要拓展，不适宜节目的部分要剔除。对于主持人来讲，真实流露是最自然的表现形式，也必将最准确地反映出你的个性特点，也就是个人风格。不要脱离自身实际去勉强主持偏离个性风格的节目，想依赖模仿、表演、个性伪装来加以弥补也是无益的，因为风格是你内在所固有的，靠模仿、表演是不可能获得的。

另外还要注意正确设计自己的主持风格。大家知道个性风格的形成受主客观条件的制约，不能单凭个人爱好或主观愿望。对一个主持人来讲，主持风格是要设计的，同一档节目不同的主持人可以有不同的主持风格。在拿到一档节目后，主持人应该仔细分析自身的优势，并研究其他主持人在主持这档节目时的特色，正确地设计自己的主持风格。同样一档《综艺大观》，倪萍的主持亲切、谦和、甜美，而曹颖的主持轻松、洒脱、欢快，两种不同的主持风格给人以不同的感受。

风格是主持人的灵魂，没有独特风格的主持是没有魅力的，树立主持风格是每一位主持人终生奋斗的目标。

七、主持人的素质

1. 政治素质

广播电视是无产阶级新闻事业的一部分，节目主持人首先是党的新闻工作者，其政治素质的高低直接关系到宣传质量以及党在人民群众心目中的形象。节目主持人所处的岗位要求其必须具有较高的政治觉悟、全局观念以及坚定正确的政治立场，同时又必须具有牢固的喉舌意识。也就是说，不管在什么情况下，节目主持人必须始终与党中央在政治上保持一致，不折不扣地宣传党的方针、政策，绝不允许以个人的好恶、感情来左右宣传口径，这是其一。

其二是节目主持人应该具备较高的马列主义理论水平和党的方针政策水平。因为，节目主持人的根本任务的实质就是宣传马列主义、宣传党的方针政策，如果宣传者不具备一定的理论水平，对党的方针政策不了解、不理解，要想圆满完成宣传任务只能是一句空话。特别是目前，我国正处在经济转型期，新旧体制更替、新旧观念撞击，新问题、新情况层出不穷，这些也难免会困扰主持人的思想，只有用无产阶级的世界观和方法论来认识问题、分析问题和解决问题，才能在纷繁复杂的环境中保持清醒的头脑，少走弯路、少犯错误，把宣传工作做好。

其三是节目主持人要有强烈的事业心和高度的责任感。广播电视是我国社会主义建设事业的重要组成部分，是教育、鼓舞全党、全军和全国各族人民建设社会主义物质文明、精神文明最强大的现代化工具。节目主持人处于广播电视第一线，所处地位举足轻重，主持人的创作有了更多的主动权和发挥余地，主持人经常没有稿件只有提纲和资料，有时虽然有稿件，但可以根据稿件内容现场发挥，加上直播热线的开通，主持人现场即兴发挥的机会更多，这就要求主持人认识到自身的地位、作用及工作的重要性、特殊性，始终以饱满的政治热情和严肃认真的工作态度，高度负责地去完成每一次播出任务。

其四是主持人要树立全心全意为人民服务的观点。为人民服务不是一句空话，必须与自己的本职工作联系起来。节目主持人必须牢固树立服务意识，为受众提供高质量的服务。现在有些主持人缺乏服务意识，一遇到不顺心的事或对某些节目内容不感兴趣时，就敷衍了事、得过且过，对受众缺乏服务的热情。有的主持人播出前不做好充分准备，心中无数话却多，结果，精神的懈怠带来了节目的松垮。还有些主持人摆不正自己与受众之间的关系，岗位的重要被看做是自己高人一头，主持过程中时而卖弄、炫耀自己，这势必影响受众的情绪和节目播出的效果。因此，节目主持人应该牢固树立为人民服务的思想，既要做好党的宣传员，又要做好人民群众的知心朋友。

其五是主持人应该具备良好的道德观念和高尚的情操。主持人的岗位处于广播电视的最前沿，是直接与观众、听众见面，是个“露脸”的职业。而且由于传播手段的现代化，主持人很容易在群众中形成影响，再加上主持人的工作基本是个体劳动，这些因素往往构成主持人思想认识上的偏差，往往过于夸大自身主观因素，而忽视媒体传播手段的特殊以及群体合力的作用，这时名利思想就会占据主持人的头脑。有的主持人会把名利看得很重，甚至会利用自己在社会上的影响去获取一些不应该获取的利益，从而在群众中造成不良的影响，给党的宣传工作造成不应有的损失。因此，良好的道德观念和思想品德是一个主持人做好自身工作的基础和前提。

应该说，政治素质是节目主持人的根本素质，是按质按量完成本职工作的保证。一个主持人如果不具备良好的政治素质就不是一个合格的主持人。

2. 文化素质

我们知道，广播、电视是融科技、艺术为一体的人类物质文明和精神文明的结晶，作为广播电视门面的节目主持人必须具有深厚的文化积淀。许多优秀节目主持人的成功经验表明，良好的文化素质是节目主持人智慧的源泉、魅力的根本。

从目前主持人队伍现状看，不管其是通过什么途径走上主持岗位的，究其知识结构来看，无非包括两大部分，一是实践经验，二是专业知识。所谓实践经验主要是指日常积累起来的生活和工作经验。由于每个主持人年龄、阅历、生活经历不同，其经验的积累差异很大。当然，实践经验对一个主持人来讲是重要的，但仅凭经验来面对纷繁复杂的现实显然也是难以适应的。所谓专业知识是指通过学校或者自学的途径获得的专业知识。目前在一线工作的节目主持人真正从广播电视专业院校毕业的毕竟是少数，多数主持人是“专业不对口”。那么摆在主持人面前的一个重要任务是调整知识结构，调整的原则是根据你所主持的节目的需要，重新建立起自身新的知识结构，努力扩大知识面，尽量用丰富的知识来支撑所主持的节目。

其实很多著名主持人都是从这条路上走过的。中央电视台《七巧板》的主持人鞠萍毕业于北京幼儿师范学校，并不是毕业于广播电视高等学府。但是，她注重从节目的实际需要出发调整自身的知识结构，不仅熟悉幼儿教育的专业知识，也逐步掌握了播音主持的专业知识，这终于使她成为一个优秀的节目主持人。徐俐并不是专业院校毕业，她早在1978年考入长沙人民广播电台，1986年调入长沙电视台，1992年调入中央电视台国际频道《中国新闻》主持至今。她两度获国家政府奖，华语节目主持人奖。徐俐的成功，就在于她勤奋好学，注重积累，她那熟练而颇具动态的语言绝非一日之功。其他如崔永元、倪萍、白岩松等何尝又不是如此呢？

实践告诉我们，较高的知识水平是当好节目主持人的必备条件之一。一些主持人正是由于知识比较贫乏，造成了节目品位不高，主持中信息量少，废话、套话不断，出格的话时有出现，在关键地方又说不到点子上。可见，主持人没有知识做后盾，就无法激活、深化节目。

随着新闻改革的深入，对节目主持人的认识也在逐步加深，集采访、编稿、主持于一身的真正意义的主持人正在出现，这种主持人不再是名义或形式上的主持人，而是熟谙整个节目的各个环节，并对节目的方针、内容、取舍有决定权，在节目中起着灵魂作用的人。从这一要求出发，对主持人专业知识的要求不是仅仅是播音主持方面的理论，还应该具有新闻理论的基础。大家知道，节目主持人从根本意义上讲首先应该是一个新闻工作者，他应该了解新闻媒体的特殊性，认识新闻事业发展的客观规律，同时比较熟练地掌握新闻业务的技能。如果一个主持人只能动“口”不能动“手”，光能说不能干，这样的主持人是难以称职的。

3. 心理素质

节目主持人是个公众人物，他整天面对千千万万甚至亿万群众，他的一言一行都在受众的视野里，由于每个人的审美情趣的差异，对每个节目主持人的评头论足是难以避免的。因此，作为一个节目主持人具有良好的心理素质是十分重要的，它关系到业务技能技巧能否正常发挥，关系到能否在激烈的竞争中脱颖而出，甚至关系到事业的成败。

对一个主持人来讲，具有良好的心理素质主要体现在以下三个方面：

（1）节目主持人应该具有良好的品德。

应该说，良好的品德是一个人健康心态的表现。每一个人生活在世界上，他总要带着某种态度或者说某种情感来观察认识客观事物，而一旦形成的某种认识又会成为支配行为的动力。由此可见，一旦某种认识偏离了应该遵循的道德规范，人就会失去方向，失去判断是非的标准，失去进取的动力，也就难以达到胜利的彼岸。

节目主持人良好的品德首先体现在热爱自己所从事的事业，视事业如生命。我们知道广播电视事业是节目主持人施展抱负、走向成功的舞台，离开了这个舞台，节目主持人也就失去了存在的价值。随着广播电视事业的发展，对节目主持人内涵的要求也越来越高，只有热爱自己所从事的事业，才会不满足现状，从而不懈地去钻研，顽强地去进取，以致取得优异的成绩。

节目主持人应该是生活的强者，他能在纷繁复杂的社会环境中清醒地看到时代前进的主流，并以健康乐观的心态面对生活的挑战；他热爱生活，对生活有炽热的情感；他能通过自己的节目把生活的美好、生活的情趣、生活的欢乐带给听众、观众，使他们受到感染、受到鼓舞。

节目主持人良好的品德还应该体现在对受众的真诚、对受众的热爱上。不难想象，一个节目主持人如果对自己的服务对象不热爱、不关心，他怎么会有创作热情，怎么会受到听众、观众的尊重和信任呢?沈力说得好：“主持人应将自己置于观众之中，把观众看做自己的至亲好友，尊重他们，热爱他们，应当把观众看成心目中的上帝。”许多优秀的节目主持人正是以赤诚之心，赢得听众、观众的尊重和信任。

节目主持人能够明辨是非，敢于坚持真理、主持公道也是他具有良好品德的又一重要体现。社会是复杂的，作为新闻媒体总要涉及社会的各个领域，作为节目主持人，在节目中不但要报道方方面面的内容，而且要经常深入到新闻事实发生的现场去。当你面对社会上的种种不良现象甚至邪恶势力时，有没有正义感，敢不敢主持公道?应该说支持正义、抨击邪恶是对一个主持人是否具有正直品格的有力检验。

（2）节目主持人要有坚定的自信心。

自信是一种心理状态，是对自己才能、素质的认可，也是一个人心理成熟的标志。节目主持人是公众人物，每天受成千上万人的审视，评头论足、七嘴八舌是难免的。特别是一些著名节目主持人，更是受人关注。例如《焦点访谈》是一个颇受欢迎的栏目，但也有人这样说：“《焦点访谈》这类节目做久了，人容易长出毛病，以为自己就是包青天，就能为民请命，总是一脸严肃一脸岸然。”有人对某些主持人的习惯动作也提出批评。

作为一个节目主持人就是这样，每天都在表扬和批评中度过，如果没有正确的心态势必对自己的情绪造成影响。可见，自信心对节目主持人来说显得格外重要，因为自信才会使人感到轻松、踏实，因为自信在与人交往时才会显得洒脱、自如，确实，自信是建立个人风格的必要心理条件。当然，自信不是盲目自大、目空一切，自信是建立在自我客观估量的基础上的，是对自己能力科学认同的体现。

（3）节目主持人要有一颗平常心。

节目主持人是一个“露脸”的岗位，媒体传播手段的先进往往又给节目主持人头上罩上一个又一个光环。人们世俗的观念又容易形成对所谓“明星”的追捧。在这种情况下，如果缺少一颗平常心，在节目主持人内心深处就会产生浮躁感，就容易把媒体的作用与自己的能力摆错位置，心安理得地接受社会施以的恩惠、行以的方便，长此下去，节目主持人的内心世界就会被自负、骄傲占据，就会失去健康、豁达的心态。因此，作为一个节目主持人始终要保持清醒的头脑，以一颗平常心对待自己，对待别人，对待周围的一切，这样，他才能保持乐观豁达的生活态度，蓬勃向上的进取精神，逐步走向成熟、走向成功。

4. 新闻素质

在新闻媒体工作的节目主持人，特别是新闻节目主持人，应该具有良好的新闻素质，首先他应该像记者那样具有敏锐的观察力，能够迅速感悟到所报道新闻的价值，使自己的表达热情、积极、准确、生动。节目主持人虽然不能代替编辑、记者，但是应该熟悉采编业务，尽可能多地参与新闻事件的采访。一般说，主持水平的高低与节目的参与程度是成正比的。参与得越深入，对新闻事实了解得就越清楚，才能从真正意义上理解新闻内容，才能把自己对新闻内容的认识、感悟以及情感态度融入有声语言的表达中去。这种二度创作实际是对新闻内容的一种解析，通过这种解析才能准确告诉受众“新闻点”的位置，引导听众、观众去关注新闻事件的发展。

具备良好的新闻素质不是一朝一夕所能完成的，是要经过艰苦的努力、长期的积累才能完成。这种积累包括两个方面：一个是新闻理论的学习积累，新闻稿件写作经验的积累；另一方面是通过采访实践积累采访经验。这两方面的积累都是提高自身新闻素质的重要方面。

另外，节目主持人能否实事求是，坚持调查研究的作风，客观地反映事物的本来面貌也是其新闻素质的一个重要体现。真实是新闻的灵魂，能否尊重事实、尊重客观规律不仅是新闻报道的需要，也是对一个新闻工作者职业道德、职业素质的一种检验。

总之，政治素质、文化素质、心理素质和新闻素质是构成节目主持人基本素质的核心，基本素质的高低是节目主持人成败的关键，因此，不断提高自身素质是节目主持人终身努力的目标。

八、电视综艺节目主持

1. 电视综艺节目的界定

电视综艺节目是电视文艺节目众多类型中的一种，它是在一个主题的统帅下将不同品种不同艺术形式的节目进行有机的组合，形成一个新的节目形态。在电视综艺节目里，每单个节目不是游离的，主题将它们巧妙地串联、融合在一起，单个节目既有相对的独立性，集合起来又形成一定的整体性。

电视综艺节目是一个新的电视品种，它的形成经历了一个漫长的过程。早在20世纪80年代，在电视节目里就出现了各种品种内容的一些组合，甚至在一个节目里包含各种品种的节目。到了80年代中后期，电视文艺开始用纪实性节目来丰富综艺节目的表现力，也就是用最简单的方法来叙述最普遍的感情，于是在《春节联欢晚会》上出现了徐良和王红演唱《血染的风采》这样动情的节目。到了20世纪90年代，随着电视科技手段的提升，编导们更加注意用声、光、电、画、道等技术手段来制造舞台效果，以形成视觉的冲击力。到了90年代中后期，编创人员开始把更多的注意力放在营造综艺节目的审美意境上，以增强观众的审美意识，给他们以真正的审美享受。到了21世纪，编导们开始把电视观众个体的审美情趣和人们普遍的审美追求巧妙地统合起来，在个性和共性的融合中取得最佳的审美效果。

2. 电视综艺节目的类型

电视综艺节目内容繁多，但从表现内容来划分可归为两大类：一类是节庆纪念综艺晚会；一类是行业专题综艺晚会。

(1)节庆纪念综艺晚会。

对一个国家或一个民族来讲都有其传统的习俗，如汉族对端午节、中秋节、春节就十分重视，特别是春节更是全国各族人民的共同的节日。为了使每个家庭充满节日的欢乐气氛，丰富广大观众精神娱乐生活，节庆纪念综艺晚会应运而生。

应该看到，节庆纪念综艺晚会是在一种特殊的日子——节日举行的，因此，欢乐、喜庆成了晚会的主旋律。人们在节日期间放下了工作，平日里工作的重负暂时摆脱了，每个人都想休息、想娱乐、想调整一下心态，希望节日期间能沉浸在轻松、愉快的氛围中，这就促使晚会的编导必须顺应这一需求，精心选择、设计和编排节目，创造出欢乐、祥和、喜庆的气氛。从目前节庆纪念综艺晚会的构成来看，编导越来越重视节目的艺术形式，像安徽电视台以十二生肖为内容来构架整个晚会。从中央电视台1983年开办《春节联欢晚会》以来，也在不断调整节目内容和形式，以适应广大群众新的审美需求。

节庆纪念综艺晚会的种类很多，有国际、国内节庆综艺晚会；有民族传统节日综艺晚会；有周年纪念性的综艺晚会。其中国际、国内节庆综艺晚会主要是为国际、国内重大节日而举办的。比如:七一中国共产党的生日、八一建军节、十一国庆节。这三大节日都是最重要、最有纪念意义的日子,是全党、全军、全国人民政治生活中的大事,必须借助晚会这一文艺形式来抒发情感、激励斗志。民族传统节日综艺晚会是带有传统民俗色彩的晚会,在中华民族众多的节日中最重要的是春节,春节浓浓地凝结着中华民族对生活的理解、追求和期盼,这是一个充满亲情的节日,也是一个体现中华民族凝聚力的节日,《春节联欢晚会》成了大年三十全国人民的又一道美味佳肴。再就是周年性的综艺晚会,这类综艺晚会是以伟人、名人以及在历史上有重大影响的周年纪念为题而举办的。例如:为纪念毛泽东同志诞辰100周年举办的综艺晚会;为纪念《毛泽东同志在延安文艺座谈会上的讲话》发表50周年举办的晚会;为教师节10周年举办的综艺晚会等等,这种综艺晚会有鲜明的目的性,所有的节目都体现一个统一的主题,除了观赏性、知识性外,还具有宣传性。

(2)行业专题综艺晚会。

行业专题综艺晚会顾名思义是有行业的特点,晚会的主题必然体现行业特色,从晚会的节目来看同样具有宽泛的内容,但不会偏离行业所规定的范围。例如,宣传计划生育的晚会《太阳·生命·大地》,其主题是呼吁提高生命质量,重视人的素质,晚会的节目尽管精彩纷呈,但都是围绕这一主题展开的。再如宣传交通安全的综艺晚会《为了腾飞》,紧扣主题,从宣传交通安全入手,歌颂了交通民警中的好人好事,而且由于编导立意深远,晚会的主题由宣传交通安全提升到了经济发展的高度,给观众留下了深刻的印象。

在行业专题综艺晚会里还有一类晚会是不容忽视的,那就是颁奖晚会。颁奖综艺晚会自然与评奖是分不开的,每逢一个奖项颁奖的同时一般都要举行一台颁奖晚会。比较有影响的有"飞天奖"、"金鸡奖"、"星光奖"、"金号奖"等,这些奖项社会影响面大,其颁奖晚会明星璀璨,已成为广大观众关注的亮点。

3. 电视综艺节目的特点

电视综艺节目是电视文艺中一种独特的节目样式,它是把在特定主题、特定时间规定下的文艺节目归纳起来,其特点主要有四个方面:

其一是综合性。电视综艺节目的综合性主要体现在节目样式和串联节目的方式上。一台综艺晚会一般都由若干个文艺节目组成,或歌、或舞、或戏曲表演、或曲艺小品,众多的节目样式组成了一个拼盘。在串联方式上除了由主持人串联外,还采用了主持人与嘉宾对话,场外观众通过热线电话直接参与等方式。对于有明确定位的综艺节目,编导们都十分注重节目内容与形式的多样化,力求从不同角度、不同层面围绕整个节目的主题展开,从而使节目具有很强的丰富性和整体感。例如,大型文艺晚会《各族人民心中的歌》是国家民委、中央电视台联合录制的。这台晚会的主题是纪念毛泽东诞辰一百周年,晚会既有众多群众熟悉的毛泽东颂歌,又有一些老艺术家的联唱联舞;既有老红军的缅怀和回顾,又有对少数民族著名企业家的专访。这台晚会还运用电视内外景交替、时空转换的手法,穿插了大量的历史珍贵镜头,使整个晚会热烈而深情,再现了毛泽东当年的风采和各族人民对领袖的崇敬和爱戴。

其二是观赏性。电视综艺节目主要是通过文艺形式来实现的,它是由综合性的文艺演出来与观众见面的,精彩的歌、舞、戏曲表演、曲艺小品、武术杂技节目具有强烈的观赏性。这种强烈的观赏性来自两个因素,一是节目的多样性,二是节目的艺术性。节目样式的丰富多彩提高了晚会的可看性,而演员的功力、格调的高雅、文化的韵味以及创意的新颖又提高了整台晚会的艺术内涵,让电视观众在愉悦地观赏节目的过程中得到了艺术享受。

其三是娱乐性。社会发展到今天,人们对电视综艺节目的娱乐性有了新的认识,娱乐是人们工作、学习之余得以休养生息的有利方式,因此,综艺节目的娱乐性是不容忽视的。特别是在一些传统节日,晚会的主题是不能偏离欢乐喜庆这一主色调的。编导们总是通过相声、小品等艺术形式来调节现场气氛,让广大观众"乐"字当头、"以乐为主",让观众在欢畅的笑声中感受到生活的美好,对未来的憧憬。《星光大道》、《激情广场》就是娱乐性大于文化品位的综艺栏目,让观众在欢乐中得到舒畅、得到愉悦,解除疲劳和烦恼.节目主持人的情感色彩以及观众的参与都是以欢声笑语作为第一起点的。

其四是现场性。电视综艺节目的一个重要特点是现场性,即特别强调现场效果。这种现场效果体现在它的即兴性,体现在现场的兴奋度,也就是说节目的现场效果以及观众情绪的融入度。这种现场性对观众会直接产生情感上的影响,使观众情绪和感受随晚会节目的变化而流动。这种情况在每年的春节晚会上表现得最充分,节日的喜庆,节目的渲染,主持人的煽情,使整台晚会散发着新春佳节由衷的欢畅。

4. 电视综艺节目主持人的基本要求

电视综艺节目主持人除了应该掌握主持的基本技巧之外,还应该具备一个综艺节目主持人独特的素质,具体可以归纳为以下几个方面。

(1)应该不断提高自身的艺术修养。

综艺节目主持人应该对各种文艺样式的规律、特点都有所了解,或者有从事某一种文艺工作的经验,或者有某种艺术专长。比如:叶慧贤原来是个相声演员,倪萍从事话剧工作多年,孙晓梅在小提琴演奏上造诣颇深,鞠萍的歌舞更是得到众人交口称赞。一个综艺节目主持人从事艺术工作的经历和本人的艺术功底无疑是极其重要的,很难想象,一个不懂艺术的主持人能把综艺节目主持好。

那么艺术是什么呢?其特点又是什么呢?艺术是用形象来反映现实生活但比现实更有典型性的社会意识形态。艺术的特点是源于生活又高于生活,它不是靠说教而是靠典型的艺术形象来教育人、感染人。所谓艺术修养是指一个人对艺术规律及其特点的理解、感悟程度，这种理解、感悟程度是建立在对社会敏锐的洞察力、对人生内涵的认识以及对众多艺术典型深刻剖析基础上的。一个综艺节目主持人要想提高自身的艺术修养，其着眼点应该落在自身的文化知识的积累和文化品格的修正上。应该看到一个综艺节目主持人的文化积淀决定着他的审美情趣和审美观念，由此反映出他的艺术品味。

在电视界曾经出现过一种争论，就是综艺节目主持人“有没有文化，什么是文化标准，怎么才能让他们有文化”的争论，这种争论的起因是来自对综艺节目主持人队伍现状的非议。他们认为，现在的综艺节目主持人只有一个漂亮的外形和一口标准的普通话，而缺乏个性、缺乏气质、缺乏良好的艺术修养。这种说法反映了一定的客观现实，同时，又提出了提高综艺节目主持人自身素质和艺术修养的迫切性。

应该说，一个综艺节目主持人的艺术修养表现在诸多方面，比如说他应该清醒地知道自己的位置，应该把更多的时间和语言让给表演者，设法把表演者的本事调动起来，给表演者以更多展现的空间，而不是与表演者抢风头，反复重复那些无生命、无个性的话，甚至是外行话。美国著名主持人艾德·沙利文，1948年美国电视刚刚开始办固定的综艺节目，就把他请来了。他话很少，说完就退到后边让演员出场，把更多的时间让给演员。这个节目一直生存了30多年，而且这个节目也是以他的名字命名的。沙利文为什么会成功呢?因为他清楚自己的位置，并且热爱艺术，有特别强的鉴赏力，言语适度得体，沙利文的主持能与节目达到最佳的融合。可见，一个综艺节目主持人必须有修养，懂艺术，才能说得到位，说出情趣。

另外，文化品位对一个综艺节目主持人来讲同样是十分重要的。确实，要想主持好综艺节目，主持人必须有丰富的文化知识，要不断地充实自己，但是这还不够，规范、提升自身的人格，展现出一个综艺节目主持人的人格魅力同样是不可缺少的。倪萍曾是一位颇受欢迎的综艺节目主持人，她的主持温和、热情、真挚，她内心的文化自信正是建立在她的文化积累和文化品位之上的，这些正反映出她高雅的审美情感和趣味。从倪萍的主持风格可以得出这样的结论，主持风格绝不单单是一种样式的差异，它是一种人格魅力的体现。

我们知道文艺是要注入情感的，情感本身就是你对人生、社会以及生活的一种态度。因此，综艺节目主持人首先要有社会责任感，要有公众形象意识，要努力追求正直、善良、朴实的高尚人格，应该更多地关注社会，关注人民大众的命运，关注观众的情感世界，而不要把自己束之高阁，与社会、观众割裂开来，自我陶醉、自我欣赏。综艺节目主持人应该明白，文艺本身就具有欣赏、娱乐的功能，但是它同时又会把传统积淀起来的价值观、信仰，包括思维方式传输给别人，因此，主持人的文化品位对传输效果的影响是不可低估的。如果一个综艺节目主持人的内心世界缺乏与百姓相通的渠道，缺乏对人心、人道和对于人本身的尊重，那么，你的工作永远只是一种简单的重复，没有真正的价值。

（2）要力求主持风格与节目内容的融合。

综艺节目不同于新闻、社教类节目，它有自身的特点和风格，欣赏性、娱乐性是其根本特点，综艺节目的这一特点要求主持人情绪饱满，热情活跃，使主持风格与文艺节目的内容有机协调统一起来。要想做到这一点，其一，首先主持人必须展现自己的个性，把自己的个性融入节目中去。毕福剑是一个非常有个性的主持人，他主持《星光大道》多年，《星光大道》是个参与性、娱乐性很强的综艺节目。这个节目为各个年龄层次的文艺爱好者提供了一个展示自己的平台。作为主持人，他很好地把握着节目行进的脉搏，在主持过程中充分展现自己的个人魅力，时而热情地鼓励，时而又轻松地调侃，使主持人与栏目实现了完美的结合。其二，综艺节目主持人要参与节目创作，了解节目、包括编导的创作意图。实际上主持人是每一个文艺节目的第一个欣赏者，节目给他的感受是真切而强烈的。同时，他又是每一个文艺节目的第一个介绍者，在主持的过程中，他又能与观众同喜、同乐，共同陶醉。节目的形式、内容、亮点，主持人心里是明明白白的，因此，他在节目的编排、串联方式、亮点展现等方面必然能与编导实现真正的默契，应该说一台好的文艺节目不光融进了编导的创作意图，同时也体现了主持人的精心安排。

（3）具有较强的演播能力。

综艺节目要通过节目主持人的穿针引线才能把不同样式的文艺节目连成一个整体，因此，主持人的演播能力显得极其重要。主持人的演播能力主要表现在两个方面：一是主持人能否通过有声语言和形体语言把诸多节目自然有序地串联起来；二是表现在主持人在引导、激发观众情绪和掌握整台节目的运转能力上。一般来说，电视综艺节目都是现场直播或现场录像，不管是哪一种，主持人都是直接面对观众，观众对节目及对主持人的褒贬是直接而尖锐的，主持人演播能力的释放是以良好的心理承受能力为依托的。一个节目主持人内心的自控能力决定着他能否以热情、诚恳、亲切、自然的态度贯穿主持工作的始终。综艺节目主持人应该有一种很强烈的表现欲，当他面对观众时会很快进入一种职业的兴奋状态，在这种积极状态的推动下，他能很快充满激情地与观众或与合作伙伴交谈，能很敏感地觉察场内的变化而及时主动地去引导、调节现场气氛，组织节目的顺利进行。杨澜是一位极富个性魅力的主持人，她聪明机智，善于调动观众的情绪，活跃现场的气氛，把观众带进一个欢乐、愉快的氛围中。杨澜的语言流畅而充满活力，她能很快地把观众的注意力集中到节目上来，使整台晚会充满欢歌笑语。倪萍在观众眼里是纯真和坦诚的，她总是把最温暖、最美好的感情毫不吝啬地献给观众。有一次，她主持《请您参加》的游戏节目，许多人上台参赛，倪萍忙乱中将“把球放进筐子里”说成“把筐子放进球里”。当时，大家并没意识到，她却自揭短处，“哎哟，你们看，话讲反啰”，于是引发了观众一片会意的笑声，倪萍正是以自己的真诚和坦诚凝聚住了观众的心。

(4)要具备很强的临场应变能力。

综艺节目有其自身的特点:一是播出时间一般都是在重大节日或传统的节假日;二是为了取得良好的播出效果,多数都采用直播形式。这两条就决定了综艺节目收看面广、不确定因素多,也就是说综艺节目在演出的过程中存在着风险。这种风险主要表现在技术上的突发事故,演员的突然失态,节目转换衔接过程中的差错等等;这些突发事件都是给主持人出的难题,能不能在众目睽睽之下化险为夷,这就要看主持人具不具备很强的临场应变能力。

1995年,在一期以歌颂残疾人为主题的《综艺大观》节目中,一群聋哑孩子因舞跳得太投入了,没注意到老师结束的信号,这时,倪萍果断地走上台去对观众说:“朋友们,这些孩子听不到掌声,但是他们有一双明亮的眼睛,请观众们把手举得高些,告诉孩子们,我们爱他们!”当观众们高举双臂热烈鼓掌时,孩子们看到了,也知道舞蹈结束了,全场观众兴奋而又感动。

1990年,《今夜星辰》第六期在上海文华大酒店开拍。这一期的嘉宾主持是台湾来的凌峰。凌峰是个大忙人,因故没按原定时间到,等他到酒店时离正式演出只有半个小时时间,他既没看脚本也没对台词,更不用说排练了,只能是走着瞧了。这一期《今夜星辰》第一个小栏目是《露一手》,内容是两位神童“妙算星期几”,也就是说你只要说出1988~1992五年内的任意一天,他随口就能告诉你是星期几。下面是叶惠贤与凌峰的一段对白:

叶:今天晚上我们高兴地邀请到了大家非常喜爱的凌峰先生。

凌:上海朋友,侬好!

叶:怎么介绍您呢?电视制作人、著名演员、歌星?

凌:都对。

叶:今年春节,您在中央电视台春节晚会上露面,给大家留下了非常美好的印象,我们都记得您说的那两句话:“我看到你非常高兴,你看到我非常不幸。”

凌:我讲得都是实话。

叶:因为您是光头,大家对您的年龄都在猜测,您到底有多大岁数?

凌:通常说年龄对我来说是个忌讳,我看起来是五十多岁的年纪,事实上我是六十几岁的身体,但我只有四十几岁的真实年龄,有三十几岁的心情,二十几岁的智商……

叶:还有十几岁的童趣,您出生于……

凌:1945年。

叶:几月?

凌:9月吧,12号吧!

叶:星期几?

凌:这个问题就难了。
叶:说不上了?请两位小朋友帮您来算一下。
[顺利地接到了《露一手》——“妙算星期几”]

以上两个例子生动地说明了倪萍和叶惠贤两位主持人极强的临场应变能力,那么什么是主持人的应变能力呢?所谓主持人的应变能力是指主持人在主持的过程中对周围突发因素的一种迅速而能动的反应,这种反应应该是机敏的、冷静的,既表现在思维过程中,也表现在言语和行为过程中。应该说,应变能力的培养不是一朝一夕所能完成的,是有一个过程的,它是由多种因素集合而成的,首先是主持人必须对所主持的节目有个总体把握,包括对主题、节目、内容、形式、编导的意图等了如指掌,这样才会清醒地意识到什么时候该出来“救场”。二是主持人必须有广博的文化知识和专业知识的积累,再加上长期的主持经验,这样才能知道紧急关头,讲什么。三是综艺节目主持人必须具备良好的心理素质。综艺节目的主持工作要求主持人具备良好的心理承受能力,遇到突发事件能保持镇定、冷静,迅速作出判断并灵活妥善地处置。如果遇事慌乱、缺乏自信只会使场面陷入混乱。可见,良好的心理素质是一个综艺节目主持人具备临场应变能力的心理条件。

5. 电视综艺节目主持人的语言特色

(1)“情”字当头。

如前所述,文艺是通过塑造艺术典型来传达情感的。所谓情感是一个人对社会、对人生、对生活的态度。生活中有很多东西让你感动,你一定会通过某种形式把这种情感宣泄出来,想让别人获得与你同样的感受。但是,每一个人由于所处环境和地位的不同,看问题的角度和感受也不会是相同的。作为一个综艺节目主持人,首先要关注情感、关注生活、关注命运,善于把自己感悟到的东西用有情之声去影响、感染更多的人。

应该说,人的情感世界是极其丰富的,其表现形式是多种多样的。一可谓激情。激情是人一种爆发的情感,在综艺节目里激情应该更多地表现为欢乐,因为综艺节目的宗旨就是要让大家高兴、快活,从中得到艺术享受。正因为如此,主持人的语言有没有感染力,能不能调动起观众的情绪,这对现场气氛的调节起到了关键性的作用。因此,一个综艺节目主持人不但要做到“动口”,更要做到“动心”,要富于激情和活力,善于引导演员进入状态,积极地在表演者和观众之间架起情感交流的桥梁,力求做到饱满的情感贯穿始终,牢牢地把握住晚会特定的情感色彩和氛围。那么,一个综艺节目主持人常年工作在固定的岗位上,似乎是在一次次重复着雷同的工作程序,那么,他们的创作激情从何而来呢?或者说怎么能经久不衰呢?许多成功的综艺节目主持人的丰富的实践告诉我们，这种创作激情来自一个电视人的责任感和不懈的艺术追求。就拿中央电视台的《春节联欢晚会》为例，试想一下，有哪一个国家有十几亿观众同看一台综艺晚会的先例，又有哪一个国家的电视节目能把全国的艺术精英汇聚在短短四个多小时的时空舞台上呢？正是由于亿万人的关注和评判使这台晚会难以负重，也使主持这台晚会的节目主持人充满着悬念和挑战。电视晚会本身没有成熟的套路，面对的都是探索和挑战，看起来春节晚会只是众多电视栏目中的一个栏目，但是，它却是一个向全国展示的大舞台。在中国最隆重的节日，每一个百姓家都把收看《春节联欢晚会》看做是不可缺少的内容，他们把全家的欢乐，对未来的许多期盼都寄托在这台不寻常的晚会上，这确实是中国文化传媒史上空前的伟大现象。主持这样一台情系全国各族人民的宏大晚会，其担子之重可想而知。主持人的一言一行已经超越了个人的范畴，早已融入12亿人民欢乐的海洋中。在这欢乐的海洋里，有对党的正确领导的歌颂，有改革开放以来亿万人民崭新面貌的展现，有全国各族人民对未来新生活的憧憬。面对这样一个时代，位于传媒前沿的节目主持人怎么能不心情激荡、豪情满怀呢？主持人只有把自己融入人民大众的洪流中，才能使自己的情感与晚会的宗旨合拍，也才能使自己的真情实感得到最充分的释放，最终做到在时代的需要和最重要的创造点上，展现自己的才华。

二可谓亲情。节目主持人是公众人物，节目主持人的情感世界绝不能过于狭隘，他应该更多地去体味普通百姓的情感，感受他们的喜怒哀乐。老百姓生活在社会的基层，他们承受着方方面面的艰辛和困惑，对社会的感受最真实、最丰富。下岗、疾病、失学等众多困难给他们带来了巨大的压力和困惑。尽管如此，他们依然朴实、平静，充满人情味。他们需要太多的关心和欢乐，需要人间充满爱。因此，作为一个综艺节目主持人应该更多地了解并理解自己的服务对象，才能在自己的主持过程中以自己的真情实感唤起人们的共鸣。倪萍是个感情细腻而真诚的人，她经常被节目中介绍的人物感动得流下眼泪。她曾采访过英雄麦贤穗，在采访时她发现英雄是个思维混乱、无法自控的人，而他的妻子当时只有24岁。他妻子白天陪他四处做报告，晚上却面对一个头脑混乱、乱摔东西的男人，可以想象她内心的痛苦。面对这一切，倪萍流泪了。因为，倪萍看到了一个不断奉献、勇于牺牲的妻子的生活，她理解她、同情她。1990年4月上海电视台演播厅直播了《人间真情》文艺晚会，这是上海癌症俱乐部举办的一次晚会。小杜琼问世3个月，癌症便夺去了她的左眼，刚满三岁，病魔便把她推向了无边的黑暗。晚会上小杜琼表演的《心声》揪人心肺，令观众声泪俱下。眼含热泪的叶惠贤这时想起了一年前被癌症夺去生命的姐姐。叶惠贤说了这样一段话："看见小杜琼，我想起了我的姐姐，一年前，她由于胃癌过早地离开了我们，当时只有50岁。因为她结婚晚，所以两个孩子还很小。临走的时候，她已经不能说话了，记得她是支撑着靠在床上，两眼直瞪瞪地望着我，合着双手希望我能照顾好她的孩子……我想，要是今天她能参加这台晚会该多好，但是……今天我来主持这台晚会，我能为在座的兄弟姐妹尽一些力，我想我的姐姐会感到快慰的……”叶慧贤这番动情的话使舞台上下、荧屏内外人们的心更近了，情更浓了。

由此可见，综艺节目主持人用真情去体味老百姓的情感历程，感受他们的心灵，会听到生活情感的波涛，使自己的主持充满人情味，使整个节目充满人文关怀的气氛，正如杨澜在悉心研究了美国谈话节目的头牌主持人奥普拉·温弗瑞受人欢迎的原因后说：“觉得她成功的秘诀其实非常简单，那就是与观众真诚的感情交流，既敞开自己的心扉，同时又设身处地体会他人的苦乐。”

（2）“意”在其中。

这里的“意”是指说话要有内容，要有充足的信息量，不说废话、不说错话。我们知道，有声语言是传递信息、交流情感的主要手段，语意是有声语言传达出来的信息，有声语言的信息量及富有的文化内涵通过互动的双向交流，使人们获得信息并得到艺术上的陶冶。综艺节目主持人绝不能满足于程式化的介绍，而应该把注意力更多地放在整台晚会的宗旨及节目内涵的揭示上，以引起观众丰富的审美想象，并从中受到文化的熏陶，因此，深厚而丰富的文化内涵、高层次的文化品位是每一位综艺节目主持人追求的目标。有些主持人，因疲于应付节目，不讲质量，不求效率，语言苍白，词汇贫乏，废话多，套话多，语无伦次，不得要领，这种状况不改变，观众是不买账的。

一个综艺节目主持人能不能做到言之有物，决定于主持人自身的文化修养和文艺知识的积累，也决定于主持人有没有较强的艺术感悟力和鉴赏力。如果主持人对整台晚会的艺术形式和节目内容都非常熟悉，对出场的艺术家的表演风格和艺术特色都十分了解，他就能对节目作出比较专业的、到位的介绍和点评，这对观众欣赏节目的情绪无疑是一个调动，也为观众欣赏好节目架起了桥梁。同时，主持人内行、到位的介绍，也进一步增添了自身的魅力。

综艺节目主持人自身的艺术素质同样是十分重要的，往往他的一技之长会给整台晚会增光添色，既丰富了串联节目的手法，又增加了晚会的亮点，大大提升了观众欣赏节目的兴趣。令人难忘的有赵忠祥的京剧、倪萍用胶东方言播的天气预报、叶惠贤与俄罗斯女主持人优美的舞姿。陕西电视台有一个综艺节目女主持人叫陈爱美，为人热情开朗，唱得一口好秦腔，她经常与专业演员同台演唱，使观众兴奋不已。实践表明，多才多艺的综艺节目主持人是最受观众欢迎、最被观众认可的。

（3）“灵”贯始终。

综艺节目具有很强的欣赏性，要通过精彩纷呈的节目给广大观众以艺术上的享受。要实现这一节目宗旨，主持人起着不可替代的作用，因为品种繁多的综艺节目要靠主持人去介绍推出，同时，对一台晚会来讲，主持人自身就是一个贯穿晚会始终的节目，因此，主持人的幽默、机智、灵动，是一个至关重要的因素。许多综艺节目主持人的聪明表现已被播音主持行业传为佳话。

杨澜在广州主持文艺晚会时，上台不小心摔了一跤，顿时观众欷歔声四起，场面十分尴尬，而杨澜却镇定自若，面对观众满腔笑容地说："中国有个舞蹈叫狮子滚绣球，我刚才给大家表演了一下，不过动作还不够熟练，但台上的节目会很精彩，让我们来看他们的表演。"话音刚落，全场掌声热烈，有的观众还喊："广州欢迎你。"

上海电视台综艺节目主持人叶慧贤在电视文艺节目《家庭演唱大奖赛》上有一段精彩对话：

叶惠贤：今天又是一个新的组成形式，是老丈母娘带着好女婿出赛。（问岳母）女婿待您怎么样？
岳　母：当然。
叶惠贤：那就是平时所说的那句话，"丈母娘看女婿……"
岳　母：越看越有趣。
叶惠贤：今天谁先唱？
女　婿：我先唱。
叶惠贤：唱什么？
女　婿：《再见吧，妈妈！》
叶惠贤：这你就不对了，有了丈母娘就"再见吧，妈妈"，这不太合适吧……
[众笑：女婿唱完《再见吧，妈妈！》]
叶惠贤：听得出来，你对妈妈也是很有感情的。

台湾著名综艺主持人凌峰素以语言的机智、幽默著称，他经常采用自嘲式的幽默，无遮拦地"数落"自己，用词俏皮洒脱，异乎寻常地表现出一个男人的风趣和豁达，体现出一种爽朗和智慧的品性。凌峰主持语言极具魅力，往往在挥洒自如的语言感染下，把观众迅速笼罩在幽默、兴奋的氛围之中。下面是他一段颇具个性的道白：

凌　峰：在下凌峰……这两年，我大江南北走了一趟，男观众对我的印象特别好，因为他们见到我有点优越感，本人这个样子对他们没有构成威胁，他们很放心（大笑）。他们认为本人长得很中国（笑声），中国五千年的沧桑和苦难全都写在我的脸上了（笑声、掌声）。一般说来，女观众对我的印象不太良好。有的女观众对我的长相已经到了忍无可忍的地步（笑声）。她们认为，我是人比黄花瘦，脸比煤球黑（笑声）。但是，我要特别声明，这不是本人的过错，实在是父母的错误，当初并没有征得我的同意就把我生成这个样子（笑声、掌声）。但是，时代在变，潮流在变，现在的男人基本可以分为三种：第一种，你看上去很漂亮，看久了也就那么一回事，这一种就像我的好朋友刘文正这种；第二种，你看上去很难看，看久了以后是越看越难看，这种就像我好朋友陈佩斯这种（笑声）；第三种，你看上去很难看，看久了以后你会发现，他另有一种男人的味道，这种就是在下我这种了(笑声、掌声)。鼓掌的都表示同意了!鼓掌的都是一些长得和我差不多的(笑声),真是物以类聚啊!(笑声、掌声)

由于综艺节目主持人面对的现场情况是在不断变化的,很多想好的台词根本用不上,如果没有一种"灵"气,对场上情况及时做出反映,就会出现令人尴尬的场面。在上海举行的国际电视节群星荟萃音乐会上,当法国著名歌星兼少儿节目主持人多洛黛走上台中央时,音响设备却意外地"哐"一声轰响,场上顿时十分紧张。多洛黛以特有的幽默举起双手做了个射击的姿态,这时上海电视台主持人曹可凡迅速作出了反应,补了一句:"多洛黛小姐,刚才是上海观众对您的到来表示欢迎,鸣礼炮一响。"场内观众会心地笑了,使场内依然洋溢着欢乐、热烈的气氛。

从以上例子可以看出,临场思维的灵动是综艺节目主持人综合素质的体现,这种灵动驱使下产生的语言既益智明理又韵味无穷,这正是主持人智慧、个性、创新的展示。如果一个综艺节目主持人不管在什么场合都能做到应对自如、巧解妙释,在欢歌笑语中化险为夷,那么他必然会受到众多观众的青睐。

第二节　实践练习例稿及训练提示

例7-1　正确引导"追星"

杭州市教委年年都要召开全市三好学生、优秀团员的表彰会,今年的表彰会却与往年不同。他们将50余位优秀中学生代表带到我国第一个博士后基地,请基地的创始人、38岁的教授张耀洲给孩子们讲人生、讲理想、讲信念、讲科学。听完讲座后,50余位中学生纷纷向10余位优秀的博士后和博士提出请求,请他们为自己题词、签名,并希望建立友好关系,经常得到他们的指点。

同行的一位市政协领导见此情景顿生感慨,誉之为"真正的追星",并主张教育界人士应积极引导在校学生,学会"追星"。笔者以为言之有理。

当今社会,正处"造星"的时代,影星、歌星、舞星、球星充斥各类媒体,相比之下,科技之星、文学之星、军警之星等则着墨甚少。媒体不成比例的宣传加之各种商业性的炒作,使阅历甚浅的青少年潜移默化,成为"追星族"中的一员。只要有"星"出现,便会出现一群"追星族",他们递着本子、书籍甚至自己的衣物之类,以让"星"们签上大名为荣幸。

"追星"其实是一种"楷模认定"的过程,不同形式的"追星",产生的心理效果和社会效果截然不同。对娱乐界"星"们的盲目的偶像崇拜,不利于中小学生形成健康的人生观、世界观。

青少年在成长过程中是需要榜样和楷模的，以怎样的“星”为自己的榜样和楷模，如何“追星”，是一个新课题。像市教委那样，为中学生和博士后之间牵线搭桥，使孩子们学会辨星、“追星”，这种做法值得倡导。

训练提示：媒体的“不成比例”的宣传及各类商业炒作，使涉世尚浅的青少年对各类影、视、歌、舞等明星趋之若鹜，此为“追星族”形成的社会原因；而“楷模认定”问题上的盲目趋同，是“追星族”形成的心理原因。主持人应通过对上述原因的深入剖析认识到青少年“追星”是其成长过程中的必然经历，关键在于如何引导——追怎样的“星”。而杭州市教委的做法恰恰给我们提供了答案。

例7-2 雪化了以后是什么

雪化了以后是什么？

这是一堂语文课上老师给同学提出的问题。一位同学站起来富有诗意地回答：雪化了以后是春天！

没想到老师却一本正经地说：错了。正确的答案应该是：雪化了以后是雪水。

令人啼笑皆非的是，这位语文老师是用了物理学的答案来解释文学上的问题，张冠非要李戴，自然要出现令人遗憾的结局。

此事古已有之。唐代大诗人杜甫曾有一首《古柏行》，诗中咏诸葛亮庙里的古柏树“霜皮溜雨四十围，黛色参天两千尺”。宋朝的科学家沈括在他的《梦溪笔谈》中质疑：“四十围是径七尺，如果高达二千尺，不是太细长了吗？”因此得出杜诗“与实不符”的结论。一百多年前，英国诗人邓尼逊在一首题为《罪的幻影》的诗中写道：“每时每刻都有一个人死去，每时每刻都有一个人诞生。”被誉为“电子计算机先驱”的英国数学家查尔斯·巴尔奇教授从职业角度对此进行了推理，并写信给诗人说：“必须指出，事实上，出生率比死亡率稍高。因此我建议您将它改为，每时每刻都有一个人死去，每时每刻都有一又十六分之一的人诞生。”

现代科学需要培养人们严谨的逻辑思维，但并不排斥人们的形象思维。新奇浪漫的幻想，从来就是科学发明的前身。没有一点想象力和联想力的人，即使他学富五车，也不可能有更大的建树。束缚人的想象，就会像联想集团那句广告词说的那样：“人类失去联想，世界将会怎样？”最近，从《读者》中看到这么一件现实中的事，美国新泽西州丹维尔的法令中有一条这样的规定：“所有的消防栓必须在火警发生前一小时进行全面的检查。”呜呼，天知道火警会在什么时候发生？！可想而知，起草这份法令的人，大概就是这种只会简单对号入座，而一点不会转动脑筋联想的书呆子。

雪化了以后是什么？正确的答案是，尽可能地展开你的联想，只要你言之有理，比如，在乡间小道上，雪化了以后是泥泞；在松柏树上，雪化了以后是青翠；对农民来说，雪化了以后是春播；对土地来说，雪化了以后是滋润……人们在联想之中，才能拓展与丰富自己的见识，才能避免一叶障目而不见森林。

比这个悲哀的例子更为悲哀的是——即使是重点学校，类似的事情也常会出现。

训练提示：素质教育的话题已不再新鲜，而我们有些中小学课堂教育仍旧依照刻板的轨迹行进。长此以往，我们的民族还会出现像李白、苏轼这样的"谪仙人"吗？我们还能咀嚼"白发三千丈"、"人比黄花瘦"这样的诗句吗？社会的发展确实离不开高科技的缜密，但人类文明的进步也同样离不开丰富的联想与想象。

由一堂简单机械化了的语文课，有一定预见性的主持人应该告诉受众，单一的人才培养模式对未来世界是不负责任的。

例7-3　赵薇走红与"后儿童潮"

有人统计过，热热闹闹的赵薇，只不过是一群小青年的偶像，中年以上的人提起"小燕子"，无非是一句话：就是那个疯丫头吧！

美国曾流行过"婴儿潮"，现在，我们这里正流行"后儿童潮"。有些人虽已步入青年，却穿着充满童装元素的时装；一副扮鬼脸、做怪相的卡通式表情，一口"樱桃小丸子"腔；他们的宠物是毛绒加菲猫、巴比系列小狗、巴布豆、珍妮娃娃；口袋里装着永远也吃不完的各样零食；他们无法忍受白纸黑字的杂志，喜欢捧读那些以图片为主的卡通书；他们听歌喜欢"蹦蹦跳跳"，看电影电视喜欢"打打闹闹"。与人相处似"过家家"，随心所欲，说好便好，说离就离。有时，这股"后儿童潮"搅得有些大男大女也要嗲声嗲气地"装嫩"，把自己归入"男孩"、"女孩"之类。恰似那不再年少的女人穿露脐装，只能让人联想到衣服缩水了或是后娘不给买新衣穿。

现代的物质文明延长了人的寿命，但并不是说延长了人的童龄。人到了20来岁，还把自己往10年甚至更小的年龄里归，说是童心未泯尚可理解，说是"长不大的一代"就有点可悲。在这个高速发展、竞争日趋激烈的年代，这种心理上的迟滞断奶，应该说同这个社会的主流不甚合拍。这些"后儿童"能够舒适地生活、快乐地存在，是因为他们有父母和别人奠定的物质基础。但这些毕竟不能依赖终生，他们总要踏入社会。而在社会生活中，他们仍以这种"儿童心理"去游戏人生，对现实生活中的求学、求职、收入、升职、创业等，表现得无所谓和无所用心，任意走来、随性而去，其结果便是在社会上造就了一批既无进取心、又无责任感的"另类人群"。他们虽有"小燕子"般热热闹闹的快乐，却也不时会陷入种种空虚和迷茫之中。久而久之，有些人就会因此步入歧途，自暴自弃，甚至沦为社会的渣滓。

我很喜欢赵薇和一群真正的小孩子做的一则广告，因为它体现了真正的童心和热闹，并非像有些"后儿童"故作幼稚的"装嫩"。人嘛，到了该长大的年龄，就该面对现实地长大，长大自然有长大的烦恼，却也自然有成熟的快乐和收获。倘若你想让自己永远做一只不成熟的青苹果，那表面的青春，终掩不住内心的酸涩……

训练提示：赵薇的走红是一种现象，与之同属一类的还有樱桃小丸子的腔调、蜡笔小新的搞笑、奶嘴式的水杯、毛茸茸的装饰玩具、像晒伤斑的红红脸蛋儿，以及屏幕上某些主持人嗲声嗲气地“装嫩”。用“疯丫头”指代小燕子只是一个表面评价，“疯”的背后隐藏着怎样一种心理需求，这正是人们想要知道的答案。主持人正应顺此思路深入开掘，透过现象看本质，真的童心是最可宝贵的，而以所谓的“儿童心理”去游戏人生却并不可取。

例7-4　浓浓的巷味

巷，屋与屋之间的通道。古时的六尺巷，就源自两家在建房时各让三尺而来。巷，好比人体中的血管，粗细宽窄，东西南北，曲曲弯弯，纵横交错地遍及都市每一个角落。巷，给都市带来了畅通，带来了便利，带来了神秘，带来了情趣。

笔者与许多人一样，出生在小巷之中的一处旧宅内，也与许多孩子一样，在小巷玩耍中长大。小巷留在笔者心灵深处的印象实在太深太深，就跟火烙一样，从而使笔者对小巷情有独钟，每每独自一人步入巷中，在古风扑面的氛围中寻找童年的欢乐，感觉小巷的幽静，享受小巷的韵味。

如果说逛街给人一种现代化的繁花似锦的享受，那么，逛巷给人的则是一种古色古香，一种幽静超脱，一种悠久深远，一种淳厚朴实……且越是窄，越是深的小巷，这种感受就越浓。当我独自走在窄窄的、长长的、曲曲弯弯的小巷之中时，尽管也有迎面而来的行人，也有几声清脆的自行车铃声，但毕竟比大街要清静许多，使人有一种脱离尘世之感。独步巷中，不同的季节有不同的景，不同的美，不同的情，不同的味。春日逛巷，红杏出墙，看到的是绿满墙头，有的是青藤缠绕，有的是桑枝舒展……那扑面的“绿”成一股股“风柱”，吹得人好凉快，好惬意，使人感受到小巷是都市最好的避暑胜地；秋日，小巷中丹桂飘香，沁人心脾，抬头看那一“线”天空，好高好远，那心情，也顿时开朗，开阔；冬日，小巷内一片肃穆，营造出一种冷峻的氛围，那两边的高墙，旧宅，似乎是一个世纪老人挺立在寒风之中，透出倔强，透出信心，在这位沧桑老人面前，能使人多一份清醒，多一份思考，踱步在冬日的小巷之中，实在是一种最好的回顾、思索和展望。

我喜欢逛巷，喜欢小巷的幽静，小巷的冷漠，小巷的超脱，小巷的情趣……细细地品味其味，真是好有味好有味。

训练提示：描写与抒情是文学笔法，同时也是主持人必备的语言表达能力。本话题的展开应以主持人漫步小巷时的闲适为基调，展开合理的联想与想象，将小巷的四季风光，绵长、古朴、幽默、脱俗的特质，用散文诗般的口吻描述给受众。包括那“六尺巷”的典故，也带给人深深的思考与厚厚的文化底蕴。生命中我们经历了太多或拥挤或通坦的大路，但记忆里总保存着关于小巷的印象，那是我们儿时的梦，是回溯的一方净土。

例7–5 与同事相处的艺术

身为年轻白领，即使你不加班，一天也有八个小时和一班同事在一起，随之问题便产生了：与家人是亲情，与朋友是友情，与恋人是爱情，但与同事之间的关系却十分复杂。究竟该如何处理此种关系呢？以下便教你几招：

1. 与同事相处的第一步便是平等。不管你是职高一等的老手还是新近入行的新手，都应绝对摈弃不平等的关系，心存自大或心存自卑都是同事间相处的大忌。

2. 和谐的同事关系对你的工作不无裨益，不妨将同事看做工作上的伴侣、生活中的朋友，千万别在办公室中板着一张脸，让人们觉得你自命清高，不屑于和大家共处。

3. 面对共同的工作，尤其是遇到晋升、加薪等问题时，同事间的关系就会变得尤为脆弱。此时，你应该抛开杂念，专心投入工作中，不耍手段、不玩技巧，但决不放弃与同事公平竞争的机会。

4. 当你苦于难以和上司及同事相处时，殊不知你的上司或同事可能也正在为此焦虑不堪。相处中你要学会真诚待人，遇到问题时一定要先站在别人的立场上为对方想一想，这样一来，常常可以将争执湮灭在摇篮中。

5. 世间会有君子就一定会有小人，所以我们所说的真诚并不等于完全无所保留、和盘托出。尤其是对于你并不十分了解的同事，最好还是有所保留，切勿把自己所有的私生活都告诉对方。

6. 最后再提醒你一句：同事间相处的最高境界是永远把别人当做好人，但却永远记得每个人不可能都是好人。

训练提示：“同事关系”单纯又复杂，一起工作的人互称为同事，而八小时的工作交往又衍生出更复杂的同事关系，如上下级、好朋友、死对头或亲密恋人等。如果每天八小时工作时间身边有很多“死对头”，那是多令人烦恼的事情啊！主持人针对这一现象为您“支招”。

例7-6 骑“驴”找“马”[①]

都说现在找工作难，找一个自己喜欢的工作更难。在被动的局面里，抱着找“金饭碗”的观念不放，是不可取的。

许多下岗职工虽然有多年的工作经验，但多数技术单一。大中专生有一定的理论基础，可缺乏实践经验，因而就业时理智地降低择业标准，先端“泥饭碗”，再端“金饭碗”，也就是俗话所说的骑“驴”找“马”，先等解决了自己的生计问题，等积累一定的就业资本后，再找“金饭碗”就会轻松得多。

朋友小苏的经历就很能说明问题。他中专毕业，多次联系工作没有着落，后来不得已到山村里的一家工厂上班，只挣500元钱，除去生活开销，所剩无几。别人都找了女朋友，可他都快30了，还是孤身一人。许多同学都劝他跳槽，但他理智地认为，自己的学历、专业到人才市场上是不吃香的。他没有辞职，而是利用业余时间报考了国际贸易专业的自学考试，经过3年的奋斗，他取得了大专文凭。厂子决定调他到商务部工作，被他婉言谢绝了。不久，他在省城一家外贸公司找到了工作。

小苏的择业观念是极其稳当的，正因为他一步一个脚印，既养活了自己，又提升了自己。

反观有些大中专生，谈起自己的择业经历，总是一脸无奈：“原先我想进事业单位，但由于机构改革，联系了多家单位都因为没有编制而告吹。后来想进三资企业，但竞争十分激烈，常常是一个岗位几十人甚至几百人竞争，自己不是名牌大学生，因此败下阵来。而一些国有企业，虽然欢迎大学生，但是名额有限。就这样高不成低不就的，现在还在到处联系单位。”

这样的情况在大中专生、失业者当中很普遍。他们宁肯失业，也不肯降低择业标准，到私营企业、乡镇企业里去工作。他们总在寻找机会，结果在激烈的竞争中败下阵来，往往连生活也会出现困难。

对一些没有年龄、专业、技术优势的求职者来说，等待不是最好的办法。先把自己养活，即“先就业，再择业”，骑“驴”再找“马”，这才是一个务实的择业观念。

训练提示：帮助人们解决疑问，端正观念是现代传媒的功能之一，作为传媒喉舌的主持人正是这一功能的代言人。为什么“说现在找工作难，找一个自己喜欢的工作更难”？社会发展竞争激烈是外部原因，然而有无正确的择业观念正是内因。正确的择业观如何确立？怎样务实地骑“驴”找“马”？主持人正可利用小苏与另一些大中专生做一番对比，让答案不言自明，所谓水到渠成。

① 《骑“驴”找“马”》配有示范录音。

例7-7　异乡拾荒人

总以为在深圳活得最苦最难的人就是那些远道而来的民工，而一位在这里打工6年的民工告诉记者，其实最苦的要数那些在郊区街头拾荒捡垃圾的人。

在深圳市布吉镇大芬村的一块废弃的空地上，曾经聚集着几十名拾荒人，他们大多来自阜阳、淮南等地的农村。在围墙外，一位拾荒的老人正在处理刚捡来的垃圾。老人姓江，来自太和农村，今年已经54岁了。老人说，去年她家的地全部被水淹了，没有一点收成。两个小儿子，一个出去要饭，一个在阜阳打工，结果还被人骗了，一分钱也没挣到，反被狠心的老板打得遍体鳞伤。她自己是随着一位长年在外要饭的老太婆来到这里。过春节时，曾经聚在这里的拾荒人大多回家过年了，而她没攒够路费，只得继续留在这里。她住的是用几片石棉瓦搭成的低矮的棚户。江老人患有严重的风湿性关节炎，疼起来的时候，她常常在小棚子里满地打滚。拾荒得来的一点钱，她几乎都用在了买药上。而现在拾荒人的生活越来越难了，一天最多只能拾3袋垃圾，一袋只能卖0.15元钱。江老人常常整天吃不上一顿饭，只有去菜市场捡点菜叶，回去后，再用捡到的废铁桶改成的小炉子上煮熟后充充饥。老人还忧虑地告诉记者，最令她发愁的是住处没保障，当地有关部门已经禁止他们再在这块空地上居住。老人的心愿只有一个，就是拾够了路费后回家。

在离江老人棚子不远的地方，还有一个棚子，原来是位30多岁的年轻人，大白天的，他仍然睡在棚子里，因为拾荒的钱越来越难挣，他只得整天在里面睡觉，睡觉至少可以缓解一下饥饿。在这片空地的旁边，有一个垃圾池。但当地人扔的垃圾都堆在外面，因为，垃圾池已经被一位专门在这里收拾垃圾的老人“占领”了。老人在垃圾池的挡墙上盖了一片石棉瓦，晚上就睡在里面。遇到下雨天，他就睡在附近店面的防雨棚下。这位老人姓吴，家住在凤台农村，他到这里已经有6年多了，扔到这个垃圾池的垃圾都属于他所有。在这片扫大街的人与老人同是凤台老乡，他每天都将大量的垃圾倒在这里。因此，吴老人的情况比江老人他们要好一些。老人唯一的爱好就是抽烟袋，干活时嘴里还叼着烟袋。

吴老人告诉我，他也想回家了。因为，在外地拾荒的日子过得太苦太难了。

训练提示：关注普通人的生存状态，特别是下层贫民的生活状态是每个有良知的主持人的责任。不管人们愿否承认，城市贫民都确实存在于我们的视野当中。他们干着最脏最累的活，过着最朝不保夕的日子，受着最多的不公平待遇。主持人关注这一“弱势群体”的生存状态，应在真实地再现场景、人物之外，更多地把目光投向事件的背后，关注社会、关注生命，仅有同情是不够的。

例7–8 怎样做到心理健康[①]

现代社会的生活工作节奏日益加快，很多人都感到心理不堪重负。有一个健康的心理，才能迎接生活和工作中的各种挑战，那么怎么才能算心理健康呢？心理健康要求内外兼顾，对外，要人际关系良好，行为符合规范。对内，基本需要获得满足，心理行为正常。行为符合外界的规范，又能满足自己的心理需要，才是心理健康的人的特征。

心理健康说到底是一种人生态度。心理健康的人，以积极的眼光看待世界，看待周围事物。这种人富有利他精神，能在付出、伸展自己的过程中增强自我价值感。这种人追求高尚的生活目标，但他又没有做“完人”、“超人”等超越其自身能力的念头。所以，一个心理健康的人，有目标，但目标不要太完美，既要积极进取，又要正视客观现实，有一定程度弹性的道德准则。而缺乏道德观念与坚持“超道德”观念正是人格异常者与神经症患者常见特征。另外，心理健康并不是心理平衡。心理健康并非平衡与适应状态，而是处于两极的中间位置。通常人们把适应理解成对周围环境的顺从，把平衡理解为内心无冲突，但这并不是心理健康。因为如果“平衡”就是健康，那么一个满足现状，没有追求，不思进取的人，内心就很平衡，因为他不会有挫折感，也没有冲突，他健康不健康？如果说“适应”就是健康，那么现在社会上有的人见人说人话，逢鬼说鬼话，左右逢源，上下讨好，这种人算不算健康？其实，上述两种人也未必快乐，其心理也未必正常。

一般把清除过度的紧张不安而达到内部平衡状态称做“消极的”或“低层次”的心理健康，而我们应该提倡的是“积极的”或“高层次”的心理健康，这种状态意味着总有高尚的目标追求，能发展建设性的人际关系，从事具有社会价值的创造，追求高层次需要的满足，寻求生活的充实。它的实质就是老有追求，始终是一个平衡——不平衡——平衡的过程。

心理健康是一个动态过程。因为心理健康不是说没有遭遇挫折，而是能够有效地进行调整，并在这种状态下，保持良好的效率。

训练提示：现代社会的快节奏生活、工作，使很多人感到心理不堪重负。有一个健康的心理才能迎接生活和工作中的种种挑战。不健康的心理状态有哪些表征，会产生怎样的危害，心理健康的标准与要求是怎样的，如何长期有效地保持健康的心理状态等等，正是主持人要对受众说清说明的。顺此思路，主持人可结合自身的相关经历贴近与受众的距离，同时具体形象地解释问题。

---

① 《怎样做到心理健康》配有示范录音。

例7-9 闲时去喝下午茶

下午茶,是新近流行的在下午品饮茶点的一种休闲方式。在初春时节,走出单调乏味的空间,邀上三朋四友来到华美富丽的酒店茶吧内,一边欣赏音乐,一边喝着热乎乎的红茶,品尝着精制的美点,享受暖意洋洋的下午茶时光,该是多么的温馨惬意!在周末的午后举行一次小小的下午茶聚会,在优雅的氛围里舒缓身体,放飞心灵,更会增添生活的情趣。

下午茶可在酒店、茶吧、庭园、自己家中随意举行。如果是商务活动需要,在酒店较为合适。在酒店聚会,首先要提前订座。虽然大部分高级酒店都是难得客满的,但万一你带着客人过去却发现没有合适的位置,就非常尴尬了。反之,当客人发现你特地订了一个靠窗的、风景好的位置,无疑会感受到你的重视和诚意。其次,在订座时向酒店说明,大致需要什么样的环境。不少酒店是利用大堂吧经营下午茶的,想来你一定不喜欢靠着公共走道的位置吧。你可以明确提出要一个光线明亮又比较安静的角落,避开走道和乐队,以便从容自在地品茗交谈。

红茶、绿茶、水果等均可作为下午茶饮用。秋冬季节,红茶甘温、汤色胭红,给人温暖的感觉;水果茶清香爽口,适于夏季饮用;绿茶花茶色香味俱佳,实属四时良品;还有田园风情的大麦茶、升发祛寒的生姜茶、碧绿清香的糯米香茶等等可供选择。

此外,下午茶还离不了美点的衬托。当松糕、脆饼、巧克力等各式各样小巧可爱的点心玲珑有致地摆上餐桌时,有谁能抵挡得住如此诱惑呢?

训练提示:流行与时尚总带给我们轻松、惬意的享受。主持人可选一个阳光明媚、暖意融融的下午体会休闲的情调,进而向受众推荐下午茶的茶叶种类、茶点种类、场所要求等等。不过,不要让茶厅的预定、座位的安排种种琐事分散了品茶、品味休闲的好心情!

例7-10 瑞士人富而节俭的启迪

瑞士是世界上的富国,人均年收入高达3万多美元,失业率仅3%,通货膨胀率为4%。然而,在如此富有的国度里,人们花钱从来不大手大脚,而以节俭闻名于世。

瑞士人常说,我们没有资源,有的只是一双勤劳的手,既然是靠一双手挣来的财富,就没有理由不好好珍惜。

瑞士人这样说,也这样做。拿汽车来说,他们完全有条件买豪华的“奔驰”或“林肯”。然而,瑞士公路上行驶的大多是“丰田”、“雪铁龙”、“大众”等这类普及型汽车,以及一些叫不上名的甲壳车。至于手表,这个“手表王国”所产的“劳力士”、“梅花”、“英格纳”、“雷达”和“欧米伽”等品牌手表名扬全球,以他们的收入花上几千元买块

"劳力士"应该说只是一笔很小的开支,但他们大多使用普通手表,有的甚至戴连穷国人都早已不戴的塑料电子表。在吃的方面,瑞士人也绝不摆阔,那里的餐馆不允许顾客浪费,要求吃多少买多少,对于浪费者,则处以罚款。因此,在瑞士几乎没有大吃大喝的现象。

瑞士人不仅在消费上"吝啬",而且在节能上也堪称楷模,拿煮鸡蛋为例,瑞士推行的一种新方法,即先在锅里盛好1厘米深的冷水,然后把鸡蛋放入,水一沸腾,立即关掉电闸,鸡蛋在锅里持续一定的时间,仍可煮熟,与传统煮法相比,新方法可以节省一半的电能。富而节俭,细水长流,瑞士的"吝啬"令人赞赏,也给人启迪。

富也好,穷也好,都应该懂得节俭,都不能任意挥霍浪费。因为,这不仅仅只是为了节约金钱,更重要的是为了节省资源,让有限的资源细水长流,造福万年。

训练提示: 主持人讲述瑞士人的富而节俭,核心在其"启迪"意义。参照我国目前的基本国情,奢侈浪费甚为可耻却屡见不鲜,资源并不丰富却挥霍得大手大脚。较之于瑞士的富有,瑞士人朴实的消费观,精明的节约行为,我们是否该想一想:节约金钱还在其次,而节约资源正是利国利民、造福子孙的大好事。所谓"他山之石,可以攻玉"。通过正反两种消费观的对比,为一部分"富而忘本"的国人敲响了警钟。

例7-11　走不回来的人

曾读过一个贪心人的故事。说是有个地主去拜访一位部落首领,想要块地。首领说,你从这儿向西走,做一个标记,只要你能在太阳落山之前走回来,从这儿到那个标记之间的地都是你的了。

太阳落山了,地主没有走回来,因为走得太远,他累死在路上。贪心人走不回来,是因为贪。然而现实生活中还有一类人,他们不贪,可是也走不回来。

有一次,我要在客厅里钉一幅画,请邻居来帮忙。画已经在墙上扶好,正准备砸钉子,他说:"这样不好,最好钉两个木块,把画挂上面。"我遵从他的意见,让他帮着去找木块。

木块很快找来了,正要钉,他说:"等一等,木块有点大,最好能锯掉点。"于是便四处去找锯子。找来锯子,还没有锯两下,"不行,这锯子太钝了,"他说,"得磨一磨。"

他家有一把锉刀,锉刀拿来了,他又发现锉刀没有把柄。为了给锉刀安把柄,他又去校园边上的一个灌木丛里寻找小树。要砍下小树,他又发现我那把生满老锈的斧头实在是不能用。他又找来磨刀石,可为了固定住磨刀石,必须得制作一根固定磨刀石的木条。为此他又到校外去找一位木匠,说木匠家有现成的。然而,这一走,就再也没见他回来。当然了,那幅画,我还是一边一个钉子把它钉在了墙上。下午再见到他的时候，是在街上，他正在帮木匠从五金交化商店里往外架一台笨重的电锯。

工作和生活中有好多种走不回来的人。他们认为要做好这一件事，必须得去做前一件事，要做好前一件事，必须得去做更前面的一件事。他们逆流而上，寻根探底，直至把那原始的目的淡忘得一干二净。这种人看似忙忙碌碌，一副辛苦的样子，其实，他们不知道自己在忙什么。起初，个别的人也许知道，然而一旦忙开了，还真的不知忙什么了。

因此，在人生的旅途中，每过一个时期，或每走一段路程，不妨回头来看看自己的身后，看看在太阳落山之前是否还能走回去。或干脆停下来，沉思片刻，问一问：我要到哪里去？我去干什么？这样或许可以活得简洁些，也不至于走得太远，失去现在，失掉自我。

训练提示：生活中的确有这样一种人：他们终日忙碌却徒劳无功。当你好心提出忠告时，大道理也许并不适用，因为这种人通常认为忙碌本身就很有现实意义。他们迷失在没有任何目标的怪圈里。如何引领他们“走回来”？主持人要会以事实“教育”人，讲讲“我”的邻居，讲“贪心的地主”以及初中课本上的“蜀陋二僧”。娓娓道来之际，道理不言而喻。

例7-12 吃如其人①

小弟恋爱了。一日，郑重告诉家里人，要带女朋友回家和大家见面，妈妈就开始提前准备见面时的大餐。临上桌时，她郑重地对我说：“你仔细看着点，看她是怎么一个吃法。如果是每样都吃一点，却一直吃到最后，就不能要——这种女孩子经多见广又挑剔，是不能娶来过日子的；如果一开始就猛吃，前几个菜就吃饱了而等不到最后的菜，这样的女孩子老实，没什么心计，是正经过日子的。”

我本来是想好好和未来的弟媳认识认识，可是因了妈妈的这番话，席间就总是不由自主地看人家吃多少东西，弄得自己反倒很不自在，就中途退席了。所以那天究竟对那个女孩有怎样的评价，跟我是一点关系都没有。这倒让我安心了，省得对别人的爱情负责。不过，妈妈的话却让我琢磨了很久。

用吃相来判断一个人，好像确实挺有道理的。多年养成的就餐习惯，不仅仅与一个人的学识、教养等“软件”有关，更与一个人的身份、经济状况等“硬件”有关。比如说点菜，就是一门学问，在什么样的餐厅点什么菜，就会充分反映点菜者的状况。一个在一家公司做部门经理的朋友告诉我：“我和一个人做生意之前一定会请他吃顿饭，就看他怎么点菜。一上来就龙虾、甲鱼者，通常是没有诚意的，他抱着‘宰’你

① 《吃如其人》配有示范录音。

的心而来，怎么可能与你真诚合作？而且说明他有怯意，想用花钱的方式掩饰什么。当然，从头到尾只点青菜者也说明不想合作，他不想欠你什么，而且有调侃之意。在不熟悉的环境里，点菜点得恰到好处，与一个人的适应能力和经验都有很大关系，这一点，对今后的合作来说很重要。”

而另一个在一家公司做人力资源总监的朋友也说过这样的话：“我给公司各位老总挑选秘书时有一个原则，就是请候选者吃顿饭。如果吃得很少或者干脆什么也不吃，不能要，这样的女孩子要么在节食，身体状况适应不了繁重的秘书工作，要么过于紧张，不适合在老总身边工作；吃得太多也不行，说明不顾及形象，不能控制自己，当然不适合在老总身边工作；那种既能吃好又能吃饱的女孩子是很合适的人选，这说明她坦然、自信、放松，而且爱惜自己，这最后一点对一个整天在老总身边工作的秘书来说尤其重要。”

看来，吃饭真是门学问：吃多了不雅，吃少了露怯，吃快了显得没身份，吃慢了又缺少时间观念，吃得太素又显得矫情，太偏重一味口味，显得小家子气，吃得太杂又显得没有品位。如何在种种规矩之间找到平衡点，实在不是件容易事。对于那些因为工作而总需要与人吃饭的人来讲，如何既让自己吃好又让别人觉得会吃，是需要时间来慢慢磨炼的。

训练提示：生活中的细节往往会毫不留情地暴露一个人的弱点。主持人从自己小弟相亲时，妈妈的一句忠告入手，讲了“吃如其人”的道理，目的在于提醒大家，与人打交道时不要因小节露怯，因小节失败。当然也可换个角度为考察者提供一种评判人的“另类”标准。用自己身边的事来说明道理，正是主持人与受众亲切交流的关键所在。

例7-13　关于唠叨的研究

唠叨好像是太太们的专利，也是人世间夫妻们吵架的主要原因之一。但专家们认为，太太们若能抓住诀窍，唠叨不但不会造成争吵，反而能增进感情。

说唠叨是太太们的专利一点也不夸张，芝加哥大学社会学者魏琳达曾说，要想长命百岁，又活得健康，就必须有一位唠叨不休的老婆，少了这样一位老婆的光棍注定会早死。华盛顿大学心理专家戈特曼研究发现，当妻子叹了口气时，丈夫问话的语调会反映出他们的感情。一句轻轻的“你怎么了？”显然跟冷冰冰的“怎么了？”大有差别。而这样的差别又会使妻子开始注意丈夫的态度变化，因而发出一些抱怨。

这个时候，当丈夫喝完了啤酒或可乐随地乱扔空罐时，妻子的愤怒、抱怨可能并不全是因为满地空罐让她看不顺眼，而是由于她觉得“丈夫根本不在乎她的感觉”、“把她当耳边风”、“不把她当一回事”，她因此喋喋不休，抱怨连连。

婚姻专家莫斯奇达说，这时候，做丈夫的可能会想“我干吗要讨好你？”“我干吗要听你的？”“老子爱怎么样就怎么样。”于是双方就渐行渐远，终于貌合神离，“相敬如冰”了。专家们认为，太太们的唠叨其实有术，掌握了诀窍，保准丈夫言听计从，老虎也会变成小猫。

首先，他们建议妻子们受到挫折时，应先设法“冲淡”不满，办法是找一位知心好友谈谈。畅销书《婚姻的法则》的作者施奈特德说：与好友倾吐怨恨常能使心中的不满减少90%。那个时候，若再对丈夫说些什么，即使是唠叨也会变得比较委婉、柔和与中听，所得到的回应也可以想象。其次是采取行动，譬如，一天到晚死活逼丈夫去修好滴水的龙头，倒不如跟他说：“我已经找了水电工来修水龙头，但是工钱可是非常昂贵的。”你可以从办公室发一份邮件告诉他，或是在冰箱上留字条。信不信由你，你丈夫会马上动手去修水龙头。

此外，讲话的技巧也很重要。《别再抱怨》一书的作者魏田斯说，老是说“你总是如何、如何”的妻子会令人生厌，改说“我真的喜欢你这么做”，听来顺耳多了。如果丈夫没有照你的吩咐扫地、拖地，而你并没有质问他“偷懒”的原因，反而用诚恳的语调问他“你今天是不是太累了？”或“你今天是不是太忙了？”这样的话听起来不像唠叨，而有意想不到的功效，太太们不妨试试看。

训练提示：夫妻间的唠叨是最常见的。主持人正是从点点滴滴的生活细节入手，总结了唠叨会转化为争吵的主要原因，既然提出“唠叨有术”，为很多爱唠叨的妻子和被唠叨的丈夫提出宝贵的建议。话题应说得诚恳亲切，轻松幽默，举例时要做到形象生动。

例7-14　母爱永恒①

青海省有一个沙漠地区特别缺水。据介绍，每人每天只有靠驻军从很远的地方运来3斤定额的水量。3斤水，不光饮用、淘米、洗菜……最后还要喂牲口。

牲口缺水不行，渴啊！终于有一天，一头一向被人们认为憨厚、忠诚的老牛渴极了，挣脱缰绳，强行闯入沙漠中一条运水车必经的公路。老牛以惊世骇俗的识别力，等了半天，等来了运水的军车。老牛迅速顶上去，运水的战士以前也碰到过牲口拦路索水这样的情形，但那些动物不像老牛这样倔强。部队有规定，运水车在中途不能出现“跑冒滴漏”，更不能随便给水。这些规定，看似无情，实则不得已，这每一滴水都是一个人的“口粮”啊。沙漠中，人和牛就这样耗着，持续了好半天，最后甚至造成了堵车。后面的司机开始骂骂咧咧，有些性急的司机用汽油点火试图驱走老牛。可老牛没有动，泰山一样，不放松。直到牛的主人寻来。

① 《母爱永恒》配有示范录音。

牛主人愧疚极了，操起长鞭狠狠打在瘦弱的老牛身上，老牛被打得浑身青筋直冒，可还是没有动，最后顺着鞭痕滴出的血迹染红了鞭子，染红了牛身，染红了黄沙，染红了夕阳。老牛的凄惨哞叫，和着沙漠中阴冷的酷风，显得那么悲壮。一旁的运水战士哭了，等车的司机也哭了。最后，运水的战士说："就让我违反一次队规吧，我愿接受处分。"他拿出自己随身的水盆，从水车上放了3斤左右的水，放在老牛面前。

老牛没有喝面前以死抗争得到的水，面对夕阳，仰天长啸，似乎在呼唤。晚霞中，不远的沙堆背后跑来一头小牛，受伤的老牛看着小牛贪婪地喝完水，伸出舌头，舔舔爱子的眼睛，孩子也舔了舔母亲的眼睛，沉寂中的人们看到了母子眼中的泪水。天边燃起最后一丝余晖，母子俩没等主人吆喝，在人们的一片静寂无语中，踏上了回家的路。

20世纪末的一个晚上，当我从湖南卫视看到这感天动地的一幕时，我想起20多年前改革开放之初家庭的贫穷，想起了我那至今劳作的苦难的母亲，我和电视机前的许多观众一样，留下了滚烫的热泪。

这个世界，无论何时何地，母爱是永恒的。

训练提示：母爱的话题是永恒的，那是生物繁衍的最初关怀。母爱的话题又是常新的，当人们的关注视角产生位移，母爱这单一主题被赋予了多元化的色彩。动物世界中的母爱也许不为人知，但它的真实存在及其在人的视野中的自然流露，不由让人产生一种敬畏之心，对母性的尊重，对爱的尊重！主持人话题角度的更新为表述增添了不平常的感动。

例7-15　乐观 幽默 脑勤 身动——小平同志的长寿之道

"我一向乐观"，"天塌下来，我也不怕，因为有高个子首先顶着"。这是小平同志在接见联邦德国总理科尔、挪威首相维洛克、英国外交大臣杰弗里·豪时讲的话。他对意大利记者奥琳埃娜·法拉奇说："我是乐观主义者。因为我知道，政治犹如大海的波浪，人在上面时而上，时而下。"多年的革命生涯使他养成了临危不惧、遇喜不亢的作风。他一生在政治上"三起三落"，但总是以乐观主义的态度面对现实，而且锻炼得越来越坚强。

美国电视记者华莱士问邓小平每天工作多长时间，他回答："两小时。"这位记者简直不敢相信。邓小平告诉他："我的工作方法是尽量少做工作。其他时间用来读书、运动和休息，还要和孩子们在一起。"他既勤于思考，增强脑力活动，又善于休息，有益于健康长寿。

"我会游泳，特别喜欢在海中游泳。"邓小平夏季在海滨游泳，一次就连续不断地游一个多小时。"我多年来很少感冒，我身体好的原因在于每天早晨都洗冷水渠。”

无论在中南海，还是在南昌住地，每天邓小平总是绕那两棵老槐树或那个小院子散步，天长日久，就踏出了一条窄窄的小路。在南昌小院子里他还开辟了一片菜地，种有白菜、辣椒、丝瓜、胡豆等蔬菜，每日在园中挖土锄草，浇水施肥，还饲养了一些鸡。

邓小平注意合理营养与习惯嗜好结合，他特别喜欢家乡的菜肴，可以动手做出地道的浓辣川菜。他还饮少量酒，这可增进食欲，活血通脉。饮酒前先吃些菜肴，避免酒对胃黏膜刺激。他还接受医务人员的建议，很少抽烟了。

训练提示：人们可能都愿意了解一些伟人、名人的经验，好奇心驱使是原因之一，还因为伟人、名人的成功使其经验多有借鉴之处。主持人以“小平同志的长寿之道”为主题，介绍了小平同志生活中的方方面面，给老年朋友提供养生参考，更多地满足了受众增加见闻的欲望。

例7–16　赞美如阳光[1]

这学期儿子期中考试得了高分，我表扬他：“考得很好！”不料，儿子却惊讶地望着我：“不，我很笨！”我愕然：“谁说的？”“你讲过的。”我确实说过，在儿子不听话的时候，在儿子贪玩的时候……原来，我在一次次地动摇他、打碎他的自信。

那日我看了教育家魏书先生的书。魏说，教育孩子要学会找他的闪光点，不断地表扬他。我姑且表扬一番试试。

听儿子吹竖笛，我就说，你吹得不错，爸爸很爱听，要是再注意一点技巧，就会更好；见他写字，就说，写得认真，有点像帖子上的，不过要把身子坐正，头不能歪着；见他帮妈妈拖地板，那就更加夸奖，来了客人，就宣传宝贝儿子居然自觉劳动，是不是很了不起……

如此做起来实在有些累人，发现孩子值得表扬的一面着实比发现值得批评的地方困难多了，然而实行下来，表扬确实比批评奏效。

我终于明白，赞美如阳光，而指责却在扼杀一个孩子的心灵。古人云：“数子十过，不如赞子一长。”当然，表扬也得有度。

有位同事，他的宝贝女儿在学龄前，背下了百首唐诗，学会了加减乘除，猜谜顶呱呱，故事讲得绘声绘色，令人羡慕得要命。上了学，学习排在一二名，可到了初中，境况大不相同。同事说，女儿由于早慧，天天活在赞美声中，素质中缺少一种安于平凡的踏实和韧性，要改变，已不容易了。

---

① 《赞美如阳光》配有示范录音。

我上学时，班上最优秀的是我的同桌李铁。经常到他家玩，很少见他爸妈得意过。李铁让干家务就干家务，学习时踏踏实实地学。我有一天鼓足勇气对他父亲说："您太吝啬了，李铁学得那么好，您怎么还不满意。"现在的李铁，是一家美国电子公司的驻华经理。也许现在他会感谢父亲的"吝啬"。

孩子需要表扬、赞美的激励，但却不能天天生活在赞美声中，就如同人不能永远在阳光下一样。这也许就是表扬孩子的学问吧！

训练提示：主持人的语言贵在简练传神。通过自己教育孩子，同教育家教育孩子的方法对比，首先说明赞美的可贵；其后又举同事与自己同学成长的例子，辩证地说明，赞美得有度。用一句美妙的比喻"赞美如阳光"来概括主题显示了主持人不凡的语言功力。

例7-17 缺钙

在街上走，常会猝不及防地被人硬往怀里塞上一张补钙品之类的广告。电视、报刊上这些广告也是做得铺天盖地的。一时间，似乎是大家都缺了点钙。

只知道钙是人骨头中挺要紧的一种元素。缺了，好端端的骨头会变异或疏松软化，弄不好就断了折了的，真的有些可怕。大家竞相从腰包里掏钱了，这就是广告的力量。后来又有专家出来说话了，缺钙的问题远没有推销商们渲染的那么严重。对于大多数人来说，只需注意调整膳食结构，食用一些含钙丰富的食品基本就行了。即使确实感到需要补钙，最好还是到一些正规的医院里做一番测定。

于是大家便说商家们讨厌，怎么就编排了那么多"科普"来吓唬人，一门心思想赚咱们的银两。骨头里缺钙可以听医生的意见。那么精神里的"缺钙"呢？一家外资企业，为了防止失窃，员工只要出车间大门，就要被挨个搜身，有时甚至一天被搜身5次。员工们却能忍耐达数年之久。曾有某打工者拒跪事件被炒得火爆。那外资老板，一个韩国老娘儿们一声断喝，就有几十名中国员工们乖乖地跪倒在地，唯一的一名拒跪者成了国人心目中的英雄。须知这可是在中国的国土上呀。一个维护自己人格的最正常行为，却被视做英雄的壮举，这或许可以从另一个侧面说明了有些人精神上的"缺钙"到了何等严重的程度。

精神上"缺钙"如何去补，议论的人并不多。这大约是缺乏了炒作的价值，还会有自虐的嫌疑。不少人似乎都或多或少有点问题，自揭老底不是件太光彩的事。所以不提也罢。事实上，精神"补钙"却真是非常迫切。不知咱们的社会工作者们是否认真会过诊，能否从"免疫"机制上开出"处方"？

训练提示：身体缺钙被商家炒作得沸沸扬扬不足为信，精神缺钙何等严重却隐忍退让。目前社会上的"员工搜身事件"、"打工者被逼下跪事件"不绝于耳。原因何在？有社会责任感的主持人以类比手法点出了"精神缺钙"远比"身体缺钙"严重得多。身体缺钙尚有法可医，却不知“精神缺钙”良方何求？主持人的追问中应充溢强烈的社会责任感与忧患意识。

例7-18 面试略卑不亢[1]

如果一味要求求职者强调个人尊严，灌输求职要“不卑不亢”的观念，恐怕是有“误人子弟”之嫌的，尤其是如今求职特别难的时候，若非市场紧缺或顶级人才，切莫听信“不卑不亢”的建议，因为弄不好你所认为的不卑不亢，恰恰是别人认为的“冒犯有加”。

所以根据我多年的面试经验和体会，我认为比较好的做法是“略卑不亢”，甚至于“有卑不亢”也未尝不可。

记得3年前，有一位大学毕业刚工作了一年的女孩前来应征一个秘书的职位，当面试已近尾声，双方都谈得很愉快。这时，我又多问了一个问题：“你认为对你来说现在找一份工作是不是太容易，或者说你很需要这份工作？”按常理，如果她当时回答“是的”，一切便大功告成。但这位女孩可能为了体现她的不卑不亢，便回答说“我看不见得”，这一下使同时在场的用人单位的人事经理顿时打消了录用她的念头，理由是“此人比较傲”。

一句话，断送了一次较好的就业机会。事后这位女孩表示很后悔却也无济于事了。建议所有的求职者都牢记，如今的就业市场毕竟供大于求，属于典型的“买方”市场，就业形势如此严峻，何不学乖一点，何必为了虚无缥缈的“不卑不亢”而痛失良机。

为了找一份好工作，只要不涉及人的尊严，略卑不亢，说得再体面些，“谦虚”一点又何妨呢？

训练提示：如今市面上的“求职丛书”不少，翻看内容，有一条“秘诀”重复率很高——面试态度要不卑不亢。对此主持人有针对性地提出“略卑不亢”、乃至“有卑不亢”的观点，并以亲眼所见为佐证。虽系一家之言也有根有据，有商有量，为求职者另辟蹊径。尝试一下何妨？

例7-19 心中没有上帝

一位不会喝酒的朋友，据说天生怯酒，有许多次见他一口啤酒下肚后，脸马上就红起来。可他偏偏是在酒厂销售部门供职，而且多年来业绩全厂最好。

有一次在酒桌上，任朋友们怎么劝，他也只是端起酒杯浅浅地抿了一小口。我问他：“你不喝酒，这些年的酒是怎么卖掉的？”他笑笑：“就这么卖啊，谁买就

① 《面试略卑不亢》配有示范录音。

卖给谁。”

我又问他：“假如你出去遇上跟今天一样的情况，而且面对着的是一批客户，你能拒绝喝酒吗？”他依然笑笑：“不能喝。”我说：“你不怕客户生气？顾客可是上帝呀。”他平静地说：“我心中没有上帝。”

他的话让我一震。

心中没有上帝，你就不必心存顾虑，患得患失，因为只有上帝的施予是无偿的。而买卖双方是平等的，互惠的，谁都没有必要去迎合对方。在生意场上，如果想讨好客户而一味迁就，说不定就要失去客户。心中没有上帝，就能做得不偏不倚，公平合理，在表现了一个人的自信的同时，也展示了一个人的人格力量。

推而广之，对我们也有许多启发。一位打工仔整天心惶惶地看着老板的脸色，把老板当做上帝，担心哪一天有哪一点做不到就会让老板夺下了饭碗，其实他忽视了，那饭碗并不是老板给的，而是端在自己手上的。试想，如果他不能为老板创造效益，哪怕他整天对着老板祈祷，这“上帝”也不会留用他的。也就在那次，我知道了朋友不会喝酒却会卖酒的秘诀。

训练提示：人人都说追求一颗平常心，一旦碰到有利益驱使便顿失平衡。主持人用平静的语气讲了一个朋友的故事：不会喝酒却很会卖酒，常理中的不可能被主持人营造成小小的悬念。答案的揭晓也同样让人意外——“顾客是上帝”的一般认同被打破，全新的经营理念、做人原则是主持人给我们的最大启发。

例7-20　车上与车下

一个人慢悠悠地走在马路上，任凭身后的汽车喇叭叫个不停，他却仍然不慌不忙，一副很不情愿让路的样子。嘴中还嘟嘟囔囔：“你着急，谁不着急？有种就开上来呀！”

后来，这个人坐到了汽车上，又非常愤恨那些不及时让路的步行者和骑车人。甚至动不动就出口不逊：“怎么，找死啊！”

一个人在站牌下等车的时候，引颈翘首，望眼欲穿，恨不得让每一辆过来的公交车都在此停下，立即停下。

后来这个人终于挤到了车上，但他立即就喝令关上车门，并怒目而视那些仍然往上挤的人，盼望这辆汽车加快速度，永不再停。

同是一个人，在车下是一种态度，在车上又是一种态度。在车下的时候，看着车上的人有毛病；等到自己上了车，又反过来看着车下的人有毛病。

在我们的生活中，总是“车下的”人多，“车上的”人少。所以，当“车下的”挡路、挤车或者放怨气、发牢骚的时候，“车上的”一定要忍耐一些，宽宏一些。想当初，自己不也是这样心急火燎，愤愤不平么？

训练提示：“日常”的小事也能给人思考。主持人借人们生活中几乎天天变换的“车上车下”的心境。提出了换位思考的建议——保持好心情，保持好人情，需要人们经常站在对方的角度去想问题。

例7-21 绿色消费正在流行

如果您仔细地留意一下化妆品销售，便可发现诸如天然植物洗发露之类的天然化妆品特别俏销，而化学制剂类的化妆品已显露呆滞的端倪。再放眼望去，在新世纪到来之际，全球各大名牌香水制造商也纷纷推出“绿色香水”。看来，天然化妆品正在成为这一行业的主打产品。

化妆品如此，其他消费品也“闻绿而动”。“绿色”已是如今百姓生活的一种追求。绿色住宅，是人们对居住环境有了更新的要求，“蓝天、碧水、绿色、清静”是对居住环境的高度概括。绿色食品，是人们对“进口”产品的要求，无污染是这一要求的“下限”标准；要求更高的，则已提出了“有机食品”的概念。绿色内衣，则是人们在经历了化纤时代后开始回归纯棉时代的追求。因为化纤产品对人体毕竟是有所伤害的。还有就是绿色汽车。燃气汽车已经忙碌在城市的马路上，而普及燃气汽车，看来也只是个时间问题。凡此种种说明，追求绿色消费是人们在解决温饱之后的一种向往，也是人们对生活质量的一种更高更新的追求。

面对滚滚而来的绿色消费浪潮，我们一是要大力倡导绿色消费的观念和营养自然平衡的理念，帮助消费者树立正确的绿色消费观。二是要求我们的消费者在享受绿色消费的同时，要更加珍惜爱护人类生存的环境，尽可能地降低生活污染，为绿色产品提供一个绿色生产基地。三是我们的企业要有战略眼光，顺应时势，重视自家产品的“绿色性”，即产品要升级换代，回归自然。

由此看来，绿色消费不仅仅是一种时尚，更体现一种生活的品位，是社会进步的一种表现，是时代前进的一种标志。

训练提示：主持人的话题总是因时而动。如今崇尚绿色、生态、自然的消费潮流：小到香水，大到汽车，还有贴身的内衣、宽敞的居室……无不是闻“绿”而动。面对纷至沓来的各种时尚动态，主持人冷静地提出了“绿色”消费观，为人们追随的潮流导向。这反映了主持人话题的时代感与思想性。

例7-22 人生三看

看远

看远之所以重要，是因为没有远见必犯错误。有道是：人无远虑，必有近忧。看远，既是目标，也是过程，更是境界。目标牵引成长，过程充盈人生，境界提升形象。一个被眼前美景所吸引的人，难见山外之山；一个被蝇头小利所困扰的人，难睹天外之天。这种人，往往在自我陶醉、自我满足、自我放纵中自毁前程。

看淡

这个世界有太多的诱惑，因此有太多的欲望，有太多欲望满足不了的痛苦。一个人要以清醒的心智和从容的步履走过岁月，他的精神中必定不能缺少淡泊。

看淡，不是不求进取，不是无所作为，不是没有追求，而是以一颗纯美的灵魂对待生活和人生。

"不以物喜，不以己悲"。让我们的心离尘嚣远一点，离自然近一点，淡泊就在其中。

看透

据说乾隆皇帝当年巡察江南时，看到江面上千帆竞渡，不禁好奇地问左右："江上熙来攘往者为何?"陪伴一旁的大学士纪晓岚随口答道："无非为名、利二字。"可谓一语道破天机，看透人生奥秘。

正确地追名求利，有助于开发人智，推动社会前进。而超出社会道德规范和法纪约束，不择手段地追求名利，则无疑等于自掘坟墓。

看透，方能超越自我，完善自我；看透，才能大可利国，小可利全身。

训练提示：一个有思想的主持人往往在只言片语间让人领悟一些道理。"看远、看淡、看透"是我们常挂在嘴边上宽慰别人的话，为什么呢?请跟着主持人的话语去探究。不空洞地说教，也没有活生生的例证，而观点却清晰地传递出来，这应是一种深沉的力量！

例7-23　把喜欢抱个满怀

美国有一位著名女子短跑运动员，她在自己运动生涯最为辉煌的时候急流隐退。许多记者去问她，你为什么在你人生处于巅峰的时候，突然选择了沉寂?她淡然回答："没有另外的理由，只是我对这项运动已不再喜欢。"这种干脆、纯净、不拖泥带水、不瞻前顾后的气度，想必是做人潇洒、淡泊到极致才可修炼成的罢！

而生活中的芸芸众生，有几个人为着自己的喜欢在笃定无悔地坚持，又有几个人为着自己的不喜欢坚毅洒脱地割舍?一门职业的背后是工资，一份工资的背后是生存，一种生存的背后是人们的一声评价，一转眼，一生就这样顺理成章地完成了。

世间万物，你赋予它喜欢，它才有生命。一座山，没有了喜欢，再雄伟险峻，只不过是一堆凌乱的顽石；一汪湖，没有了喜欢，再澄澈清秀，不过是一团沉寂的死水。

我们常常把一个简单的问题复杂化：人为什么活着？只因为在你我头上名利之剑高悬着，所以常常错误地做了抉择？其实，一个最接近真谛的回答是：为了喜欢，为了爱。

北大毕业的高材生吴奇修回家乡当一名村官，中央电视台《实话实说》节目里播出的美国青年丁大卫到中国西部当孩子王的故事，都让我们感到了常规思维下的反差。他们有形拥有的东西实在是不多，但他们从心底里绽放笑容的时候一定比我们能看到的要多！因为他们难得地保全了自己的喜欢！而枯坐在舒适的办公室的你我，除了丧失一片心灵自由的天空外，整日的劳碌不抵达快乐、不抵达理想，而只是为了那么一点名利的欲望，口将言而嗫嚅，足将行而趑趄，多么的不幸啊！

再回过头来想想：什么事情是我们做过后真正无悔的呢？想来想去，答案还真只有一个：爱我所爱，无怨无悔！按照你喜欢的模样去活着，你再去抚摩自己的胸膛时，你的心告诉你：真实的你还在，无价的快乐还在，而这个世界你曾厌倦的东西却一天天在减少，你最终赢得的是一个你越来越欣赏的自己。

女作家张晓风说：如果不是我所喜欢的，哪怕再美好再贵重，请从我的生命中一一拿走。她实在是懂得了生命的大要义。是的，很多的时候，生命中什么都可以舍却，但，你喜欢的一定得留下。

训练提示：平常聊天多是闲言碎语，很少设计规划。主持人与受众的交流感正可借用聊天时的随意，营造一种轻松自然的氛围。在此主持人与受众聊美国女子短跑运动员的急流勇退、聊北大高材生当村官、聊美国青年中国执教……只为向受众讲明这样一个道理："爱我所爱，无怨无悔！"看似闲言碎语，而受众在不经意中或许就接受了主持人的建议。

附　录

CD录音内容

演播者：忠诚、唐克、维琳、史钦、王鑫

一、CD录音内容目录

二、补充稿件

新闻一组

本台消息：全国社会治安工作会议4月2日至3日在北京举行。

会议在分析当前社会治安形势时认为，多年来，党中央、国务院先后采取了一系列重大措施，各级党委、政府和政法部门等各个方面做了大量工作，确保了我国社会政治大局稳定。但必须看到，现在，刑事案件总量上升，危害增大。经济领域的犯罪活动也很突出，黄赌毒等丑恶现象屡禁不止，污染社会风气。各种治安灾害事故不断发生，人身伤害和财产损失严重。

会议强调，社会消费品安全不仅是个重大的社会问题，也是一个重大的政治问题。当前，要在全国范围内开展一场"严打"整治斗争，坚决打掉犯罪分子的嚣张气焰，尽快改变治安面貌。

会议指出，要重点打击三类犯罪：有组织犯罪、带黑社会性质的团伙犯罪和流氓恶势力犯罪；爆炸、杀人、抢劫、绑架等严重暴力犯罪；盗窃等严重影响群众安全的多发性犯罪。

本台消息：受一股冷空气影响，昨天袭击我国西北地区的大风扬沙天气，今天将波及华北北部和西部地区。气象专家分析，今春我国沙尘天气呈现连续大范围爆发趋势，应引起各方面关注。

据中央气象台介绍，昨天，南疆、内蒙古中西部、甘肃、宁夏、陕西等地出现了大风和扬沙天气，其中内蒙古西部和甘肃西部的一些地区还遭遇了沙尘暴。今天，这次大风沙尘天气过程将影响到内蒙古东部偏南一带以及河北北部等地，虽以扬沙、浮尘天气为主，但局部地区还是有可能出现沙尘暴。

本台消息：国家统计局今天公布的第五次全国人口普查主要数据第二号公报显示，河南省人口达9256万人，是我国人口最多的省份，山东省人口数以9079万紧随其后。

根据公报公布的快速汇总人口地区分布数据，人口超过5000万人的省份还有广东、四川、江苏、河北、湖南、湖北、安徽。与1990年第四次全国人口普查相比，超过5000万人的9个省份没有变化，只是排序上有局部调整。

祖国大陆人口较少的省级行政区有：西藏自治区、青海省、宁夏回族自治区、海南省。而四个直辖市人口数首次全部超过1000万人。

本台消息：今天下午，随着一声"砰"然巨响，香港西部铁路大榄隧道最后一次施工爆破圆满成功，标志着这条香港最长的交通运输隧道全线贯通。

大榄隧道全长5.5公里，建造费用17.9亿港元，是香港正在建造的西铁网络的连通部分。在22个月的隧道施工期间，500多工程技术人员采用传统钻爆法从南北两端分别进行挖掘，共挖掘出63.8万立方米的岩石。值得一提的是，工程挖出的大部分岩石已被捣碎，用以建造铁路维修中心的路堤。

本台消息:广东省珠海市政府近日下发《关于进一步做好社会保险覆盖全社会工作的通知》,具体明确了外来工享受社会保险待遇的条件:凡在珠海市参加了养老保险且累计缴费年限满15年以上、达到国家法定退休年龄的参保人员,不论其户籍是否在珠海,都可以与珠海市户籍的参保者同样享受按月领取养老金的待遇。

本台消息:尽管离高考报名还有相当时日,今年北京两大顶尖高校均已开始使出各种手段吸引最优秀的人才加盟。

清华大学借助90年校庆之际连出重拳,在历史博物馆进行的90年校庆展,首先成了招生宣传的最好阵地。每到周末,总有中学生专场咨询,由招生老师负责介绍今年的招生情况。昨天他们更是借助中学校长论坛的举办,将直接影响学生填报志愿的各重点中学的校长们请到学校,将清华近年来的发展变化展示给他们,进而游说学生报考清华。此外,清华今年增加了150人左右的名额。

北京大学的招生宣传工作也已经全面展开,据介绍,北大今年招生工作推出三项新举措:增设新闻学和影视编导两个新专业,前者计划招收30至40人,后者计划招收30人;增加信息学科的招生人数,信息与计算机科学、电子信息科学与技术两个专业计划比去年增设15%;文科部分学科招收理科考生。今年光华管理学院将有一半生源来自理科。新闻、国政、外交、法学等专业也将在北京招收理科考生。北大学校招生办公室遴选教师筹建的招生组将于4月中旬直赴各地开展招生宣传工作。有消息说,今年北大招生工作还专门引入了策划公司,准备进行整体包装。

本台消息:今天上午9时50分,海南航空公司的一架"多尼尔"客机从宁波栎社机场腾空而起,直飞南京。一小时后,机上20名乘客相继步出南京禄口机场。这是宁波航空港开辟的周边城市支线首次航班。稍后,宁波栎社机场还将陆续开通宁波至郑州、晋江、长沙、黄山、温州等地航班,以适应现代空中运输业的发展,加大宁波与周边城市空中交往的密度。

据了解,宁波首飞的这架"多尼尔"飞机,一次可载客36人,时速每小时560公里,飞行高度约8000米。由于它体轻灵活,像公路客运的"中巴",很适合短途飞行乘坐。根据计划,至今年夏秋,宁波还将投放3至4架"多尼尔",使港城空中交通更加便捷。

本台消息:龙井茶如何防假,一直是令人头疼的问题。杭州市西湖区政府近日郑重宣布:自今年起,凡西湖区168平方公里龙井茶产区出产的龙井茶,将一律采用防伪保真标识,同时还将开设一定数量的龙井专卖店。

据西湖区副区长王炬介绍,龙井茶防伪保真标识分茶农用产地标识和销售用产地标识两种,前者根据每户茶农的核定春茶产量,每250克核发1张,后者主要供龙井销售企业使用,一律加贴在产品包装上。由于标识采用了目前先进的计算机二维条码技术，只要对标识进行扫描，真假立辨。为此，西湖区还专门配备了防伪扫描检验机。

至于消费者所关心的龙井茶专卖店，今年将在杭州市区范围内先开出5家，同时在北京、上海和广州开设龙井茶专卖店。这些专卖店全部由杭州市质量技术监督局统一授牌，使用统一的专卖店牌匾，并且具有十分严格的考核、管理、监督制度。

本台消息：美国总统布什和俄罗斯总统普京16日在斯洛文尼亚首都卢布尔雅那举行了2个小时的会谈。双方在美国的导弹防御计划和北约东扩等重大问题的矛盾依旧，但双方均表示将进一步在更广泛的领域开展建设性的对话，并商定将实现两国总统的互访。

布什在会谈结束后与普京举行的联合记者招待会上说，他同普京举行此次会晤是美国同俄罗斯“建立建设性和相互尊重关系的重要一步”。他说，美俄双方同意将就两国可以进行建设性合作的一系列问题进行广泛的对话。他还说，“俄罗斯不是美国的敌人，实际上今天的会晤使我相信，俄罗斯可以成为我们的一个强大的伙伴和朋友。”

普京在记者招待会上表示，他同布什的会晤是坦率和富有建设性的。双方就广泛的问题进行了讨论。会谈使俄美双方找到了扩大合作的基础。

普京认为，他同布什会晤的气氛和取得的成果否定了近来有关俄美关系问题很多并出现危机的说法，俄美双方现在正进行积极的合作，愿意通过积极的共同努力，建立起双方“建设性的、现实的和可预见的关系。”

本台消息：俄罗斯17日派专机将被劫持飞机上的120名本国乘客接回俄罗斯，土耳其航空公司也派专机接回了50名土耳其乘客。

俄罗期方面的伊尔－62专机于17日凌晨抵达沙特阿拉伯西部城市麦地那，并于格林尼治时间9时(北京时间16时)左右离开麦地那返回莫斯科。俄罗斯驻沙特使馆的官员说，这些人质都急切地想回家，因此使馆优先做了安排。

他们原先乘坐的俄图－154客机15日从土耳其的伊斯坦布尔起飞后被几名车臣人劫持到麦地那。沙特突击部队16日突袭了飞机，解救了大部分人质，一名劫机者和两名人质在行动中丧生。

据俄驻沙特使馆官员透露，他们正在与沙特有关方面进行会谈，商讨对劫机犯的处置问题。俄罗斯方面希望将劫机犯带回俄罗斯受审，但由于俄罗斯与沙特之间没有引渡协议，双方必须就此进行协商。

沙特一直对车臣反政府武装持同情态度，但当地报纸援引沙特内政大臣纳伊夫王子的话说，尽管沙特的这一立场尽人皆知，不需要重申，但沙特反对恐怖主义，特别是劫持飞机的行为。他同时强调，劫机犯的命运将由沙特政府决定。

父爱无言

出差回来，因自行车在单位，没有取回，就将爱人以前骑的小轮车拿来匆匆上班去了。第二天，又要出门上班，父亲叫住了我。“什么事啊?我要迟到了。”不耐烦地问道。

父亲好像很不好意思地说：“你能不能骑我的大车，小车让我骑，接送小孩。”

“嗯?”见我一脸困惑不解的样子，妈妈插话道：你爸昨天带孩子时摔下来了，不顾车子、不顾自己，硬是没让小孩跌着。”

“唉，不行了，到底上年纪了，身体不如以前，反应太慢了。”父亲摇着头，用手捶捶后背。

心中像被重锤击了一下，父亲也老了?父亲也会老?我，回过头仔细盯着父亲花白的稀发、堆积的皱纹和佝偻的胸背。——父亲果真苍老了!

虽娶妻生子，但仍与父母住在一起。只知期盼儿子一天天成长，但从未想起父母随着时光的流逝，也会不再如往昔，也会一天天走向衰老。脑海中忘不了儿时骑在父亲双肩上招摇过市，忘不了父亲拉着我的手登万里长城、看云冈石窟、游苏州虎丘的美好回忆。父亲昔日年轻、健壮的勃勃英姿已然不再，一股沧桑感油然而生。

父亲一生艰辛劳碌，爷爷、奶奶在世时，家中7口人，全靠父母50元微薄的工资撑着。我们长大以后，狭小的两间房难以容身，又3次盖屋。爷爷、奶奶送终，两个姐姐和我相继成家，耗尽了父亲的精力和财力。

但我又何曾扪心体谅过父亲的艰辛，何曾坐下来表示过哪怕一丝的谢意。潜意识里，觉得父母为我们操持一切天经地义。工作后，自觉已成家立业，与父母代沟更见加大，与父母交流更是鲜见。有时见解不同，也是大声“雄辩”，并且不屑一顾的样子：“你们懂什么?”父母娇惯小儿也成了“溺爱”的罪过，动辄训斥；偶尔在家的聚餐也成了对父母的“恩赐”，但绝少与他们讲话，摆出知晓社会、洞察一切的派头。而通报自己工作上的成就成了父母的慰藉，也是他们向亲友夸耀“事有所成”的内容。

但我们何曾想到过父母的所思所想，何曾想到过他们更需要关爱、更希望儿孙的慰藉。其实父母对我们的要求很低很低，他们只想儿孙绕膝，相伴左右；只想儿女们能“常回家看看”。年迈的父母多么容易满足!

古代圣贤曾将“欲孝而不能”视为人生最大憾事之一，我们总不能“欲孝而亲不待”，那时悔之晚矣。

别忘了我们的父亲也会老。

老歌情深

每当老歌响起的时候，多少人被它带到了那些并不久远的往事之中，念起了那些已经故去的人。往事便如潮水般涌上了心头，心里产生了说不出的倾诉。想起了曾经伴我们成长的一首童谣《丢手绢》，如果这也称得上是歌的话。每当轻轻哼唱“丢，丢，丢手绢”的时候，心中就开始翻涌。童年已逝，童年时孩子的纯真快乐也早就不知道飞到哪里去了。留下的便是这承载着儿时无数欢笑和梦想的童谣。

歌声依旧，而我们则在不断地长大，所听的歌曲也在不断地变换，而真正能够留在心中的却都是些老歌，这些歌也许并不像现在的流行歌曲被我们天天挂在嘴边，也不会像流行歌曲一样，一阵风吹过就什么都没了。可话又说回来，老歌不也都曾经流行一时吗？但只有经典的才能被流传下来，因为它们真正走入了人的心里。皮特斯的《昨天》曾经就轰动一时，这首歌自1965年9月25日首次发行到1975年，就已经被翻唱了1186次，直到上世纪80年代末，已经被世界各地的电台播放过了1亿次以上，这么辉煌的成绩不能不让人惊叹。这首歌代表了一支乐队，代表了一批人，代表了一个时代，更代表了真正的经典是不朽的。略带忧郁的男生和着轻盈的吉它，缓缓地诉说自己的心事，是对往事的追忆，是对学生时代那种美好情感的怀念。就是这种朴素的歌词，简单的乐曲，把我们牵回了过去，不经意间心底最温暖最柔软的地方被触动，在歌声中又找到了真实的自我，而此时，我们能做的仅仅是闭上眼睛默默欣赏，还心灵片刻的宁静。我想有不少人有过这样的经历，当一首老歌响起时，会突然泪流满面，并不是因为它引起了多少回忆，也不是因为歌声有多么忧伤，仅仅因为那旋律在瞬间击到了胸口，我们忍不住而哭泣。也许朋友们会微笑着摇头否认，但仔细想想，你真的没有吗？

老歌不言爱，却把一个爱字表达得淋漓尽致；老歌不说愁，却让人品味最深刻的孤独；老歌说着昨天的事，却能注释今天。老歌不难唱，唱好老歌很难。老歌灵动了我们疲惫的身心，老歌很暖，老歌是我们行进时的背景音乐。

丢失的真诚

秋天的一个普通的下午，我在太原的街头寻找着自己的方向。

我的习惯是先上车然后再问司机能不能到达我所要去的地方，这个办法虽然有些笨，却可以避免我在街头问路的尴尬，但这次答案是否定的，我必须在下一站下车转乘另一路班车。这时，一个大妈和我一块儿下车了，她热情地问我是不是要到府西街下车，我点了点头。她便说她可以带我去，因为她也路过府西街那一站。她怕我不信她，还给我补充说她是个热心人，有一次她遇到一个乡下来的老太太到城里寻她儿子，结果别人把路给她说错了，她怎么也找不到儿子的住处，这位大妈硬是把那位老太太领到她儿子住家附近才算完成任务。大妈的话让我感到非常温暖。

我和大妈拉着话，坐上了一辆很长的电车。买票的时候我执意要帮大妈买张票，但大妈拿出她的月票。上车后我找了个座位，后来我又让给了一位孕妇。于是我和大妈就分开了，我到车的第6站下车。可是正当我准备下车的时候，我忽然感觉到我的裤子左兜里扁扁的，我的钱包！我的钱包不见了！我大声地喊了出来，并向前走了两步，跑到那位孕妇的车座位下看看是否掏掉了，但是当司机把车灯打开后，地上没有钱包。钱包里有我的近1000元旅行费用，当时我有些不知所措，一个劲儿地在喊："等一下，我再看一下车座旁边有没有"，那位大妈也大声嚷嚷着说："这位小伙子可是外地来的，谁要是留意捡到了，可要还给人家，不然人家会对太原有意见。"

我让给她座位的那位孕妇也焦急地问我刚上车时有没有人碰着我，是不是刚上车时就被小偷掏包了。全车的人都在为我着急，司机的车已经熄火了，这时他发动了起来，问我下不下车。我在一阵手忙脚乱中一下子摸到了上衣兜里的一个硬夹子，钱包在我的上面兜里，我的头脑忽然清醒了，原来上车买票后，我随手把钱包换了地方，自己不小心忘记了。

但这时车上的人都在为我着急，都在议论着现在治安不太好等话题，当时我灵机一动或者是虚荣心过强，就对司机说我还是先下车吧，因为我怕我说透了全车人笑我太粗心。但我下车后，我听见带我上车的大妈把头伸出窗外，大声地问我："小伙子还有钱吗?"这时车要走了，大妈的话我没有来得及回答，但我非常感动之后又非常惭愧。

为了一时的虚荣心，我轻易地欺骗了大家的善良，特别是那个热心的大妈的善良，车开时她问我的那句话肯定是想赞助我一些路费。我非常的惭愧，第二天的时候，我又在那个站牌等了好长的时间，希望能碰见那位好心的大妈，简单解释一下，但没有见到。我想，在太原，我丢失了一次真诚，却拾到了深深的自责。

主要参考书目

张颂主编:《中国播音学》,北京广播学院出版社1994年版。
张颂主编:《播音语言通论》,中国传媒大学出版社2004年版。
毕征主编:《播音文体业务理论》,中国传媒大学出版社2004年版。
吴郁主编:《播音学简明教程》,中国传媒大学出版社2006年版。

后 记

近些年来，我国播音理论的丰富和发展是有目共睹的，其内涵也日趋深厚。笔者认为，当前广播电视的节目形式越来越多样化，这给院校教学提出了新的要求。因此在抓好基础理论的讲授及实践的前提下，重视和改善综合理论的讲授和实践实在是十分必要的。

本书阐述了笔者对文体理论的理解，并收集整理了相关资料，以作为消化理论的工具。这里要提到的是，本书涉及的资料均来自公开发表的报刊、杂志，但由于数量比较大，收集过程比较长，故未能一一注明出处，敬请原谅。

在本书出版之际，我们要诚挚地感谢朋友们所给予的热情的关心和帮助，也非常感谢母校出版社为这本书的出版所付出的艰辛劳动。

最后，笔者想说的是广播电视在发展，播音理论在发展，这本书只是表达我们一点粗浅的认识，不当之处，恳请各位同行及朋友们批评指正。

作者

2008年2月

图书在版编目(CIP)数据

播音文体基础教程/沈鹏飞,沈健. --北京:中国传媒大学出版社,2008.5
(2024.1 重印)
播音主持专业教程系列
ISBN 978-7-81127-135-5

Ⅰ. 播… Ⅱ. ①沈… ②沈… Ⅲ. ①播音—业务—教材 Ⅳ. ①G222.2

中国版本图书馆 CIP 数据核字(2008)第 010653 号

播音文体基础教程
BOYIN WENTI JICHU JIAOCHENG

编　　著	沈鹏飞　沈　健
策划编辑	赵　欣
责任编辑	赵　欣
责任印制	阳金洲
封面设计	大鹏工作室

出版发行	中国传媒大学出版社		
社　　址	北京市朝阳区定福庄东街 1 号	**邮　　编**	100024
电　　话	86-10-65450528　65450532	**传　　真**	65779405
网　　址	http://cucp.cuc.edu.cn		
经　　销	全国新华书店		

印　　刷	艺堂印刷(天津)有限公司
开　　本	730mm×988mm　1/16
印　　张	13.75
字　　数	269 千字
版　　次	2008 年 5 月第 1 版
印　　次	2024 年 1 月第 8 次印刷

书　　号	ISBN 978-7-81127-135-5/G·135	**定　　价**	36.00 元

本社法律顾问:北京嘉润律师事务所　郭建平